Loredana Chiappini
Nuccia De Filippo

un giorno in italia

corso di italiano
per stranieri

- principianti
- elementare
- intermedio

libro dello studente con esercizi

Bonacci editore
L'italiano per stranieri

Progetto grafico e d.t.p. interno**zero**

Illustrazioni:
Marina Gallo
Maurizio Ribichini (colorate da Sebastiano Barcaroli)

Le foto alle pagine 164, 226, 229 e 238 sono di
Sara De Berardinis

Per la canzone "Io vivrò senza te":
(testo di Mogol - musica di Battisti)

Esecuzione di Luca Vicari.

Un ringraziamento particolare a Valentina Càroli e a Sergio Spada per le interviste rilasciate.

Per le voci si ringraziano:
Vincenzo Battaglia, Edoardo Becattini, Daniela Bentivedo, Alessandro Bianchini, Silke Christina Bomber, Elisabetta Bracaglio, Antonio Bultrini, Maria Bultrini, Paolo Bultrini, Alberto Càneva, Valentina Càroli, Ambrogio Colombo, Paolo Fazzini, Pino Ferrara, Antonella Giannini, Filippo Glorioso, Gabriele Martini, Gianluca Pernafelli, Gabriella Saitta, Sergio Spada, Valentina Tomada.

Bonacci editore
Via Paolo Mercuri, 8
00193 ROMA (Italia)
tel:(++39) 06.68.30.00.04
fax:(++39) 06.68.80.63.82
e-mail: info@bonacci.it
http://www.bonacci.it

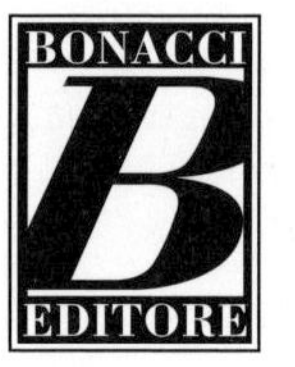

4/1 4ª ristampa della 1ª edizione
(edizione speciale senza cd audio allegato)
Printed in Italy

ISBN 9788875733902

LA STORIA	GRAMMATICA	LESSICO E AREE TEMATICHE	FUNZIONI
Prima di tutto • *Conosci l'Italia?* • *Chi parla italiano?* • *L'ABC dell'Italia*	Alfabeto Numeri	Città, monumenti, personaggi famosi e cose italiane Indirizzi	Chiedere il significato, la pronuncia e l'ortografia di una parola Chiedere l'equivalente italiano di una parola straniera Presentarsi
	MATERIALI AUTENTICI: Ascolto: *Chi parla italiano?*		
Episodio 1 • *Milano, Stazione Centrale, ore 8.15* • *Presto, il treno non aspetta!* • *Ma quando parte?*	Sostantivi Articoli indeterminativi Presente indicativo del verbo *essere* *Chi è? Dov'è?*	La stazione Orari	Chiedere informazioni Lamentarsi Chiedere e dire l'ora
	MATERIALI AUTENTICI: *Gli uomini a motore*, da "Il libro degli errori" di G. Rodari		
Episodio 2 • *Dov'è Piero Ferrari e perché non arriva* • *Buongiorno Piero!*	*Tu / Lei* Negazione Presente indicativo dei verbi *essere* e *avere* L'infinito delle tre coniugazioni verbali: terza persona singolare del presente indicativo	Saluti Stati d'animo e sensazioni Oggetti domestici	Salutare Offrire e accettare qualcosa Parlare delle cose possedute Descrivere stati d'animo e sensazioni
	MATERIALI AUTENTICI: *Il portiere del condominio*, da "Storie di primogeniti e figli unici" di F. Piccolo		
Episodio 3 • *Milano di mattina in velocità* • *Binario 3* • *Biglietti, prego!*	Aggettivi di 1ª e 2ª classe Concordanza di aggettivi e sostantivi Presente indicativo del verbo *andare* *Invece*	Milano: la città Tipi di biglietti Caratteristiche fisiche e della personalità	Descrivere ambienti e persone Comprare un biglietto
Episodio 4 • *Passeggeri* • *Qui non c'è posto* • *Questi parlano, parlano...*	Presente indicativo dei verbi regolari delle tre coniugazioni *C'è, ci sono* Per domandare: *che?, chi?, con chi?, dove?, come?, cosa?, quale?, quando?*	Persone e cose in un treno Parti del giorno Azioni quotidiane e abituali	Parlare delle proprie abitudini Intraprendere una conversazione con sconosciuti
Episodio 5 • *Il treno corre*	Articoli determinativi Concordanza di aggettivi e sostantivi	Emilia Romagna: città e prodotti tipici	
	MATERIALI AUTENTICI: *Nascono in Emilia le auto più belle del mondo*, da "Il Venerdì di Repubblica" Pubblicità: *Aceto balsamico di Modena* *Cafoni in un mondo bellissimo*, da "Il Sole 24 Ore" *La riforma della grammatica*, di G. Rodari		
Episodio 6 • *Servizio bar*	*Mi piace, mi piacciono* Presente indicativo dei verbi in *-isc-* Presente indicativo di alcuni verbi irregolari	La colazione in Italia Il caffè	Ordinare qualcosa al bar Esprimere gusti e preferenze
	MATERIALI AUTENTICI: *Un espresso all'italiana*, da "I viaggi di Repubblica" *Il caffè è un piacere e il barista frena gli aumenti*, da "Il Corriere della Sera"		

LA STORIA	GRAMMATICA	LESSICO E AREE TEMATICHE	FUNZIONI
Episodio 7 • *Pronto, sì...* • *Che cos'è il "coso"?* • *Io sono un fotografo*	Presente indicativo del verbo *dovere* *Secondo me, per me, sono d'accordo, non sono d'accordo* Presente indicativo del verbo *fare* Numeri cardinali e ordinali Alcuni connotatori temporali	Telefonare Oggetti di uso quotidiano Lavoro e professioni	Fare una telefonata Esprimere accordo e disaccordo Parlare del proprio lavoro Scrivere un memorandum
	MATERIALI AUTENTICI: *L'italiano in linea*, da "Sette - Il Corriere della Sera" *Classifica degli oggetti del secolo*, da "Specchio della Stampa"		
Episodio 8 • *Stazione di Bologna* • *C'è chi guarda* • *C'è chi corre per prendere il treno* • *Passa il controllore*	*Si* impersonale *Si deve, non basta* *A sud di, a nord di ecc*	Bologna: descrizione di una città Burocrazia ferroviaria Punti cardinali	Descrivere una città Rimproverare Giustificarsi Situare nello spazio
	MATERIALI AUTENTICI: *Bologna*, da "Donna Moderna" *Bologna*, da "Un altro giorno è andato" di F. Guccini		
Episodio 9 • *Bologna è sempre Bologna* • *Una casa di studenti*	Presente indicativo dei verbi *volere* e *potere* Preposizioni semplici e articolate *a, in, su*	Università Sport Peso e altezza Arredamento e spazio domestico	Descrivere l'ambiente domestico Situare oggetti nello spazio Formule per gestire la comunicazione: *a proposito, ma dai, non dire che non*
Episodio 10 • *Una ragazza carina* • *Studi Lettere?*	Preposizioni: *con, a, di* Pronomi diretti: *lo, la, li, le* *Mi dispiace, beato te, purtroppo* Usi del verbo *fare*	Aspetto fisico Vita giovanile: moda e costumi	Descrivere persone e cose Fare nuove conoscenze Parlare di sé, della propria vita
	MATERIALI AUTENTICI: *Troviamoci al centro commerciale*, da "Donna Moderna"		
Episodio 11 • *Mamma e figlia* • *Qualche minuto dopo* • *Sorelle*	Presente indicativo dei verbi riflessivi Distanze Preposizioni *da, a*	Conversazioni colloquiali in treno Azioni quotidiane	Scusarsi, rispondere alle scuse Chiedere il permesso Descrivere azioni Collocare nello spazio
	MATERIALI AUTENTICI: Poesia di P. Cavalli		
Episodio 12 • *Firenze: Stazione di S. Maria Novella* • *Come si arriva a Piazza Duomo?* • *E questo di chi è?*	*Accidenti, peccato, per fortuna, meno male* *Non mi piace, mi dispiace* Preposizione *di* semplice e articolata	Firenze, arte e architettura Descrizione di una città d'arte	Chiedere e dare informazioni Esprimere dispiacere, rammarico e soddisfazione Esprimere gusti personali e valutazioni
Episodio 13 • *Una cartolina di Firenze* • *L'edicola*	Alcuni usi della preposizione *da* Particella pronominale *ne* *Cosa c'è...*	Firenze: un'edicola Giornali, cartoline La stampa italiana	Comprare qualcosa Chiedere il prezzo Parlare dei propri interessi Chiedere informazioni
	MATERIALI AUTENTICI: *Care, vecchie cartoline*, da "Donna Moderna"		

LA STORIA	GRAMMATICA	LESSICO E AREE TEMATICHE	FUNZIONI
Episodio 14 • *Pinocchio* • *Ponte Vecchio* • *Palazzo Pitti* • *Ma anche Lei è qui!?* • *Moda in Italy* • *La sfilata*	Espressioni locative *sopra, sotto, dietro, davanti, al centro, a destra, a sinistra, in fondo, in alto, a fianco, dentro, di fronte* *Quale?, Quali?* *Senta, scusi, Senti, scusa* Preposizioni temporali *da, tra/fra*	Pinocchio Moda Abbigliamento Stagioni Clima	Descrivere luoghi e paesaggi Conoscersi e scambiare informazioni sulla propria vita Stabilire il contatto comunicativo Chiedere informazioni Chiedere di ripetere Scusarsi Vietare qualcosa Fare acquisti (abbigliamento)
	MATERIALI AUTENTICI:	*All'orizzonte i tessuti con aspirina incorporata*, da "Il Messaggero"	
Episodio 15 • *La dolce vita* • *Miss Treno* • *Anche a Riccione c'è il mare*	Formazione del participio passato dei verbi regolari Passato prossimo dei verbi delle tre coniugazioni Verbi transitivi e intransitivi Uso degli ausiliari *essere* e *avere* Gradi dell'aggettivo: superlativo assoluto e relativo; comparativo	Conversazioni telefoniche tra amici Donne in Italia Luoghi di vacanza	Enunciare sequenze di azioni al passato Parlare di quello che si è fatto il giorno prima Descrivere e valutare cose e persone Fare paragoni
	MATERIALI AUTENTICI:	*I record dei comuni italiani*, da "Focus Extra" *In confronto agli altri paesi noi siamo*, da "Focus Extra"	
Episodio 16 • *Tutti al mare* • *Sei stata mai in Sardegna?* • *Le vacanze di Piero*	Uso di *mai* Particella locativa *ci* Passato prossimo Avverbi di frequenza	Luoghi di vacanza, spiagge, mare	Descrivere e valutare luoghi Parlare di vacanze Raccontare esperienze passate
	MATERIALI AUTENTICI:	Ascolto: *Racconti di vacanze* *Concerti notturni nello scenario della grotta di Nettuno*, da "Bell'Italia"	
Episodio 17 • *Il treno si è fermato* • *L'altoparlante*	Passato prossimo Participio passato dei principali verbi irregolari Verbi reiterativi, uso del prefisso *ri-*	Un incidente Interno di un treno Attualità	Raccontare eventi del passato Chiedere informazioni su un fatto accaduto Lamentarsi, protestare, Scusarsi
	MATERIALI AUTENTICI:	*Brevi di Cronaca*, da "Metro"	
Episodio 18 • *Un tipo strano* • *Posso dare uno sguardo alla rivista?* • *L'ispirazione ferroviaria*	*Tenere d'occhio, dare un'occhiata* *Le/Ti dispiacerebbe...?* *Puoi...?, Posso...?* Concordanza dei pronomi diretti col participio passato	Oggetti di design Effetti personali Lavoro e creatività	Esprimersi cortesemente: chiedere un favore chiedere il permesso Fare ipotesi e supposizioni
Episodio 19 • *Stazione Termini* • *Fatti sentire* • *Qui non siamo a Riccione*	Formule di saluto e commiato Modi per affermare e negare: *certo, perché no, ma dai, figurati, come no*	Roma: una metropoli La stazione: luoghi e persone Spettacoli ed eventi culturali	Descrizione di luoghi Salutarsi, accomiatarsi, raccomandarsi Fare un programma comune Proporre qualcosa Invitare qualcuno
	MATERIALI AUTENTICI:	Estratto da "Un giorno a Roma" di M. Tranquillini	

LA STORIA	GRAMMATICA	LESSICO E AREE TEMATICHE	FUNZIONI
Episodio 20 • *Visita guidata per Roma* • *Una cenetta romantica*	Aggettivi dimostrativi *questo, quello* Imperativo dei verbi *essere* e *avere* Imperativo dei verbi regolari e dei verbi riflessivi delle tre coniugazioni Imperativo negativo	Roma: arte, storia, cucina romana Viaggiare	Descrivere monumenti e luoghi d'arte Dare istruzioni: - un itinerario turistico - una ricetta - un decalogo
	MATERIALI AUTENTICI: *Roma per chi non la conosce*, da "Tu" *Roma per chi la conosce già*, da "Tu" Ricetta: *Bucatini all'amatriciana*, da "La vera cucina di Roma e del Lazio" *Decalogo per il viaggiatore*, da "L'Espresso"		
Episodio 21 • *Il pomodoro, il basilico, l'origano* • *Una faccia conosciuta*	Preposizione articolata *a* Imperfetto indicativo dei verbi *essere* e *avere* Imperfetto indicativo dei verbi regolari delle tre coniugazioni *A proposito, ci credo bene, ma tu guarda*	Cucina, italiana, prodotti tipici Scenari e persone del passato	Ordinare in un ristorante Descrivere persone e situazioni del passato Strategie per: - confermare quanto detto dall'interlocutore - esprimere desiderio e impazienza - esprimere stupore - giustificarsi
	MATERIALI AUTENTICI: Ricetta: *Spaghetti al pomodoro* di G. Vissani		
Episodio 22 • *Foto di famiglia: mio figlio, mia figlia* • *Ancora foto!*	Aggettivi e pronomi possessivi Preposizioni *di* e *da*	Famiglia e relazioni familiari Proverbi italiani Il matrimonio Oggetti personali	Parlare della propria famiglia Indicare oggetti posseduti
	MATERIALI AUTENTICI: Pubblicità: *Kodak*		
Episodio 23 • *L'importante è l'igiene!* • *Non è male questo risotto*	Uso dell'imperfetto indicativo e del passato prossimo *Perché, perciò*	Ambiente di un ristorante Ecologia alimentare Marketing Ristorazione	Fare una prenotazione Invitare, accettare un invito Esprimere opinioni Esprimere accordo e disaccordo Descrivere situazioni e fatti del passato
	MATERIALI AUTENTICI: Estratto da "L'intervista" di N. Ginzburg Estratto da "Treno di panna" di A. De Carlo *Dal lato della strada*, da "Storie di primogeniti e figli unici" di F. Piccolo Fumetto: *I nipoti di Topolino*, da "Classici Disney"		
Episodio 24 • *Treno e nostalgia* • *Dimenticare Giulia* • *Ma che ore saranno?*	Futuro semplice dei verbi *essere* e *avere* Futuro semplice dei verbi regolari delle tre coniugazioni e dei principali verbi irregolari Particolari usi del futuro per esprimere probabilità e ipotesi	Ricordi, una storia d'amore Il futuro: scenari e progetti	Raccontare la trama di un film o di un libro Fare un programma per il futuro Fare previsioni Esprimere ipotesi e supposizioni Descivere scenari futuri
	MATERIALI AUTENTICI: Poesia di P. Cavalli Recensioni di film, da "Trova Roma" e "Roma c'è" Canzone: *Io vivrò senza te*, di Battisti-Mogol *Un mondo di nomadi nel secolo degli eccessi*, da "Il Messaggero"		

LA STORIA	GRAMMATICA	LESSICO E AREE TEMATICHE	FUNZIONI
Episodio 25 • *Vedi Napoli e poi muori*	Forma progressiva *stare* + gerundio Preposizioni semplici e articolate Preposizioni con i verbi Superlativo assoluto	Napoli: luoghi, simboli e stereotipi tradizione e modernità teatro e musica Strada e segnaletica	Scusarsi, accettare le scuse Rincontrarsi Parlare della propria città
	MATERIALI AUTENTICI: *Mille volti ma veraci*, da "Bell'Italia" *Napoli*, da "Donna Moderna" Ascolto: *Intervista a Valentina Caroli* Ascolto: *Intervista a Sergio Spada*		
Episodio 26 • *Sud* • *Militari in licenza* • *Come quella sera* • *In quel momento arriva Piero*	*Come sarebbe bello...* Pronomi diretti e indiretti di terza persona Verbi che reggono un oggetto diretto o indiretto Verbi pronominali: *andarsene, sentirsela, farcela*	Paesaggi del sud Vita militare Conflitti familiari Mestieri di un tempo	Esprimere desideri Litigare Parlare dei sogni dell'infanzia Confrontare situazioni del presente e del passato nel mondo del lavoro
	MATERIALI AUTENTICI: *C'era una volta il capostazione*, da "Venerdì di Repubblica" Cartolina: www.jobline.it		
Episodio 27 • *Cruciverba* • *Un tipo un po' accademico* • *E lei di che squadra è?*	*Che* esclamativo Congiunzioni *e, ma* *Non solo, ma anche* Posizione del pronome con verbi modali + infinito Pronomi diretti, indiretti e riflessivi Dislocazione a sinistra del pronome	Una conferenza Eventi e interessi culturali La lettura Sport: calcio e tifosi Il mondo della scuola	Commentare esperienze culturali Esprimere critiche e punti di vista Parlare di sé Instaurare relazioni informali Esprimere stati d'animo e sensazioni
	MATERIALI AUTENTICI: *Marco maestro di strada*, da "La Repubblica"		
Episodio 28 • *Una donna speciale* • *Mi scusi se la disturbo* • *Noi lo vorremmo cambiare questo paese* • *Lei signorina, vuole spiegarmi qualcosa?*	*Tutti, qualcuno, nessuno* *Non... nessuno, non... niente* Condizionale presente dei verbi *essere* e *avere* Condizionale presente dei verbi regolari delle tre coniugazioni e dei principali verbi irregolari	Sud: descrizione di paesaggi, ambienti e persone Giornalismo Gli italiani e la pasta	Esprimere desideri Dare consigli Chiedere cortesemente qualcosa Fare ipotesi e supposizioni Parlare delle proprie aspirazioni Gestire un conflitto dialettico Chiedere e dare spiegazioni
	MATERIALI AUTENTICI: *Milano-Reggio Calabria: il treno dei nuovi immigrati*, da "Focus Extra"		
Episodio 29 • *Il prete canadese* • *La Sicilia è la Sicilia* • *Big party!*	Forme di indirizzo: uso del *Voi* Pronomi relativi: *che, cui, il quale* Pronome *chi*, interrogativo e relativo	La Sicilia, nostalgia delle origini Italiani nel mondo Professioni: musica, computer La Sicilia: prodotti, clima, tradizioni e religione	Parlare del proprio luogo d'origine, di sé, della propria vita
	MATERIALI AUTENTICI: *Arance express*, da "Panorama" *La preghiera per la pioggia*, da "La Repubblica" *Bill Conti*, da "Venerdì di Repubblica" *Johnny Carlacci*, da "Venerdì di Repubblica" *L'America*, da "Conversazione in Sicilia" di E. Vittorini		

LA STORIA	GRAMMATICA	LESSICO E AREE TEMATICHE	FUNZIONI
Episodio 30 • *Accidenti, siamo arrivati!* • *Buonanotte mamma*	*Figurati! / Si figuri!* Passato remoto dei verbi *essere* e *avere* Passato remoto dei verbi regolari delle tre coniugazioni e dei principali verbi irregolari	La Sicilia: luoghi e atmosfere Una conversazione telefonica Relazioni familiari	Scusarsi, accettare le scuse Invitare, fare programmi comuni Descrivere fatti ed eventi di un passato lontano Raccontare una favola
	MATERIALI AUTENTICI: *Quei gelati, quelle granite, il buon gusto di tutti i gusti*, da "Bell'Italia" *Mia madre*, da "Conversazione in Sicilia" di E. Vittorini *Il funerale della volpe*, da "Il libro degli errori" di G. Rodari		

LEGENDA DEI SIMBOLI

Leggi per capire

Leggi per analizzare

Ascolta per capire

Ascolta per analizzare

TRACKLIST DEL CD

episodio	attività	track
credits	-	1
Prima di tutto	2	2
Prima di tutto	6	3
Prima di tutto	8	4
1	2	5
2	3-4	6
3	14	7
3	17	8
4	12	9
6	1-2	10
7	1	11
7	6	12
7	11	13
8	5-6	14
9	1-4	15
9	8-9	16
10	10-11	17
11	1-2	18
11	11	19
12	9-10	20
13	1-2	21
13	7	22
14	2	23
14	5	24
15	1-2	25
15	13	26
16	2-3	27

episodio	attività	track
16	11	28
17	8-9	29
18	5	30
18	9-10	31
19	8-9	32
20	1	33
21	4-5	34
21	8-9	35
22	1	36
23	1-2	37
23	6-9	38
24	4-5	39
25	1-2	40
25	11	41
25	12-13	42
26	9-10	43
26	12-13	44
27	1-2	45
27	17-18	46
28	6-7	47
28	12-13	48
28	16	49
29	3	50
29	4-5	51
30	1	52
30	7	53

Conosci l'Italia?

1 Guarda e riconosci

Queste sono immagini di monumenti e luoghi famosi di città italiane.
Osserva le vignette e abbinale ai nomi delle città.

Milano, Roma, Firenze, Bologna, Napoli, Venezia

2 Chi parla italiano?

In Italia si parla italiano ma si parlano anche tanti dialetti regionali.
Ascolta le registrazioni e segna quella in lingua italiana.

1ª registrazione ⊙ 2ª registrazione ⊙ 3ª registrazione ⊙

3 L'ABC dell'Italia

Conosci queste parole? Alcune forse le conosci già. Prova insieme agli altri studenti e con l'aiuto dell'insegnante a capire il significato delle parole che non sai.

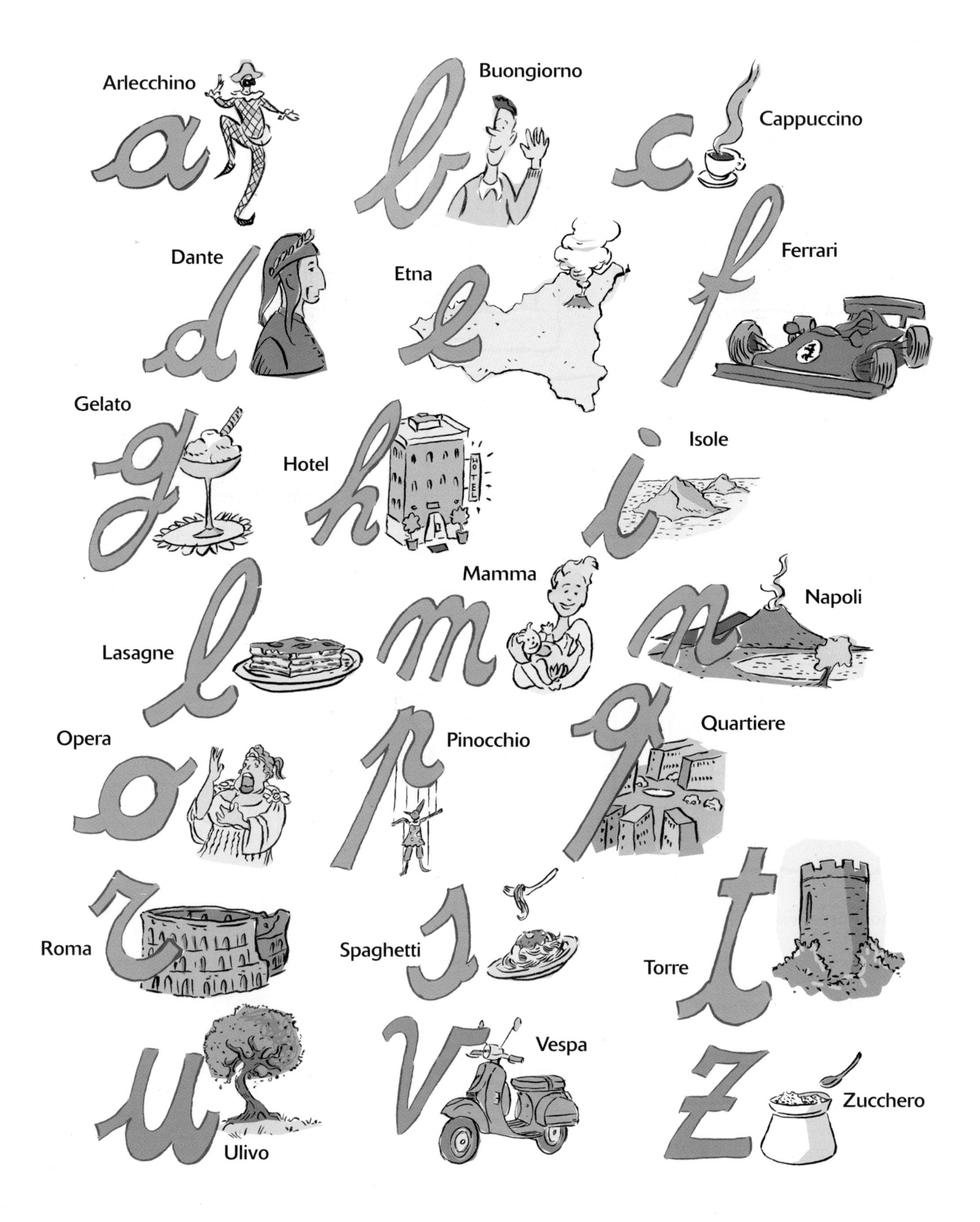

4 La mia classifica

Scegli tre parole che per te rappresentano di più l'Italia. Poi confronta con gli altri studenti.

1° posto

2° posto ....

....

3° posto

....

La classifica della classe

Confronta la tua classifica con quella degli altri e fate una classifica delle parole più rappresentative per la classe.

5 Gioco *I suoni dell'alfabeto*

L'insegnante lancia la palla a uno studente e dice: B come...
Lo studente deve rispondere con una parola che inizia per B (ad esempio: B come buongiorno).
Se non sa rispondere passa la palla ad un altro studente ed esce dal gioco.

6 track 3 *Ascolta e trascrivi i nomi.*

1. ....
2. ....
3. ....
4. ....
5. ....

7 Attività

Completa i nomi delle città e poi collocali nella mappa.

BO_ _ GN _

_ _ LA _ _

_ O _ _

P _ _ ER _ _

_ _ _ _ _ ZE

V _ NE _ _ _

_ AP _ _ _

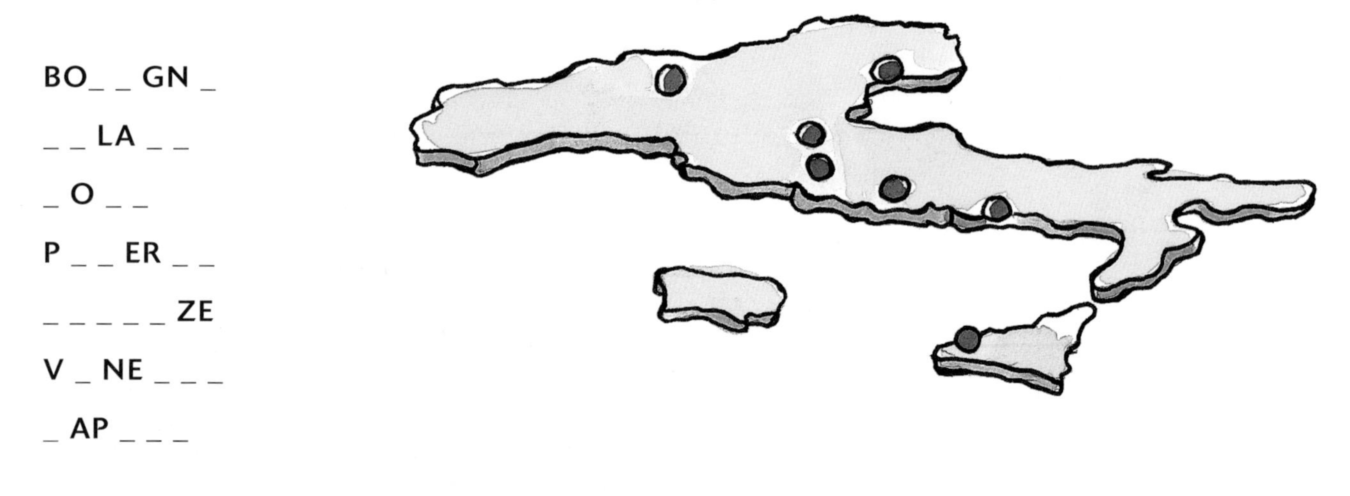

8 Indirizzi

Ascolta gli indirizzi degli alberghi e trascrivili sotto ad ognuno.
Colloca ogni albergo nella cartina al posto giusto scrivendo le rispettive lettere negli spazi.

A. Hotel Torino

....

B. Pensione Vittoria

....

C. Albergo della Pace

....

D. Albergo del Sole

....

E. Pensione Aurora

....

F. Hotel Centrale

....

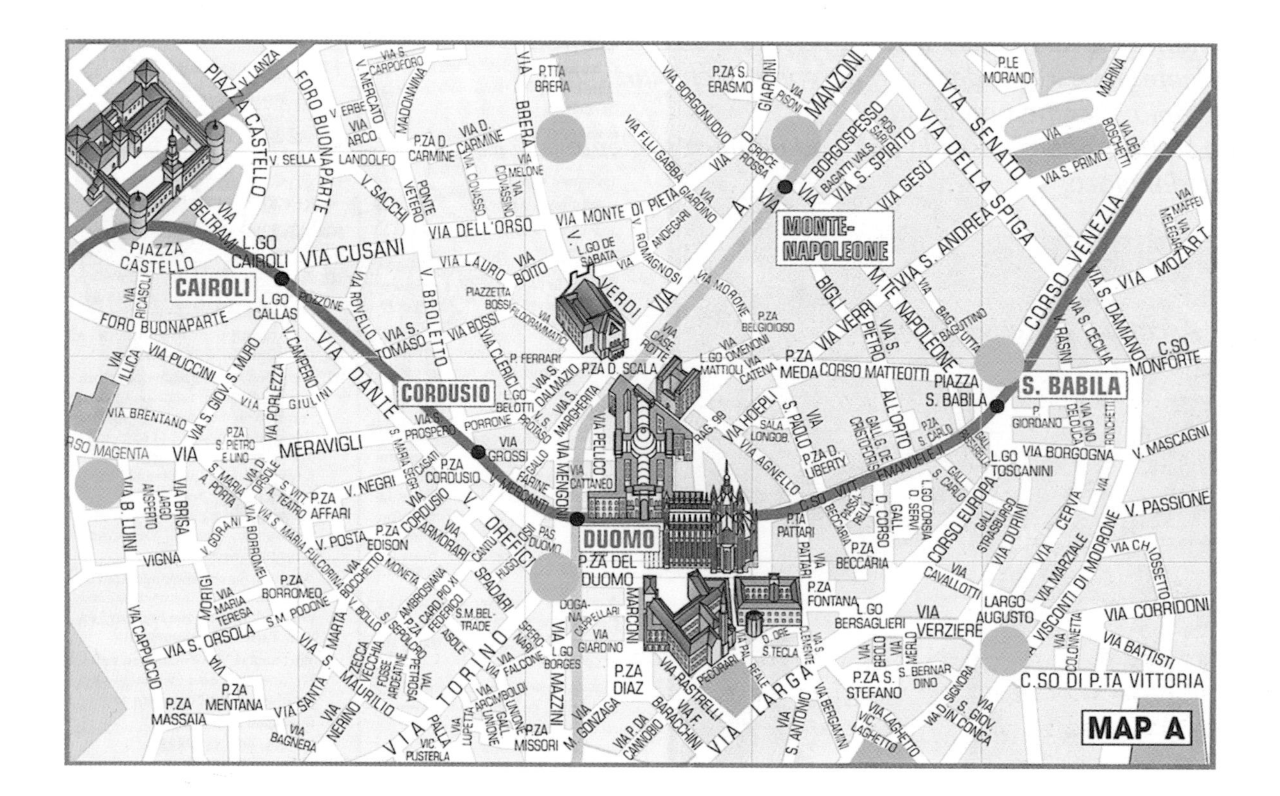

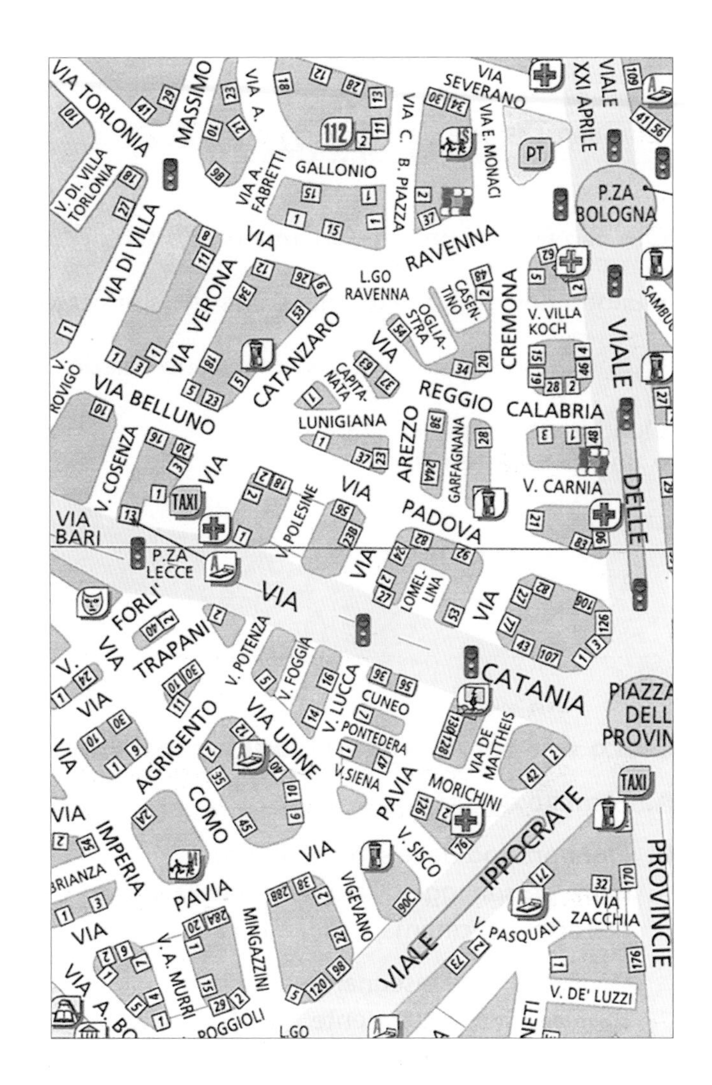

9 **Leggi una piantina**

Leggi il nome delle vie e cerca quelle che hanno nomi di città italiane. Chi ne trova di più?

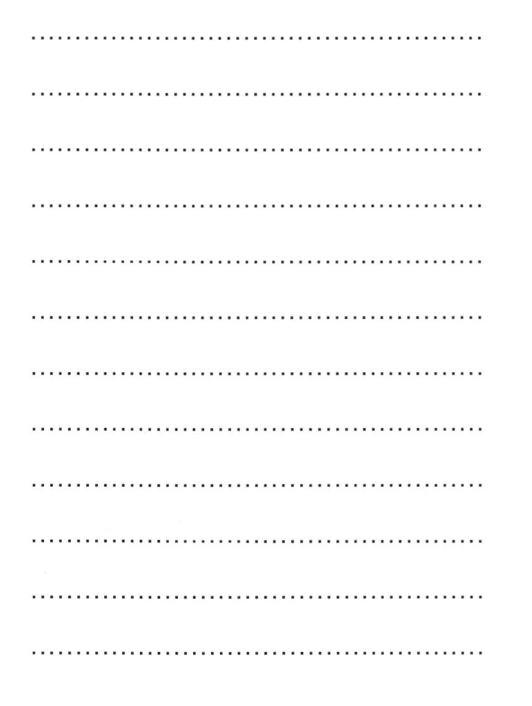

....
....
....
....
....
....
....
....
....
....
....
....

PER COMUNICARE IN ITALIANO

Conosci la tua classe?

Come ti chiami?	**Di dove sei?**
Piero, e tu?	Di Napoli, e tu?
Io mi chiamo Lucia.	*Io sono di Milano.*

10 **Role play** *Chi sei?*

L'insegnante ti dà un cartellino con un nome, una città ed una età. Questa è la tua nuova identità.
È il primo giorno di lezione, l'insegnante non è ancora in classe.
Gira per la classe e cerca di conoscere gli altri.

PER COMUNICARE IN ITALIANO

Se non lo sai... chiedi!

Quando non sai pronunciare una parola scritta chiedi:	*come si pronuncia?*
Quando non sai scrivere una parola che senti chiedi:	*come si scrive?*
Quando non sai dire una cosa in italiano chiedi:	*come si dice in italiano?*
Quando non capisci una parola o un'espressione chiedi:	*che cosa significa?*
	oppure:
	cosa significa...? / che significa...?

11 Gioco dei personaggi italiani famosi *Come si scrive?*

A. Formate dei gruppi.

B. Ogni gruppo deve scrivere i nomi di tre personaggi italiani famosi nella storia, nell'arte, nel cinema, nella politica ecc.

Verificare con l'insegnante se i nomi sono scritti correttamente.

C. Ogni gruppo detta agli altri i tre nomi su cui ha lavorato.

 *"Leonardo".*

Vince il gruppo che fa meno errori.

12 Gioco della tombola *Come si dice?*

A. Formate dei gruppi.

B. L'insegnante assegna ad ogni gruppo una delle quattro cartelle.

C. Gli studenti devono trovare in tre minuti le parole corrispondenti ai loro numeri. Non devono usare il dizionario ma possono chiedere: "Come si dice il numero (7)?" a persone di altri gruppi o, se nessuno lo sa, all'insegnante.

D. L'insegnante ha preparato venti numeri ed ogni studente a turno estrae un numero e chiede: "Come si dice il numero (5)?". Chi ha il numero 5 nella cartella risponde con la parola corrispondente. Si continua il gioco fino a che uno dei gruppi completa la cartella e vince così la gara.

13 **Gioco del mimo** *Cosa significa?*

...BERE?

A. Formate dei gruppi.
B. Ogni gruppo ha cinque verbi da mimare, ad esempio il gruppo A deve mimare: *dormire, correre, fumare, mangiare, salutare*.
Se nessuno conosce il significato si può usare il dizionario.
C. Gli studenti di un gruppo (ad esempio il gruppo A) chiedono a quelli di un altro gruppo: "Che cosa significa (dormire)?" e continuano domandando il significato dei cinque verbi. Se gli altri conoscono il significato del verbo mimano l'azione e guadagnano un punto. Altrimenti dicono: "Non lo so".
D. Quando tutti i gruppi hanno finito di spiegare-mimare i loro verbi l'insegnante mima alcuni verbi tra quelli già trattati per ogni gruppo e gli studenti devono dire qual è il verbo.

Vince il gruppo che dà più risposte corrette.

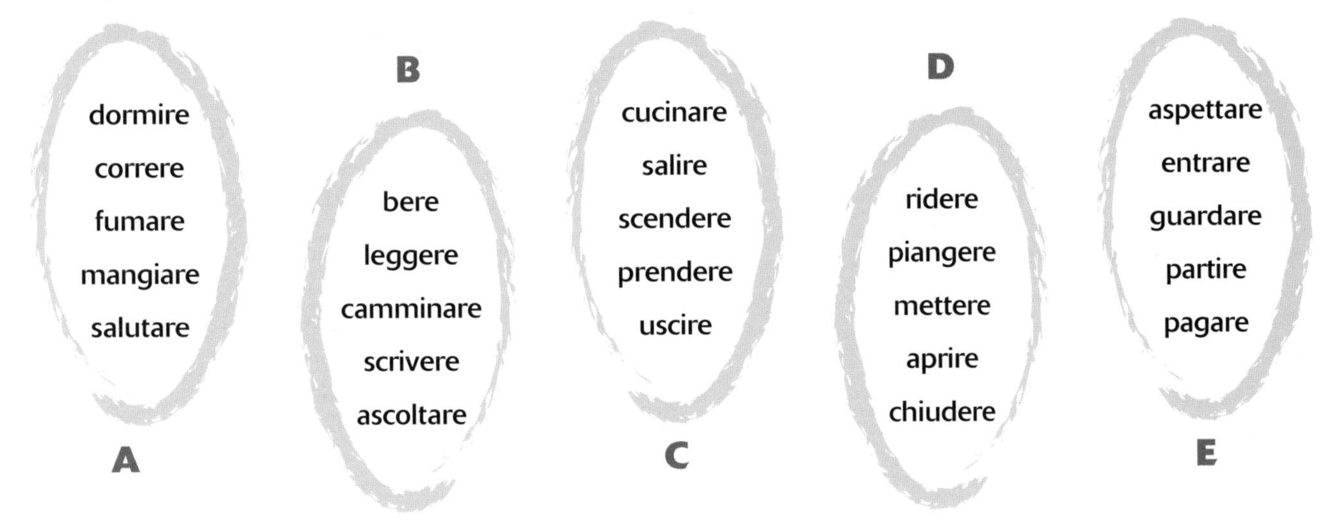

Alfabeto italiano			Lettere straniere			Numeri	
A	**a**	*a*	**J**	**j**	*i lunga*	**0**	zero
B	**b**	*bi*	**Y**	**y**	*ipsilon / i greca*	**1**	uno
C	**c**	*ci*	**K**	**k**	*cappa*	**2**	due
D	**d**	*di*	**X**	**x**	*ics*	**3**	tre
E	**e**	*e*	**W**	**w**	*doppia vu*	**4**	quattro
F	**f**	*effe*				**5**	cinque
G	**g**	*gi*				**6**	sei
H	**h**	*acca*				**7**	sette
I	**i**	*i*				**8**	otto
L	**l**	*elle*				**9**	nove
M	**m**	*emme*				**10**	dieci
N	**n**	*enne*				**11**	undici
O	**o**	*o*				**12**	dodici
P	**p**	*pi*				**13**	tredici
Q	**q**	*cu*				**14**	quattordici
R	**r**	*erre*				**15**	quindici
S	**s**	*esse*				**16**	sedici
T	**t**	*ti*				**17**	diciassette
U	**u**	*u*				**18**	diciotto
V	**v**	*vu*				**19**	diciannove
Z	**z**	*zeta*				**20**	venti

un giorno in italia

EPISODIO **1**

Milano: stazione centrale, ore 8.15

Bar, giornali, telefoni, pubblicità, tabelloni arrivi e partenze, carrelli con valigie, macchinette automatiche, biglietterie, scale mobili. Un viavai ordinato e nervoso ed un altoparlante che annuncia un treno che arriva o che parte dal binario numero…

1 *Scrivi il nome delle cose che vedi.*

2 track 5 *Ascolta più volte l'annuncio e segna la risposta corretta.*

1. Il treno è un	⊙ rapido	⊙ Eurostar	⊙ Intercity
2. Il treno parte dal binario	⊙ 6	⊙ 4	⊙ 3
3. Il treno arriva a	⊙ Trieste	⊙ Caserta	⊙ Palermo
4. Il treno si ferma a	⊙ Parma	⊙ Bologna	⊙ Firenze
	⊙ Roma	⊙ Caserta	⊙ Napoli
	⊙ Catania	⊙ Messina	⊙ Reggio Calabria
5. Sul treno	⊙ c'è il ristorante	⊙ non c'è il ristorante	

Presto, il treno non aspetta!

Il treno per Palermo è fermo sul binario 3. Le porte sono aperte e molti salgono:
una signora molto elegante
due suore
una famiglia con bambini
una coppia di anziani
uno sportivo in tuta
una modella famosa
un ragazzo che parla al cellulare
un gruppo di tifosi
un uomo d'affari con la valigetta
un'africana con i capelli biondi
due turiste giapponesi
una ragazza con i capelli viola
tre ragazze con lo zaino (parlano inglese).

3 *Cerca nel testo tutti i sostantivi e classificali in maschili e femminili. Trascrivi i nomi in una delle colonne sotto.*

MASCHILE	FEMMINILE
....	....
....	....
....	....
....	....
....	....
....	....
....	....
....	....
....	....

FACCIAMO GRAMMATICA

Sostantivi

Al singolare

ES

I sostantivi che finiscono in **-o** di solito sono maschili	*ragazzo treno*
I sostantivi che finiscono in **-a** di solito sono femminili	*ragazza macchina*
I sostantivi che finiscono in **-e** possono essere maschili o femminili	*bicchiere* (m) *pesce* (m) *carne* (f) *insegnante* (m/f)

Attenzione!

Alcuni sostantivi in **-a** sono maschili	*problema sistema tema*
Alcuni sostantivi in **-o** sono femminili	*mano radio*
I nomi in **-ista** possono essere maschili e femminili	*artista musicista*

Al plurale

I sostantivi maschili in **-a / -o / -e** al plurale terminano in **-i**	*problema - problemi* *ragazzo - ragazzi* *cane - cani* *mese - mesi*
I sostantivi femminili in **-a** al plurale terminano in **-e**	*ragazza - ragazze*
I sostantivi femminili in **-e** al plurale terminano in **-i**	*classe - classi* *stagione - stagioni*

Invariabili

Tutte le parole straniere e quelle che portano l'accento sull'ultima sillaba sono invariabili.

Anche le parole femminili in **-i** non cambiano al plurale.	*l'autobus - gli autobus* *il bar - i bar* *la città - le città* *il caffè - i caffè* *la crisi - le crisi*

FACCIAMO GRAMMATICA

Articoli indeterminativi

Riguarda il testo "Presto, il treno non aspetta!".
Come hai potuto notare **un** e **uno** *si usano con parole maschili* e **una** *con parole femminili.*

un si usa con parole maschili		*un libro*
uno si usa con parole maschili che iniziano per	**z**	*uno zio*
	s + consonante	*uno sport*
	ps / pn*	*uno psicologo*
	gn	*uno gnomo*
una si usa con parole femminili che iniziano per consonante		*una birra*
un' si usa con parole femminili che iniziano per vocale		*un'aranciata*

*: con le parole che iniziano per **pn** si può usare anche l'articolo **un**

4 Esercizio

Metti davanti ai nomi gli articoli **un**, **uno** *o* **una**.

ES *una* *signora* *un* *tavolino* *uno* *studente*

1. ...... bottiglia
2. ...... birra
3. ...... giornale
4. ...... libro
5. ...... città
6. ...... caffè
7. ...... borsa
8. ...... valigia
9. ...... panino
10. ...... treno
11. ...... specchio
12. ...... carrello
13. ...... zaino
14. ...... casa
15. ...... telefono
16. ...... biglietto
17. ...... binario
18. ...... porta
19. ...... stazione
20. ...... annuncio
21. ...... straniero

Ma quando parte?

Sono le 8.15.
Le porte automatiche sono chiuse, ma il treno non parte: perché?
Il macchinista chiede al capostazione: "Ma dov'è il controllore? Quando arriva il controllore? Siamo in ritardo!"
Il capostazione risponde: "Non lo so... sì, è tardi... ma dov'è questo... sempre lui... sempre così!"
Il macchinista chiede: "Ma chi è il controllore oggi?"
E il capostazione: "Chi è, chi è... è lui, sempre lui, Ferrari".
Il macchinista: "Ferrari? Piero Ferrari... sempre, sempre in ritardo... incredibile!"

5  *Leggi più volte il testo e segna le risposte corrette.*

1. Sono le otto e venti.	⊙ vero	⊙ falso
2. Le porte del treno sono aperte.	⊙ vero	⊙ falso
3. Il controllore è	⊙ in orario	⊙ in ritardo
4. Il capostazione non sa dov'è il controllore.	⊙ vero	⊙ falso
5. Il controllore si chiama Paolo Ferrari.	⊙ vero	⊙ falso

6 Che ora è?

sono le 9 meno 10	sono le 9 e 10	sono le 9 e un quarto	sono le 9 e mezza

Guarda gli orologi e prova a dire che ora è.

ES 9.10: sono le nove e dieci.

8.00 8.05 8.15 8.20 8.30

PER COMUNICARE IN ITALIANO

Domandare o lamentarsi?

Nota il **ma** *e la diversa intonazione delle due frasi.*

Quando parte il treno? *(voglio un'informazione)*	**Ma** quando parte il treno? *(non sono contento perché il treno parte in ritardo)*

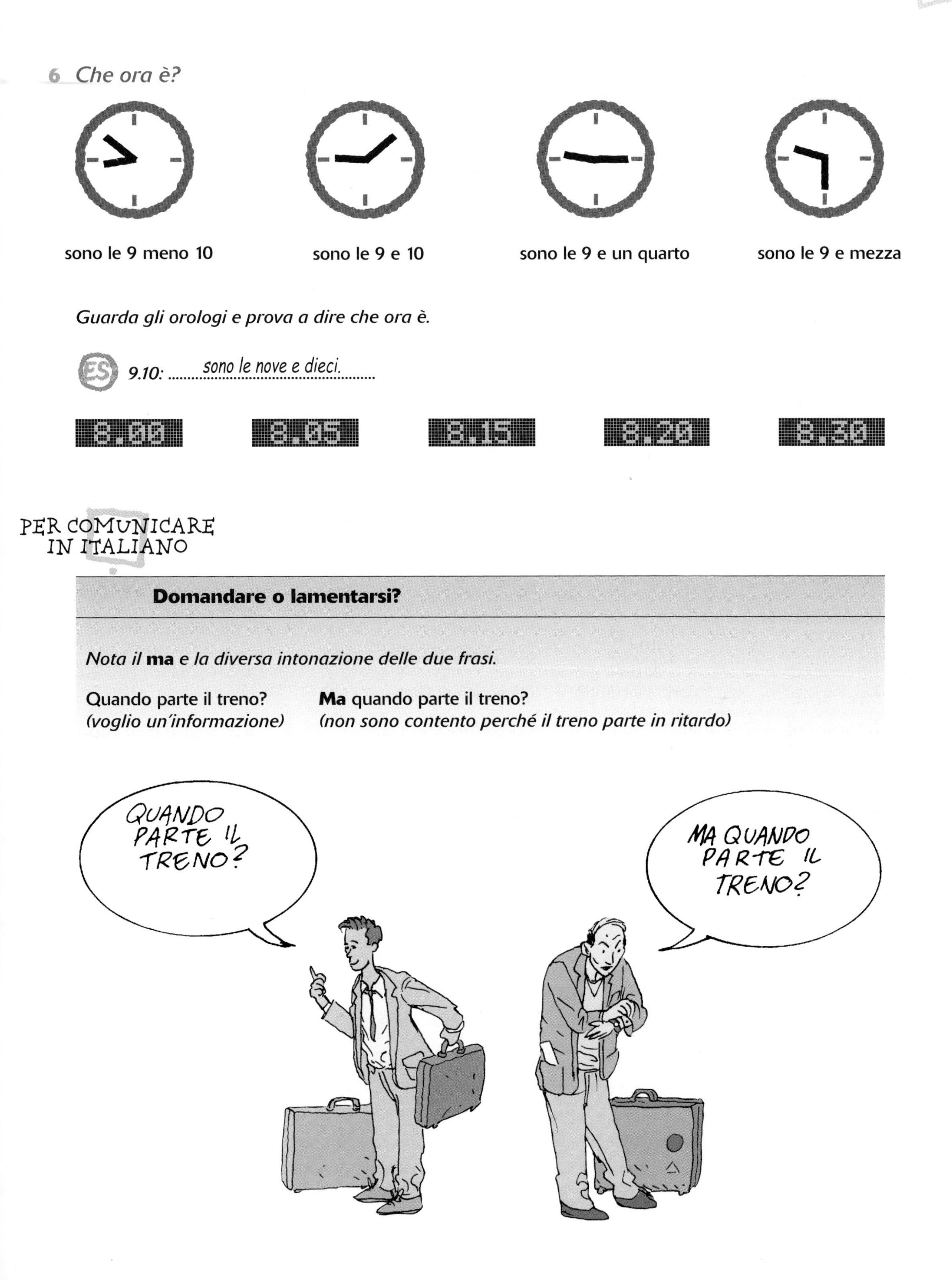

7 **Attività orale** *Qualcosa non va*

Cosa dici se:

- l'autobus non passa
- l'insegnante non arriva
- l'aereo non parte
- il negozio ancora non apre
- il concerto non inizia
- la lezione non finisce mai
- il tuo amico Marco non arriva
- il dottore non arriva

8

Rileggi il testo "Ma quando parte?" e cerca tutte le forme del verbo **essere**.
Ora prova a completare lo schema:

(io)	....	(noi)	....
(tu)	sei	(voi)	siete
(lei / lui)	....	(loro)	....

9 **Esercizio**

Inserisci **dov'è?** *o* **chi è?**

1. .... la stazione? In fondo a sinistra.
2. .... Carlo Piersanti? Un amico di Giulia.
3. .... Rita? A casa sua.
4. .... quella donna? La portiera.
5. .... il mio giornale? In salotto, sul tavolino.
6. .... Roberto Benigni? Un attore e regista italiano.
7. .... Palermo? Al sud, in Sicilia.
8. .... il telefono? Dietro la porta.

10 **Cloze**

Completa con le forme del verbo **essere** *al presente indicativo.*

Il treno delle 8.20 è in ritardo.
Il controllore non .... sul treno. Le porte del treno .... aperte.
I vagoni di prima classe .... in testa.
Due ragazze con lo zaino domandano a un signore: "Scusi, perché non parte il treno?". L'uomo risponde: "Eh!, il treno .... in ritardo. Ma .... normale qui in Italia. Voi non .... italiane, vero?". "No, ... inglesi!"

11 

Leggi la filastrocca e osserva i sostantivi evidenziati. Classificali poi nello schema sotto.

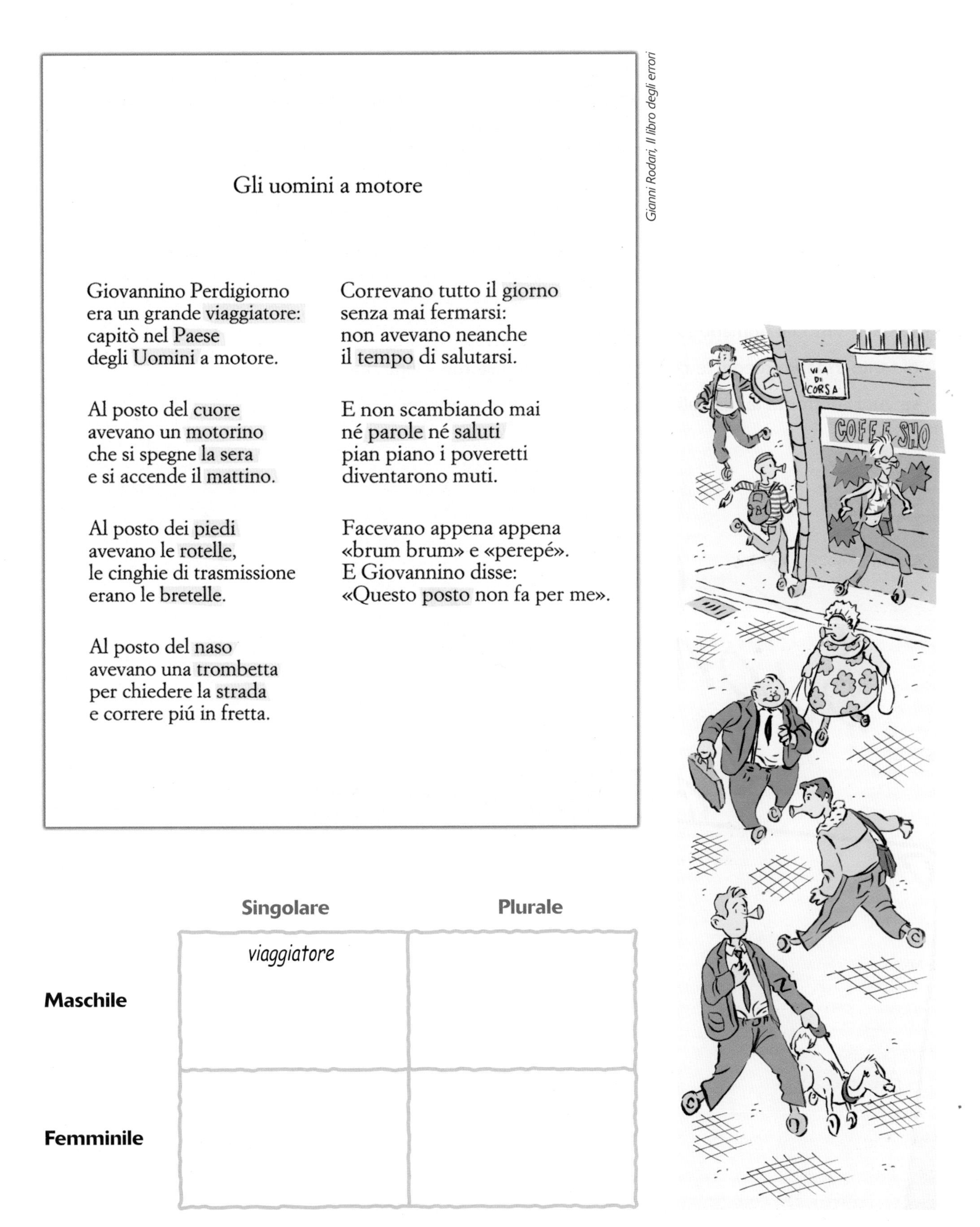

Gli uomini a motore

Giovannino Perdigiorno
era un grande viaggiatore:
capitò nel Paese
degli Uomini a motore.

Al posto del cuore
avevano un motorino
che si spegne la sera
e si accende il mattino.

Al posto dei piedi
avevano le rotelle,
le cinghie di trasmissione
erano le bretelle.

Al posto del naso
avevano una trombetta
per chiedere la strada
e correre piú in fretta.

Correvano tutto il giorno
senza mai fermarsi:
non avevano neanche
il tempo di salutarsi.

E non scambiando mai
né parole né saluti
pian piano i poveretti
diventarono muti.

Facevano appena appena
«brum brum» e «perepé».
E Giovannino disse:
«Questo posto non fa per me».

Gianni Rodari, Il libro degli errori

	Singolare	Plurale
Maschile	viaggiatore	
Femminile		

La valigia

Quando facciamo un viaggio abbiamo sempre con noi una valigia.
Anche tu hai una valigia per viaggiare nella lingua italiana.
Puoi metterci dentro tutte le cose che ricordi, il tuo personale bagaglio linguistico:
grammatica, parole nuove, curiosità, personaggi e storie che hai letto o ascoltato, informazioni.

Ecco alcuni consigli per usare bene la tua valigia:

- scrivi le cose come le ricordi
- non aver paura di sbagliare
- non copiare dal libro
- usa il libro solo per controllare
- se necessario fai domande al tuo insegnante
- di tanto in tanto rileggi le cose che hai scritto nelle tue valige precedenti
- se vuoi confronta la tua valigia con quella di altri compagni.

e ora
buon viaggio!

La valigia dell'episodio 1

un giorno in italia

EPISODIO **2**

Dov'è Piero Ferrari e perché non arriva

Milano, Corso di Porta Ticinese, 18.
Terzo piano, interno 7.

---

1 *Leggi più volte il testo e segna le risposte corrette.*

1. Piero abita in un appartamento al secondo piano.	⊙ vero	⊙ falso
2. Piero sogna una macchina automatica che parla.	⊙ vero	⊙ falso
3. La signora Caterina è la portiera.	⊙ vero	⊙ falso
4. La macchina saluta Piero.	⊙ vero	⊙ falso
5. La macchina dice a Piero: "Prende un tè?"	⊙ vero	⊙ falso
6. La macchina dice a Piero: "Sono tre euro, grazie!"	⊙ vero	⊙ falso
7. Piero è in ritardo.	⊙ vero	⊙ falso

2 *Rileggi il testo, prova a completare i verbi e osserva le differenze.*

Piero non è alla stazione perché	**dorm...**	e	**sogn...**	
Una macchina automatica	**parl...**			
Piero ha fretta,	**prend...**	la borsa e	**corr...**	fuori

Prova a formare l'infinito di questi verbi e classificali qui sotto:

-are	-ere	-ire
....	....	....
....	....	

Ricordi o conosci già altri verbi che puoi classificare in uno dei tre gruppi sopra?

....	....	....
....	....	....
....	....	....

FACCIAMO GRAMMATICA

Le tre coniugazioni

In italiano esistono 3 gruppi di verbi che all'**infinito** hanno desinenze diverse :

1° gruppo: verbi in **-are** *cantare, parlare, camminare*

2° gruppo: verbi in **-ere** *correre, perdere, prendere*

3° gruppo: verbi in **-ire** *partire, dormire, sentire*

Osserva i verbi nel testo e prova a formulare una regola:

alla **terza persona singolare** del presente indicativo i verbi in:

-are finiscono in ....

-ere finiscono in ....

-ire finiscono in ....

Buongiorno Piero!

Piero esce di casa, ha fretta, è in ritardo, ma nel cortile incontra come sempre la signora Caterina.

"Accidenti, è sempre qui, niente macchina parlante, è lei..." pensa Piero. Caterina Monreale è la portiera del palazzo, siciliana, ma vive a Milano da molti anni. Conosce tutti nel palazzo: nonni, zii, bambini, baby sitter, amici e amanti... controlla tutto e tutti come un carabiniere ma adora Piero perché è un bravo ragazzo... l'ideale per la sua Milena.

3 track 6 **A.** *Ascolta il dialogo e segna i nomi di persona che senti:*

Marina ○ Milena ○ Paolo ○

Caterina ○ Piero ○

B. *Ascolta il dialogo e segna le risposte corrette.*

1. La signora Caterina saluta Piero. ○ vero ○ falso
2. Fa molto caldo. ○ vero ○ falso
3. La signora Caterina offre a Piero un caffè. ○ vero ○ falso
4. La signora Caterina porta a Piero un caffè. ○ vero ○ falso
5. Piero dice che non ha tempo per il caffè. ○ vero ○ falso
6. Alla fine Piero prende il caffè. ○ vero ○ falso
7. Il caffè della signora Caterina non è buono. ○ vero ○ falso
8. Tra poco Piero parte. ○ vero ○ falso

4  *Ascolta più volte il dialogo e completa.*

P.: .... signora Caterina!
C.: .... Piero, ...?
P.: Bene, bene, ...?
C.: .... ! Ma senti che caldo!
P.: Sì, ... umido! Accidenti, com' .... !
C.: Piero aspetta! Vuoi un caffè? .... ! Milena porta il caffè a Piero!
P.: .... non .... tempo .... in ritardo.
C.: Ma .... !
P.: E va bene... sì, grazie. .... Milena.
M.: Ciao Piero, ...?
P.: Sì, ma... mmh, ottimo il caffè, come sempre! .... , scappo, ...
C. e M.: .... Piero, ... !

PER COMUNICARE IN ITALIANO

Sì! No! Non!

Per accettare qualcosa in italiano si dice: "**sì, grazie**"

ES *Vuoi un cioccolatino?*
Sì, grazie.

Per negare, rifiutare gentilmente in italiano si dice: "**no, grazie**"

Davanti ad un verbo, per negare un'azione si dice: "**non + verbo**".

ES *Hai fame?*
No, grazie, non ho fame.

5 Esercizio

Completa con **no** *o* **non**.

ES *Prendi un caffè?*
No, grazie, non bevo caffè.

1. *Vuoi un po' di latte?*
   ...., grazie.
2. *Mangi un panino?*
   ...., grazie, ... ho fame.
3. *Vieni con me al bar?*
   ...., mi dispiace, adesso .... ho tempo.
4. *Bevi un bicchiere di vino?*
   .... grazie, ... posso bere alcool.
5. *Torni a casa in autobus?*
   ...., in metropolitana.
6. *Vieni subito da me?*
   ...., vengo più tardi.

Per rispondere ai saluti "**Come va?**" "**Come stai?**" si può dire:

Bene grazie! *Così, così* *Abbastanza bene, grazie!* *Insomma* *Benissimo!*

1 .... 2 .... 3 .... 4 .... 5 ....

Metti le risposte in ordine a seconda dei simboli positivi e negativi.

Ad alcuni saluti si risponde con lo stesso saluto o con un altro saluto.

Buongiorno!
Buonasera!
Buonanotte!
Ciao!
Arrivederci!
A domani!
A presto!

Agli auguri si risponde con "**anche a te**" o "**grazie**".

Buona giornata!
Buon lavoro!
Buon viaggio!
Buone vacanze!
Buon fine settimana!

Grazie!
se l'altro fa la stessa cosa:
anche a te

6 Attività

Componi dei minidialoghi con i saluti riorganizzando le frasi: abbina i dialoghi alle situazioni e trascrivi il testo nei fumetti.

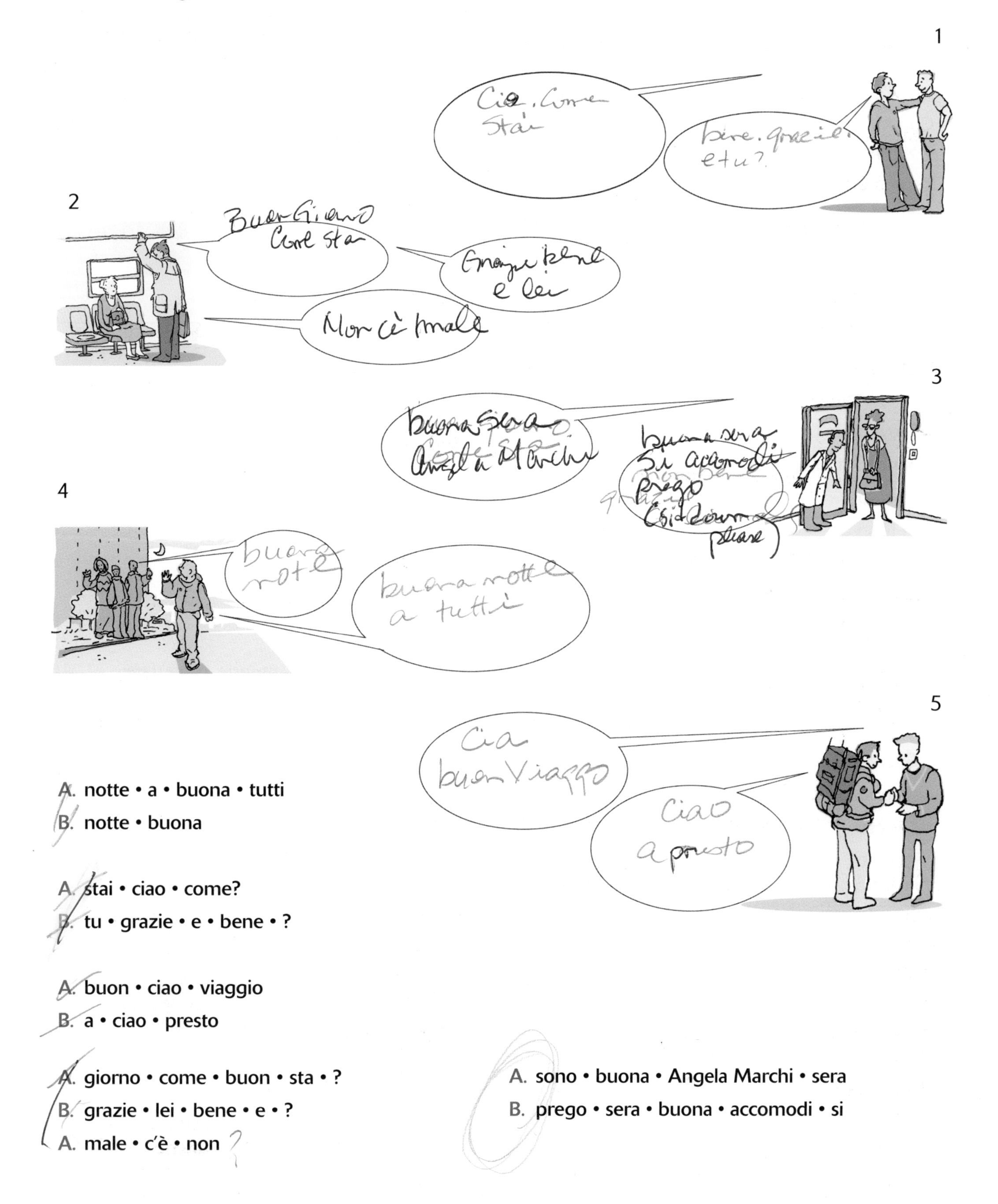

A. notte • a • buona • tutti
B. notte • buona

A. stai • ciao • come?
B. tu • grazie • e • bene • ?

A. buon • ciao • viaggio
B. a • ciao • presto

A. giorno • come • buon • sta • ?
B. grazie • lei • bene • e • ?
A. male • c'è • non

A. sono • buona • Angela Marchi • sera
B. prego • sera • buona • accomodi • si

PER COMUNICARE IN ITALIANO

Tu o *Lei*?

Ci sono due modi di comunicare con le persone.

Con il ***tu*** per amici, persone di famiglia o altre situazioni non formali.

Con il ***Lei*** per persone che non si conoscono o per persone più anziane o semplicemente per esprimere rispetto, ad esempio con il medico.

Infatti Piero conosce Caterina ma le da del *Lei*, mentre Caterina risponde con il *tu* perché Piero è molto più giovane ed è cresciuto nel palazzo dove Caterina fa la portiera da molti anni.

---

7  **A.** *Leggi più volte il testo e segna le risposte corrette.*

1. Giovanni e Domenico parlano molto.
   - ⊙ vero
   - ⊙ falso

2. Domenico lavora tutto il giorno nel condominio.
   - ⊙ vero
   - ⊙ falso

3. Giovanni e Domenico si conoscono da molto tempo.
   - ⊙ vero
   - ⊙ falso

4. Giovanni abita nel condominio.
   - ⊙ vero
   - ⊙ falso

IL PORTIERE DEL CONDOMINIO

Glielo vorrei dire, ma non saprei proprio come fare: non gli ho mai detto nulla. Le uniche parole che ci scambiamo da anni, sono queste: "Giovanni"; "Domenico".

Giovanni è il mio nome, Domenico è il suo. Ogni mattina, quando esco, richiudo piano la porta e scendo le scale: lui è lì, a lavare le scale o l'ingresso dello stabile. Comincia dall'ultimo piano e arriva fino al piano terra, tutti i giorni. Quando mi vede, alza appena il capo e dice: "Giovanni".

Che vuol dire: "Buongiorno Giovanni". E forse pure: "Come va?".

E io rispondo: "Domenico".

Che vuol dire: "Buongiorno anche a lei, Domenico. Spero che non sarà una giornata faticosa" o roba del genere.

Ma non riusciamo a dire altro che i nostri nomi: "Giovanni"; "Domenico". Ogni mattina quando esco, e ogni volta quando torno all'ora del pranzo – il pomeriggio lui va via. Così, da anni. In qualsiasi circostanza; in qualsiasi stagione. "Giovanni"; "Domenico".

Francesco Piccolo, Storie di primogeniti e figli unici

B. *Chi fa queste cose?*

	Giovanni	Domenico
1. Scende le scale	○	○
2. Esce	○	○
3. Richiude la porta	○	○
4. Lava le scale	○	○
5. Alza il capo	○	○
6. Torna all'ora del pranzo	○	○
7. Va via il pomeriggio	○	○

Avere	
(io)	ho
(tu)	hai
(lui/lei)	ha
(noi)	abbiamo
(voi)	avete
(loro)	hanno

paura
freddo
fretta
fame
avere
sete
caldo
sonno

8 *Descrivi le vignette.*

Essere	
(io)	sono
(tu)	sei
(lei/lui)	è
(noi)	siamo
(voi)	siete
(loro)	sono

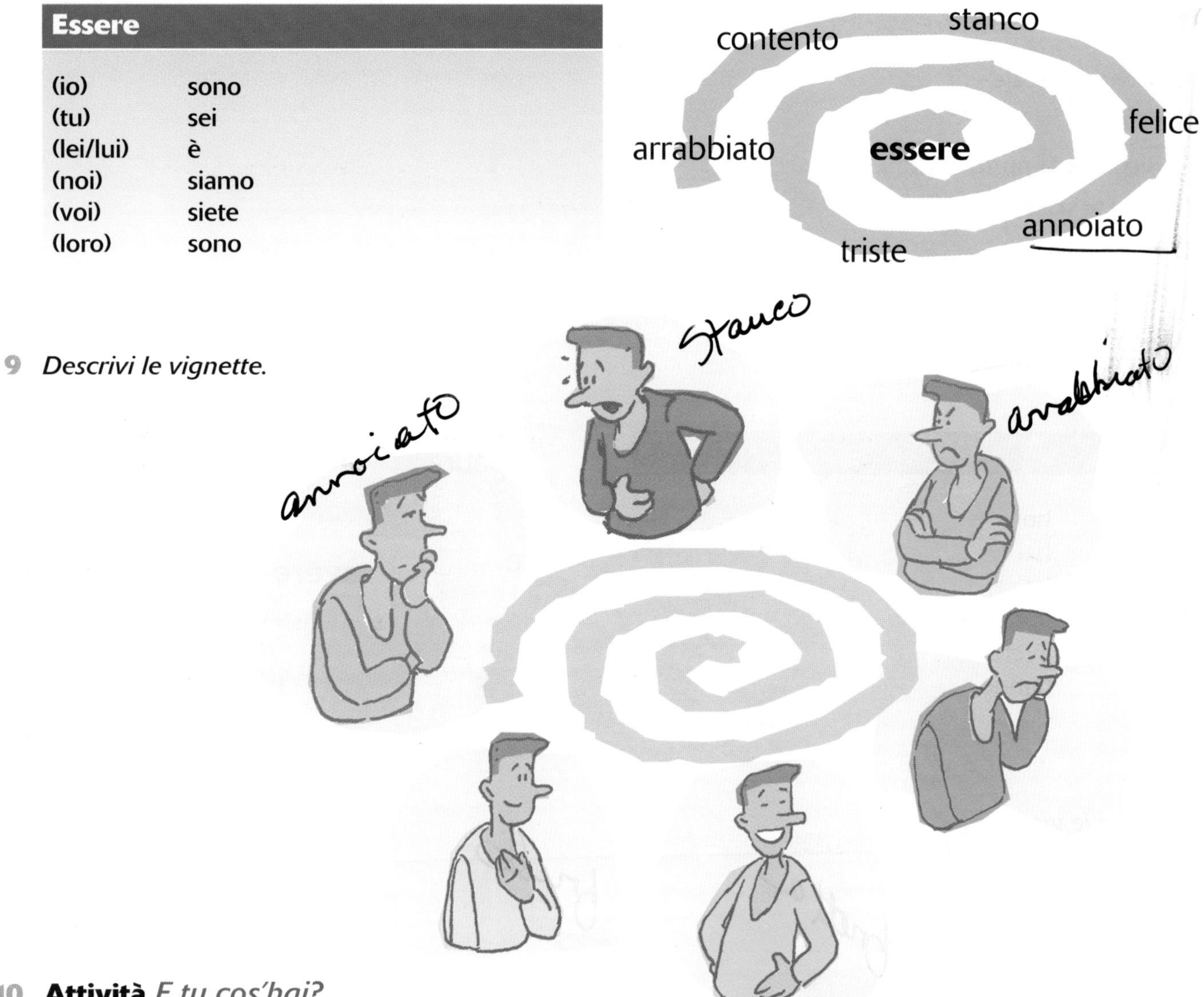

9 *Descrivi le vignette.*

10 Attività *E tu cos'hai?*

Lavora in coppia, ognuno sceglie una tavola e chiede all'altro se ha gli oggetti raffigurati nella sua tavola.

Hai la radio? Sì, (ce l'ho).
No, (non ce l'ho).

11 Attività

Fai un sondaggio nella tua classe. Scegli alcuni oggetti contenuti nelle due tavole dell'attività 10 e vai in giro per la classe per chiedere quante persone ce l'hanno.

ES *Quante persone hanno* *la radio?* otto persone
il computer? ....
la TV? ....
ecc.

Completa lo schema.

io	ho fame	....	....	....	....	....
tu	....	sei stanco	....	....	....	....
lui / lei	....	....	ha paura	....	....	....
noi	....	....	....	abbiamo sete	....	....
voi	....	....	....	....	siete tristi	....
loro	....	....	....	....	....	sono felici

12 Attività

Associa ad ogni situazione una causa.

Lei

Oggi è una giornata strana, ma è così da una settimana.

Sono triste perché	lavoro troppo.
Sono felice perché	fa caldo.
Sono stanca perché	non ho i soldi per andare in vacanza.
Sono annoiata perché	Franco non telefona.
Sono preoccupata perché	sono sempre al computer.
Sono sudata perché	oggi è il mio compleanno.

Lui

Oggi è una giornata strana, ma è così da una settimana.

Sono solo, come sempre, perché	dormo poco.
Sono felice perché	fa caldo.
Sono preoccupato perché	devo andare a lavorare.
Sono triste perché	è tardi.
Sono stanco perché	non ho una ragazza.
Sono sudato perché	vado in Sicilia.

13 Esercizio

Completa il testo con le parole mancanti.

sete • triste • sonno • arrabbiato/a • felice • paura • annoiato/a • fretta • contento/a • fame • caldo

Oggi è una giornata strana, ma è così da una settimana.

1. Non mangio perché non ho ....fame....
2. Ho sempre .... anche se dormo dodici ore.
3. Ho .... perché il ventilatore non funziona.
4. Ho .... anche se bevo molto.
5. Ho .... perché sono in ritardo e ho .... di perdere il treno.
6. Sono .... perché c'è il sole.
7. Sono .... perché il film non è interessante.
8. Sono .... perché tutto va bene.
9. Sono .... perché nessuno mi ama.
10. Sono .... perché il treno non parte.

14 Esercizio

Inserisci i verbi **essere** *o* **avere** *al presente indicativo.*

ES *Stasera non ....ho.... sonno.*

1. Laura .... sempre fame.
2. .... sete, voglio bere qualcosa di fresco.
3. Mio padre non prende l'aereo, ... paura di volare.
4. I bambini non .... stanchi, ma io sì.
5. Se .... caldo aprite la finestra.
6. Al mattino .... sempre stanca e non .... fame.
7. Buonanotte, io vado a letto, ... sonno.
8. Marco .... arrabbiato con me.
9. Quando .... annoiato guardo la TV.
10. Voi .... contenti di capire l'italiano?
11. Per me l'italiano .... facile.
12. Adesso noi non .... fame.
13. I verbi .... difficili.
14. Piero .... un appartamento nel centro di Milano.

15. Voi .... caldo oggi?
16. Piero .... figlio unico.
17. I ragazzi italiani .... poco indipendenti.
18. Piero .... un berretto.
19. Al mattino Piero non .... tempo per mangiare.
20. Piero, il caffè .... pronto.

15 Esercizio

Metti in ordine le parole delle frasi.

ES *fame • bambini • hanno • i* ......*i bambini hanno fame*......

1. sigaretta • scusa • hai • una • ? ....
2. voglia • di • avete • birra • una • ? ....
3. tempo • per • hai • caffè • un • ? ....
4. tardi • ma • é • sonno • ho • non ....
5. ragione • tu • hai • : • qui • scuola • è • la ....
6. Marco • fratelli • e • Alberto • sono ....
7. mattino • sono • al • stanca • sempre ....
8. madre • Piero • la • affettuosa • di • è ....
9. città • è • Milano • bella • una ....
10. Piero • , • pronto • caffè • il • è • ! ....

La valigia dell'episodio 2

un giorno in italia

EPISODIO 3

Milano di mattina in velocità

È proprio tardi ma per fortuna Piero ha la vespa. Casco, mascherina, e via... di corsa attraverso la città. Un po' di smog, ma in velocità!
Porta Ticinese, vecchie industrie, i Navigli, case popolari e di artisti, Via Torino, uffici, negozi, il centro, Piazza Duomo, la Galleria, caffè e fast-food, negozi-museo, pubblicità di moda grandi come una casa, Via Manzoni, le gallerie, cocktail, inaugurazioni, Piazza della Repubblica, i tram, la metro, il parco e poi Via Pisani, dritti alla Stazione.
Com'è bella Milano d'estate così viva, così attiva, così attuale, così ricca di possibilità di incontri, di opportunità di lavoro, discreta ed elegante, produttiva e creativa, un sogno per molti italiani che hanno progetti.
Per Piero invece Milano è solo una bella città per vivere, la sua New York.
Gli amici lavorano bene a Milano, alcuni sono anche ricchi, hanno belle macchine, fidanzate manager che hanno belle case e vestiti eleganti. Lui no, lui ama viaggiare e diciamo che mentre aspetta di fare il giornalista per ora fa il controllore sui treni.

1 **A.** *Quale di queste due immagini corrisponde a Piero?*

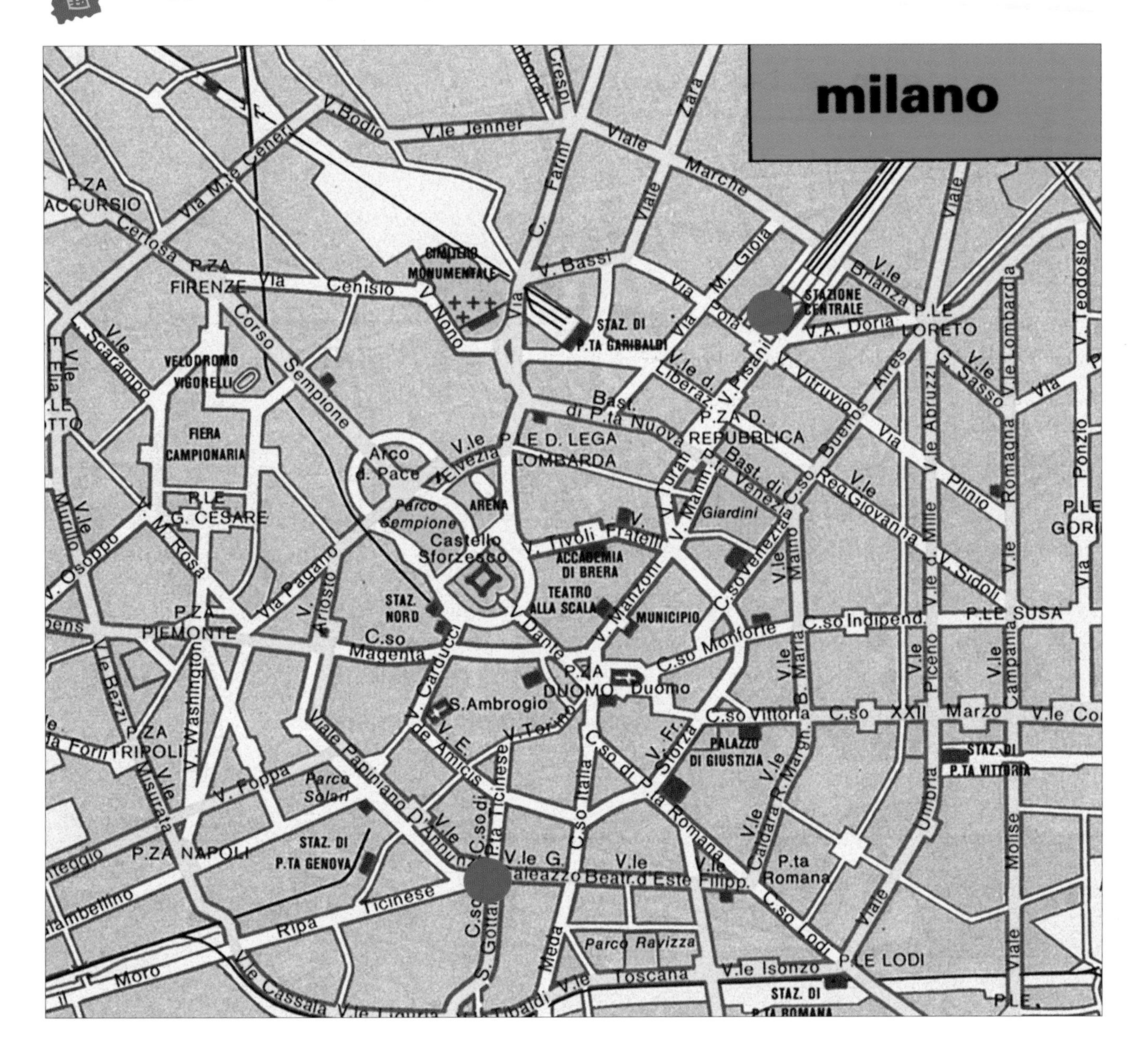

B. *Leggi il testo e segna il tragitto di Piero sulla cartina.*

C. *Leggi più volte il testo e segna la risposta corretta.*

1. Piero va a lavorare in macchina. ⊙ vero ⊙ falso
2. Milano è una città ⊙ produttiva ⊙ creativa ⊙ attiva ⊙ noiosa ⊙ elegante
3. Per Piero Milano è bella. ⊙ vero ⊙ falso
4. Gli amici di Piero lavorano a Milano. ⊙ vero ⊙ falso
5. Alcuni amici di Piero sono ricchi. ⊙ vero ⊙ falso
6. Piero vuole fare il giornalista. ⊙ vero ⊙ falso
7. Piero lavora in una fabbrica. ⊙ vero ⊙ falso

2 *Rileggi il testo e cerca tutti gli aggettivi. Che differenze trovi? Classifica tutti gli aggettivi in due categorie.*

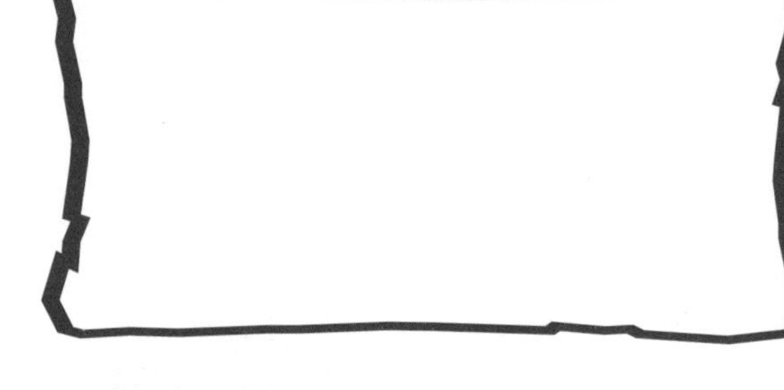

FACCIAMO GRAMMATICA

Aggettivi

In italiano ci sono due grandi categorie di aggettivi.

1° gruppo: aggettivi che hanno forma diversa per il maschile ed il femminile.
Al singolare il maschile termina in **-o** ed il femminile in **-a.**
Al plurale il maschile termina in **-i** ed il femminile in **-e.**

2° gruppo: aggettivi che hanno la stessa forma per il maschile e femminile.
Al singolare terminano in **-e**
Al plurale terminano in **-i**

1° Gruppo	*singolare*	*plurale*
maschile	ross**o**	ross**i**
	bell**o**	bell**i**
femminile	ross**a**	ross**e**
	bell**a**	bell**e**

2° Gruppo	*singolare*	*plurale*
maschile/femminile	verd**e**	verd**i**
	elegant**e**	elegant**i**

Nota che tutti gli aggettivi maschili al plurale terminano in **-i.**

Invariabili: aggettivi che non variano in genere o numero.
Hanno la stessa forma per maschile e femminile, singolare e plurale.
Sono di solito colori.

ES *rosa*
viola
blu

3 **Cloze**

Inserisci nel testo "Milano in velocità" gli aggettivi mancanti.

eleganti • belle • bella • ricchi • belle

Per Piero invece Milano è solo una …………….. città per vivere, la sua New York.

Gli amici lavorano bene a Milano. Alcuni sono anche ……………….., hanno ………………. macchine, fidanzate manager che hanno ……………… case e vestiti …………………… .

4 Attività

Osserva i personaggi delle vignette ed abbina ad ognuno uno o più aggettivi tra quelli sotto.

ubriaco • elegante • magra • alta • bionda • straniero • giovane • sportivo • pakistano • giapponese • allegro • stupido • intelligente • distratto • volgare • interessante • insolito • ricco • povero

5 Esercizio

Concorda gli aggettivi con i nomi (**o/a/e**).

ES *un uomo ubriac.o.*

1. Una ragazza giovan...
2. Una birra fresc...
3. Un posto liber...
4. Una donna grass...
5. Un uomo pover...
6. Una ragazza elegant...
7. Un bambino piccol...
8. Una donna intelligent...
9. Un uomo intelligent...
10. Un lavoro noios...
11. Un dolce italian...
12. Una parola ingles...
13. Una persona simpatic...

6 Attività *Persone in città*

A Milano hai incontrato alcune persone: Piero e la portiera, Caterina.
Cosa ricordi di loro? Scegli tra le due possibilità.

Che tipo è Piero?

⊙ giovane	⊙ vecchio
⊙ magro	⊙ grasso
⊙ alto	⊙ basso
⊙ curioso	⊙ non curioso
⊙ bruno	⊙ biondo
⊙ gentile	⊙ scortese
⊙ sognatore	⊙ realista
⊙ milanese	⊙ bolognese

Che tipo è la signora Caterina?

⊙ simpatica	⊙ antipatica
⊙ riservata	⊙ invadente
⊙ affettuosa	⊙ fredda
⊙ milanese	⊙ siciliana
⊙ tradizionale	⊙ moderna
⊙ egoista	⊙ generosa
⊙ chiacchierona	⊙ taciturna

Se vuoi dire altre cose di queste persone chiedi al tuo insegnante: "Come si dice....?"

7 **Gioco** *Indovina chi è*

A.
Pensa ad una persona della tua classe.

B.
Descrivila a tutti.

C.
Gli altri devono indovinare di chi si tratta.

8 **Gioco** *Italiani e famosi*

Gara: formate due grandi gruppi e cercate di ricordare il numero maggiore di cose o persone italiane. Vince chi ha il numero maggiore per ogni categoria elencata sotto.

Indovina: dopo la gara continuate a lavorare in gruppo per indovinare chi sono alcuni personaggi o cose che avete scritto nella vostra lista.

Gli studenti di un gruppo descrivono uno dei personaggi o cose elencati prima.

ES *è una donna,*
è mora,
è un'attrice.

Gli studenti dell'altro gruppo devono indovinare chi è.

ES ***Anna Magnani!***

- Cantanti
- Pittori
- Stilisti
- Designer
- Automobili
- Prodotti alimentari
- Piatti tipici
- Monumenti
- Scrittori
- Registi
- Attori
- Città
- Film
- Opere d'arte
- Musei

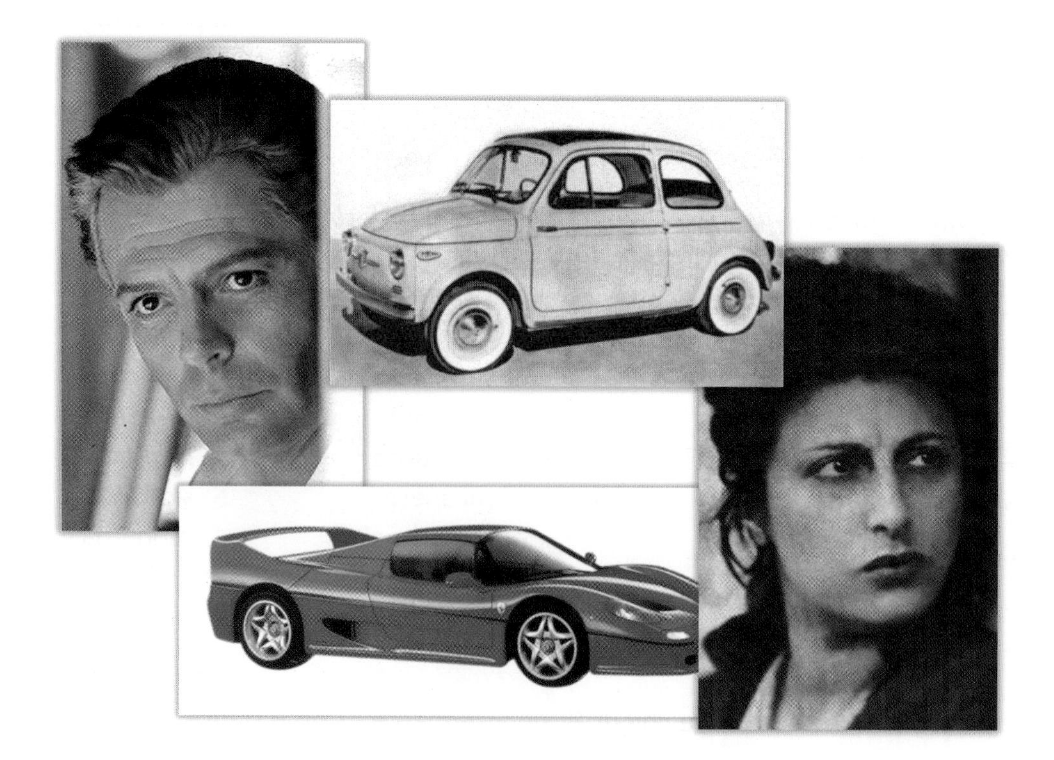

9 Esercizio

Completa con un aggettivo tra quelli sotto.

vecchio • magra • goloso • egoista • taciturno • milanese • biondo • settentrionale • grasso • giovane • napoletano • bruno • chiacchierone

Ha 18 anni: è giovane

Ha 85 anni: è ....

È di Napoli: è ....

È di Milano: è ....

È del nord: è ....

Ha i capelli scuri: è ....

Ha i capelli chiari: è ....

Parla molto: è ....

Mangia sempre dolci: è ....

Pensa solo a se stesso: è ....

Non parla e non fa domande: è ....

È alta e pesa solo 50 chili: è ....

È basso ma pesa 90 chili: è ....

PER COMUNICARE IN ITALIANO

Invece!

Per Piero **invece** Milano è solo una bella città.

invece = al contrario

ES *- Io ho caldo.*
*- Io **invece** ho freddo.*

10 Attività

Costruisci delle frasi usando **invece**.

ES *Io fame / io sete* — Io ho fame — Io invece ho sete

1. Voi tristi / noi stanchi ....
2. Tu avere tempo / io avere poco tempo ....
3. Lei essere giapponese / lui essere coreano ....
4. Marco avere la vespa / Giulio avere la macchina ....
5. Lei essere italiana / lui essere danese ....
6. Io avere capelli scuri / mio figlio essere biondo ....
7. Voi essere napoletani / loro essere milanesi ....

11 **Gioco** *Indovina la città*

Ogni studente pensa ad una città famosa.
Gli altri studenti devono cercare di indovinare di che città si tratta facendo domande alle quali si può rispondere solo con un sì o con un no.
Non si può chiedere in che paese si trova.
Per sapere se la città ha alcune cose puoi chiedere "c'è/ci sono".

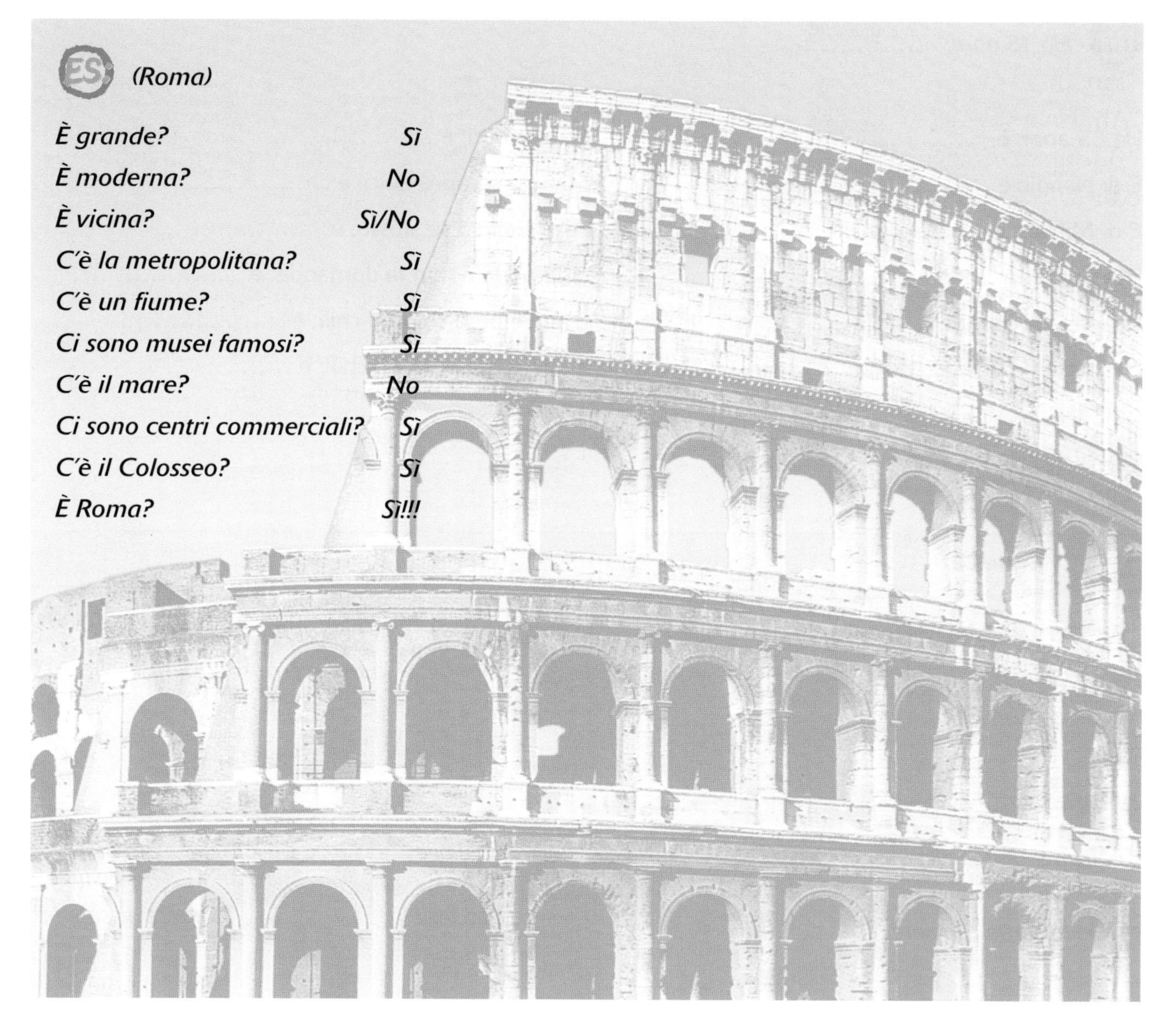

ES *(Roma)*

È grande?	*Sì*
È moderna?	*No*
È vicina?	*Sì/No*
C'è la metropolitana?	*Sì*
C'è un fiume?	*Sì*
Ci sono musei famosi?	*Sì*
C'è il mare?	*No*
Ci sono centri commerciali?	*Sì*
C'è il Colosseo?	*Sì*
È Roma?	*Sì!!!*

12 **Attività scritta** *Video clip*

Descrivi l'atmosfera della tua città in breve con immagini, suoni o luoghi significativi come nel testo "Milano di mattina in velocità". Immagina di attraversarla a piedi o in bici o in macchina o in autobus e scegli un itinerario a piacere.

Confronta il testo con quello di altri studenti.

a. Se parlate della stessa città create un nuovo testo che comprenda tutte le informazioni.
b. Se parlate di città diverse scambiatevi i fogli. Leggeteli e cercate di immaginare la città descritta dall'altro poi, senza il foglio, provate a ricordarne alcune caratteristiche.

Binario 3

Ore 8.20.
Eccolo Piero Ferrari che corre corre su per la scala mobile, corre al binario 3 e finalmente sale sul suo treno, l'Eurostar Milano-Palermo.
"Buongiorno, sempre in ritardo Ferrari eh!" dice il capostazione e fischia.
Il treno parte.
"Finalmente!" dicono i passeggeri sul treno.
"Ah, finalmente!" dice il macchinista.
"Buongiorno Zanetti, scusa, scusa... ma che caldo oggi, vero?" dice Piero al macchinista ed inizia il suo giro lungo i vagoni del treno.

13 *Leggi il testo "Binario 3" e scrivi nei fumetti le frasi che pronuncia ogni personaggio.*

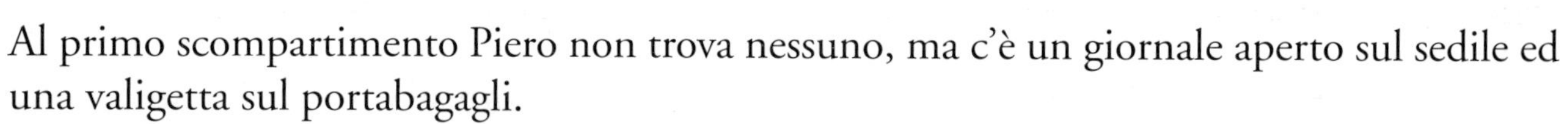

Al primo scompartimento Piero non trova nessuno, ma c'è un giornale aperto sul sedile ed una valigetta sul portabagagli.
Piero entra e guarda un attimo il giornale.
Dopo qualche minuto ritorna il proprietario del giornale e della valigetta, è una donna.

---

14 track 7 **A.** *Ascolta la conversazione e segna il prezzo del biglietto.*

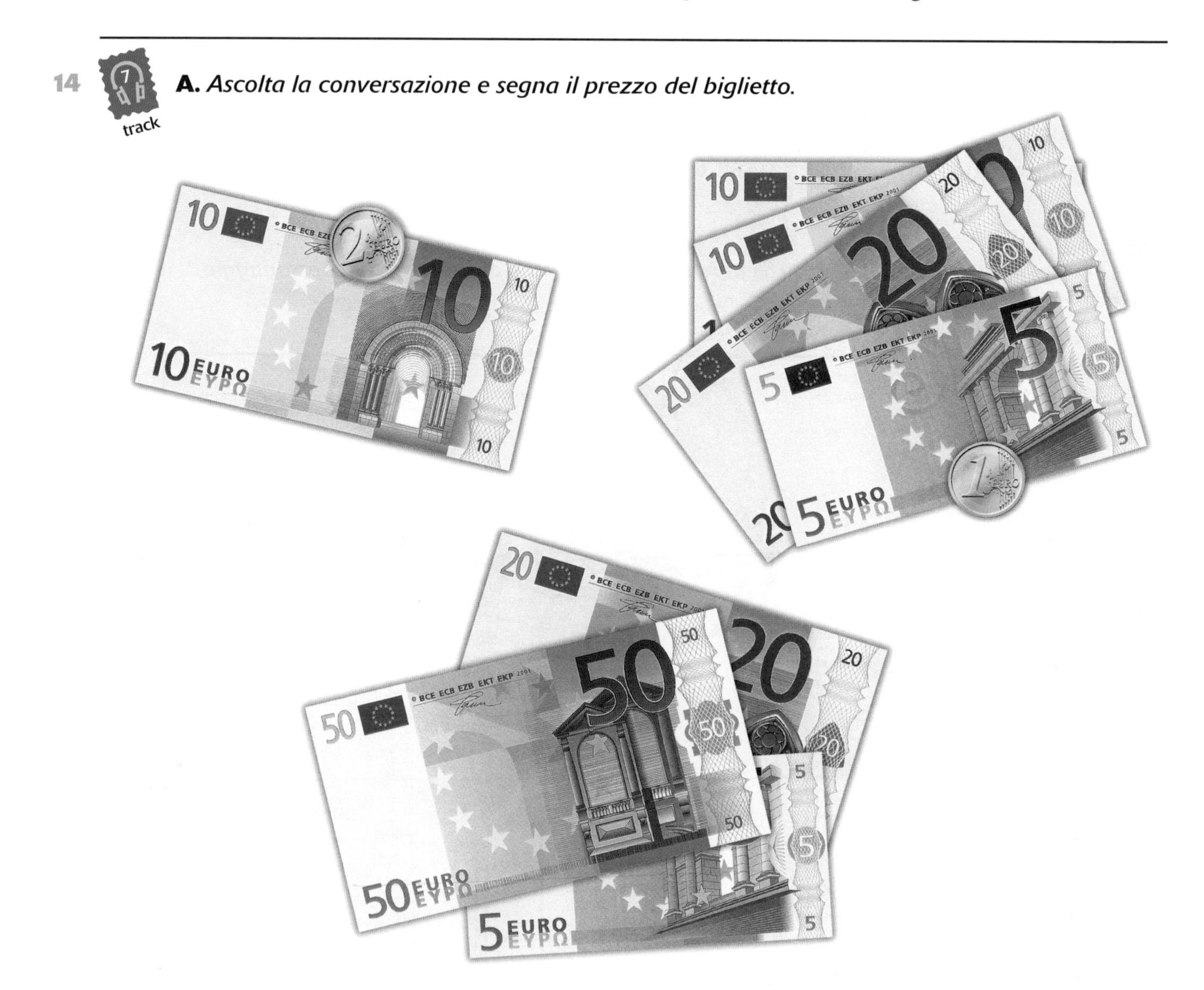

B. *Ascolta più volte la conversazione e segna la risposta corretta.*

1. La signora non ha il biglietto. ⊙ vero ⊙ falso
2. La signora non ha fatto il biglietto perché: ⊙ non ha i soldi ⊙ è arrivata in ritardo
3. La signora va ad Ancona. ⊙ vero ⊙ falso
4. La signora vuole un biglietto di andata e ritorno. ⊙ vero ⊙ falso
5. Piero è un controllore. ⊙ tollerante ⊙ severo

15 **Esercizio** *Dove va?*

Inserisci il verbo **andare** *al presente indicativo.*

ES *Massimo* ...va... *al cinema*

1. Noi .... in Italia per un mese.
2. Io .... al lavoro in macchina, e tu?
3. Carla e Francesco .... in vacanza in Sicilia.
4. Piero .... in vespa alla stazione.
5. (Tu) .... a Parigi in aereo?

Andare	
(io)	vado
(tu)	vai
(lei/lui)	va
(noi)	andiamo
(voi)	andate
(loro)	vanno

16 **Attività** *Biglietti*

Guarda i biglietti e scopri a che cosa servono.

- Per viaggiare in treno/aereo/autobus/metro
- Per andare al cinema/teatro
- Per entrare in un museo
- Per dare il proprio nome ed indirizzo

17 **Attività** *Compriamo un biglietto*

Un turista chiede informazioni per comprare un biglietto.

A. *Riordina la domanda.*

si • dove • i • comprano • la • scusi • biglietti • metro • per • ?

....?

B. *Ascolta la risposta e segna tutte le possibilità.*

- non lo so
- la metro è gratis in Italia
- dal tabaccaio
- non si comprano
- al bar
- dal giornalaio
- al supermarket
- alla metro

18 **Attività**

Cosa si può fare con un biglietto? Abbina ad ogni vignetta un verbo.

comprare
timbrare
conservare
strappare
mostrare
buttare

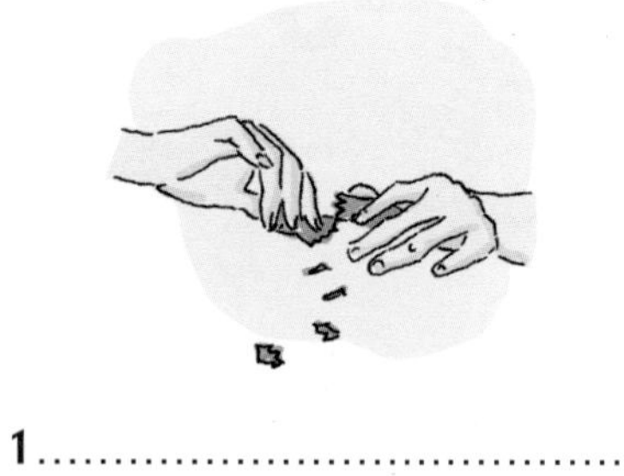
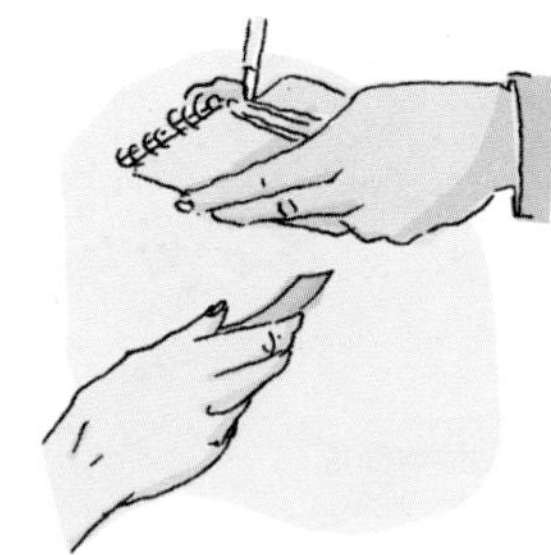
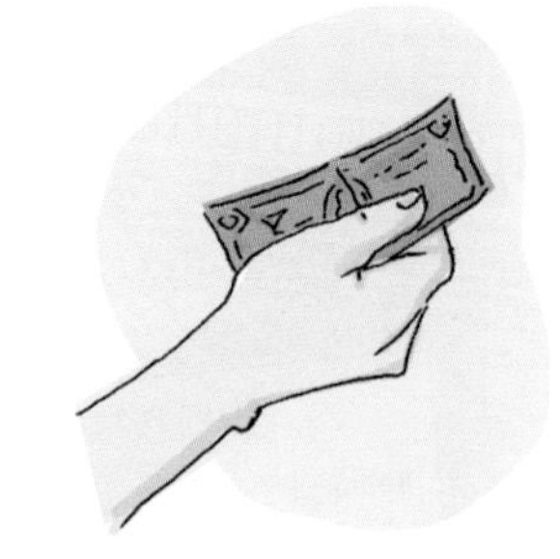

1.. 2.. 3..

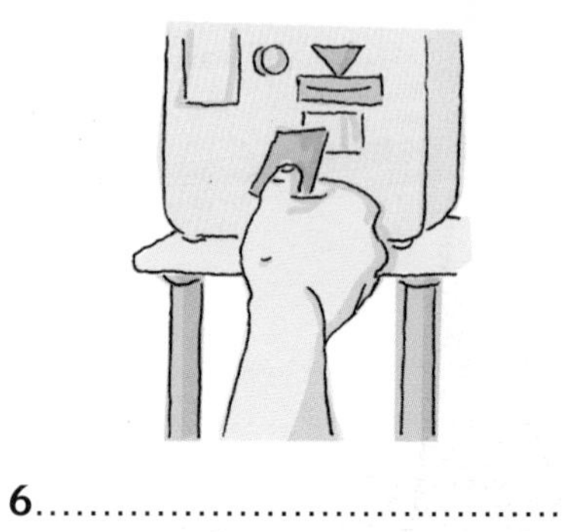

4.. 5.. 6..

19 Cloze

Completa il testo con le parole mancanti.

timbrare • binario • stazione • biglietti • tabellone • valigie • caro • fermate • posto • binario • partenza • binario • partenza • supplemento • biglietto • classe

Domani Massimo deve andare a Venezia con un amico.

Va alla stazione di Napoli per comprare un ....

Non ha molti soldi e compra due .... di seconda ....

C'è un treno rapido per Venezia e Massimo deve pagare il ....

Il rapido è più .... di un espresso perché è più veloce e fa meno ....

Il giorno dopo Massimo e Francesco arrivano alla .... con due .... molto pesanti.

Non sanno da quale .... parte il treno e cercano un .... elettronico dei treni in

....

Il rapido per Venezia parte dal .... numero 4.

Mancano cinque minuti alla ...., devono correre.

Finalmente arrivano al .... e cercano la macchinetta per .... il biglietto.

Poi salgono sul treno e cercano il loro ....

Finalmente il treno è partito, i passeggeri sono quasi tutti seduti.
Piero si mette il berretto e il cartellino con il suo nome: "P. Ferrari".
Ma prima di cominciare il giro di controllo biglietti attraversa tutto il treno e osserva i viaggiatori con curiosità.
Quanta gente oggi!

due persone che parlano di politica
un gruppo di tifosi che gridano slogan
un tipo che guarda le gambe di una bella ragazza
una donna che legge il *Corriere della Sera*
un bambino che beve un succo di frutta
un ragazzo che ascolta Jovanotti a tutto volume
due signore stanche e sudate che cercano un posto
una turista americana che porta uno zaino pesante
una ragazza che parla al cellulare
un ragazzo africano che dorme
un uomo d'affari che apre una valigetta
una donna che offre caffè da un termos a tutti
dei militari che scherzano e ridono
un carabiniere in piedi che guarda chi passa
un prete che scrive al computer
uno studente che prepara un esame

Ogni tanto Piero guarda dal finestrino ed ascolta quello che dicono gli altri.
A volte se nota qualcosa di strano o di particolare lo scrive su un quaderno, una specie di diario che porta sempre con sé.

1  *Dopo aver letto il testo, cerca in questo treno i personaggi che corrispondono a quelli che vede Piero.*

2 Attività

Ricordi chi vede Piero nel giro del treno?

A. Prova a ricordare qualche personaggio.

B. Ricordi cosa fanno le persone sul treno? Combina le colonne A e B.

A	B
Uno studente	che guarda chi passa
Un uomo d'affari	che legge il *Corriere della Sera*
Un prete	che gridano slogan
Due militari	che scrive al computer
Una turista americana	che apre una valigetta
Un gruppo di tifosi	che parla al cellulare
Una donna	che prepara un esame
Un ragazzo africano	che scherzano e ridono
Un carabiniere in piedi	che dorme
Una ragazza	che porta uno zaino pesante

3 *Cerca nel testo tutti i verbi al presente indicativo.*
Trova gli infiniti corrispondenti.

Inserisci tutti i verbi nello schema sotto:

1° coniugazione	2° coniugazione	3° coniugazione
ES *Parlano* parlare	....	....
....	....	....
....	....	....
....	....	....
....	....	....
....	....	....
....	....	....
....	....	....
....	....	....

FACCIAMO GRAMMATICA

Presente indicativo

	Parlare	Scrivere	Dormire
	Parl- are	Scriv- ere	Dorm- ire
(io)	parl-**o**	scriv-**o**	dorm-**o**
(tu)	parl-**i**	scriv-**i**	dorm-**i**
(lui/lei)	parl-**a**	scriv-**e**	dorm-**e**
(noi)	parl-**iamo**	scriv-**iamo**	dorm-**iamo**
(voi)	parl-**ate**	scriv-**ete**	dorm-**ite**
(loro)	parl-**ano**	scriv-**ono**	dorm-**ono**

In italiano esistono verbi **regolari** e **irregolari**.
Nel testo precedente ci sono due verbi irregolari: cercali e trascrivili sotto.

....

4 Attività

Descrivi la scena.

5 **Attività** *Cosa fai se... ?*

Completa con una risposta a scelta.

ES Se hai fame? ......*Mangio un panino*......

Se hai sete? ....
Se hai sonno? ....
Se hai freddo? ....
Se hai caldo? ....
Se hai paura? ....
Se hai fretta? ....
Se sei stanco? ....
Se sei nervoso? ....
Se sei triste? ....
Se sei in ritardo? ....
Se sei sudato? ....
Se sei solo? ....

6 **Attività** *Conosciamoci meglio*

Lavorate in coppia e fatevi domande per conoscervi meglio.

Se non conosci qualche verbo chiedi all'insegnante.

Per costruire domande combina le parole contenute nei tre cerchi.

 *Che cosa mangi a colazione?*

che
con chi
chi
perché
quale
come
quando
che cosa
dove

usare
abitare
parlare
guardare
andare
uscire
mangiare
fare
ascoltare
usare
fare la spesa
studiare
leggere
bere

al cinema
musica
la sera
l'italiano
in vacanza
a casa
profumo
il giornale
a colazione
la radio
la televisione
la macchina
al ristorante
lingue
al lavoro

7 **Attività** *Una giornata tipica*

Secondo te chi è: una donna manager, un impiegato, una casalinga, un artista.

Immaginate la loro giornata tipica con orari, attività e abitudini varie.

La mattina (colazione, andare, ...)

A pranzo (dove, cosa, con chi, ...)

Nel pomeriggio (cosa, dove, quando, ...)

La sera (cosa, quando, con chi, ...)

La notte (cosa, dove con chi, ...)

8 **Attività** *"L'erba del vicino è sempre più verde"*

Ognuno dei quattro personaggi sopra invidia l'altro perché la sua vita è diversa e a volte pensa che la vita dell'altro è più interessante/facile/comoda perché...
Completa a piacere, secondo te:

La donna manager invidia l'artista perché...

L'artista invidia l'impiegato perché...

L'impiegato invidia la donna manager perché...

La casalinga invidia l'artista perché...

Qui non c'è posto!

Alessandro Orsini, 27 anni, milanese, fotografo pubblicitario va al sud a cercare ispirazione per una campagna pubblicitaria per il gelato "Gelandia".
È solo e ancora cerca un posto... è un tipo un po' difficile:

"Ecco, qui non c'è nessuno. Ma no, è noioso viaggiare da soli!"
"Qui c'è una famiglia con i bambini. No, no, le famiglie con bambini sul treno no!"
"Qui ci sono due che fumano, manca l'aria."
"Qui ci sono i tifosi del Milan, no, con loro proprio no!"
"Qui non c'è posto, tutto occupato!"
"Qui c'è la solita signora che parla sempre, niente da fare!"
"Ecco, questo sembra interessante. È carina, e ancora da sola."

Alessandro entra nello scompartimento e si siede di fronte ad una giovane donna vicino al finestrino.
Lei sorride, lui dice: "Buongiorno, è libero, vero?"
Lei risponde: "Sì, sì".

9 *Rileggi il testo, sottolinea tutti i modi per dire* **no** *e trascrivili.*

1. ...ma no...
2. ....
3. ....
4. ....

FACCIAMO GRAMMATICA

C'è, ci sono

C'è + *sostantivo singolare*

Ci sono + *sostantivo plurale*

In questa piazza c'è solo un piccione

In questa piazza ci sono molti piccioni

10 Esercizio

Inserisci negli spazi **c'è** *o* **ci sono**.

ES *A Roma ....c'è.... il Colosseo.* *In classe ....ci sono.... molti studenti.*

1. A Milano .... molti negozi di design.
2. In Piazza Duomo .... molti piccioni.
3. Nel centro di Milano .... un quartiere artistico che si chiama Brera.
4. A Brera .... pizzerie, bar e ristoranti interessanti.
5. In via Verdi .... "La Scala", un teatro famoso per la lirica.
6. A Milano .... edifici in stile Liberty.
7. In città non .... molti parchi.
8. Lungo i navigli la notte .... un'atmosfera vivace e giovanile.
9. Di giorno a Milano .... traffico e non .... parcheggi.
10. A Milano di giorno o di notte .... vita!

11 Attività

Lavora in coppia con un compagno e chiedi se nella sua città, nella sua casa e nella sua camera ci sono alcune cose:

ES *Nella tua casa c'è un balcone?*
Nella tua casa ci sono quadri?

Nella tua casa
balcone
terrazzo
doppi servizi
ascensore
garage
portiera
giardino
aria condizionata
animali
cantina

Nella tua camera
stereo
computer
tappeto
armadio
ventilatore
quadri
poster
libreria
tavolo
fotografie

Nel tuo quartiere
ospedale
ristorante esotico
biblioteca
cinema
piscina
parco
centro commerciale
metropolitana
farmacia
scuola
teatro

Questi parlano, parlano

Piero continua il suo giro.
Il treno è appena partito ma molti hanno già iniziato a conoscersi, a parlare... magari tutto comincia con una valigia pesante, come per questi due.

Lui è un uomo di mezza età, molto formale, un gentiluomo in pensione...
Lei una donna sui 60 anni ma ancora giovanile e abbastanza chiacchierona.
Ascolta quello che dicono!

12 track 9 **A.** *1. Ascolta il dialogo e segna città o luoghi che vengono nominati:*

⊙ Roma ⊙ Milano ⊙ Venezia ⊙ Sicilia ⊙ Messina

2. A quale scena corrisponde il dialogo?

B. *Ascolta il dialogo e segna le risposte corrette.*

1.	Il signore vuole aiutare la signora con la valigia.	⊙ vero	⊙ falso
2.	La signora ha due piccole valigie.	⊙ vero	⊙ falso
3.	La signora vive in Sicilia.	⊙ vero	⊙ falso
4.	Il signore va a Palermo.	⊙ vero	⊙ falso
5.	La signora è contenta di viaggiare con lui.	⊙ vero	⊙ falso
6.	A Milano fa molto caldo.	⊙ vero	⊙ falso
7.	In Sicilia, di solito, il clima è meno umido.	⊙ vero	⊙ falso
8.	Milano è una città inquinata.	⊙ vero	⊙ falso

13 **Attività** *Attaccar bottone*

Quando due persone si incontrano in treno spesso hanno voglia di comunicare per rendere il viaggio meno noioso. Il problema è come cominciare la conversazione. Spesso si usa un pretesto come il giornale, il finestrino da aprire o chiudere e se l'altra persona è disponibile può iniziare una conversazione su vari argomenti.

Abbina le frasi ai simboli. Confronta il lavoro con un altro studente.
Poi provate insieme a dare delle risposte possibili.

Ora completa i dialoghi con una possibile risposta.

Posso aprire il finestrino? ....

Scusi che ora è per favore? ....

Posso dare un'occhiata al giornale? ....

Ha bisogno di aiuto? ....

Fa caldo oggi! ....

14 Role play *Attaccar bottone*

I dialoghi dell'attività precedente sono degli esempi di inizio di conversazione.
Ora immagina di essere su un treno e di iniziare a parlare con la persona vicina.
Scegli uno degli argomenti dell'attività precedente per attaccare bottone.

15 Esercizio

Riordina le frasi.

ES Giuseppe • i • non • piatti • mai • lava ..... *Giuseppe non lava mai i piatti*

1. Mario • sera • vado • cinema • al • con • questa ....
2. sono • molte • sulla • persone • metro • ci ....
3. oggi • contro • la • gioca • Lazio • Milan • il ....
4. binario • parte • quale • treno • da • per • Palermo • il • ? ....
5. libro • questo • molto • sembra • interessante ....
6. sono • due • liberi • qui • posti • ci ....
7. ragazzi • conversazione • ascoltate • questa • adesso ....
8. luglio • a • molto • in • caldo • fa • Italia ....
9. giro • treno • in • facciamo • l' • attraverso • un • Italia ....
10. aprire • il • posso • po' • finestrino • un • ? ....

16 Esercizio

Completa le frasi con i verbi al presente indicativo.

ES *(io aspettare)* ..*Aspetto*.. *l'autobus da dieci minuti.*

1. In classe (noi - parlare, ascoltare e leggere).........., ... e ....
2. I turisti (comprare) .... souvenir nei negozi vicino alla stazione.
3. Dove (voi - mangiare) .... stasera, a casa o fuori?
4. (noi - prendere) .... l'aereo per New York domani mattina alle 7.00.
5. Perché (tu - guardare) .... così quella ragazza?
6. Il treno (arrivare) .... a Palermo alle 9.00.
7. Voi (viaggiare) .... spesso in treno?
8. Se non ti dispiace stasera io (preparare) .... la cena e tu (lavare) ....i piatti.
9. Cosa (tu - leggere) .... di bello? Un libro giallo.
10. Voi (abitare) .... vicino alla stazione? No, (abitare) .... in periferia.

17 *Completa il testo con i verbi al presente indicativo.*

Turisti

Il turista olandese (viaggiare) ....
in bici almeno per un mese.

Il turista giapponese non (badare) .... a spese
e (fotografare) .... tutto il paese.

Il turista americano (avere) ....
sempre una mancia in mano
ma a volte (comprare) .... il Colosseo da un napoletano.

Il turista tedesco (andare) .... a Rimini o in Sicilia
ma non (cercare) .... il fresco.
Poiché del sole (essere) .... innamorato
(tornare) .... a casa un po' troppo bruciato.

Il turista irlandese
(bere) .... birra in ogni paese.

Il turista spagnolo, poverino,
nessuno lo (riconoscere) .... perché è troppo latino.

Il turista sudamericano
(essere) .... straniero, certo,
ma spesso (avere) .... un nonno italiano.

Ma tutti

(mangiare) .... la pizza,
(passeggiare) .... nella piazza
e (pagare) .... salato
anche un piccolo gelato...

18 Cloze

Completa il testo "Qui non c'è posto!"

Alessandro Orsini, 27 anni, milanese, ... pubblicitario va al sud a cercare ispirazione per una campagna .... per il .... "Gelandia".

È .... e ancora cerca un posto... è un tipo un po' difficile:

"Ecco, qui non c'è nessuno. Ma no, è .... viaggiare da soli!"

"Qui c'è una famiglia con i .... No, no le famiglie con .... sul .... no!"

"Qui ci sono due che ...., manca l'aria"

"Qui ci sono i .... del Milan, no, con loro proprio no!"

"Qui non c'è posto, tutto .... !"

"Qui c'è la solita .... che parla sempre, niente da fare!"

"Ecco questo sembra interessante. È ...., e ancora da sola."

Alessandro entra nello scompartimento e si siede di fronte ad una giovane donna vicino al finestrino.

Lei sorride, lui dice "Buongiorno, è libero, vero?"

Lei risponde "Sì, sì".

Il treno corre veloce nella pianura padana, con i pioppi lungo il fiume e le case rosse. La ferrovia incrocia l'autostrada dove corrono le macchine e gli autocarri che trasportano le merci da nord a sud e viceversa.
Piacenza, Parma, Reggio Emilia, Modena… e Piero è già lontano da Milano.
Pochi chilometri ed è già un'altra Italia: i sapori della cucina emiliana, il parmigiano, le tagliatelle, il prosciutto, lo zampone, la ricca vita di provincia. La gente qui è aperta e cordiale e parla con l'accento aperto e inconfondibile che Piero riconosce – mentre sente la voce del ragazzo che passa lungo il corridoio con il servizio bar.

1 *Leggi più volte il testo e segna le risposte corrette.*

1. Il treno attraversa la pianura padana.	⊙ vero	⊙ falso
2. Lungo il fiume ci sono i pioppi.	⊙ vero	⊙ falso
3. Le case sono rosse.	⊙ vero	⊙ falso
4. L'autostrada è lontana dalla ferrovia.	⊙ vero	⊙ falso
5. Il treno attraversa sei città.	⊙ vero	⊙ falso
6. La gente in Emilia è molto aperta.	⊙ vero	⊙ falso
7. In Emilia la gente parla con un accento particolare.	⊙ vero	⊙ falso

2 *Evidenzia nel testo tutti gli articoli determinativi.*
Sistemali negli spazi sotto, poi completa lo schema formando i rispettivi singolari o plurali.

	Singolare	Plurale
Maschile		
Femminile		

Dopo aver analizzato il testo provate a costruire lavorando in coppia una regola per l'uso dell'articolo in italiano rispondendo alle domande sotto.

Al singolare

Quali articoli si usano per le parole **maschili** in italiano?
Quali per le parole **femminili**?
Davanti a quali parole si usa l'articolo con **l'apostrofo** (')?

Al plurale

Le parole che hanno l'articolo **il** quale articolo prendono al plurale?
Le parole che hanno l'articolo **lo** quale articolo prendono al plurale?
Le parole che hanno l'articolo **la** quale articolo prendono al plurale?
Le parole maschili che hanno l'articolo **l'** quale articolo prendono al plurale?
Le parole femminili che hanno l'articolo **l'** quale articolo prendono al plurale?

Ora lavorate con l'insegnante e verificate le vostre ipotesi.

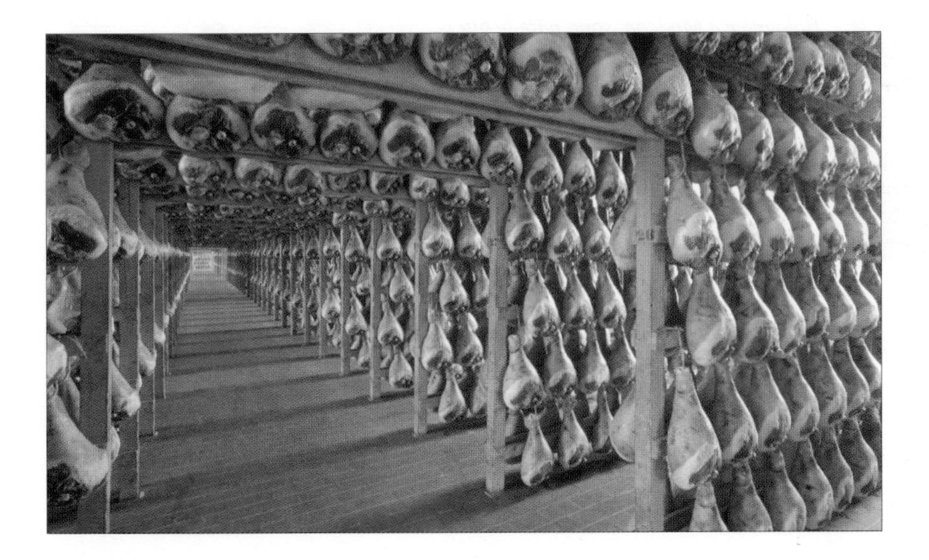

FACCIAMO GRAMMATICA

Articoli determinativi

Maschile singolare		Maschile plurale	
il	treno	**i**	treni
	giornale		giornali
	panino		panini
lo	zampone	**gli**	zamponi
	scompartimento		scompartimenti
	psicologo		psicologi
	gnocco		gnocchi
l'	albergo	**gli**	alberghi
	amico		amici

Femminile singolare		Femminile plurale	
la	strada	**le**	strade
	pizza		pizze
	stagione		stagioni
l'	isola	**le**	isole
	amica		amiche

Nel raggio di pochi chilometri, intorno a Bologna e a Modena, sono nate le più belle meccaniche del mondo. Qui hanno iniziato a girare i motori della Ferrari e della Ducati, della Maserati e della Lamborghini.

Il Venerdì di Repubblica

3 Attività

Leggi la pubblicità e cerca tutte le parole che riguardano la cucina e i prodotti alimentari. Riscrivili nel quadro vuoto. Confronta la tua lista con gli altri studenti.

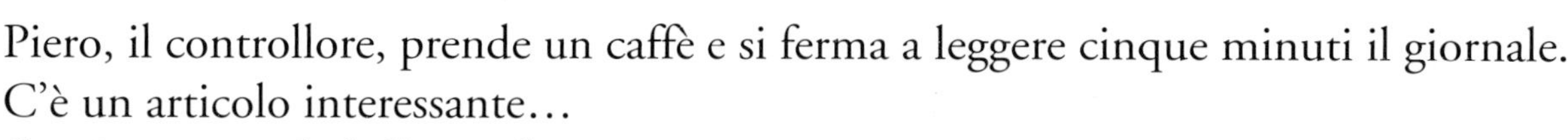

Piero, il controllore, prende un caffè e si ferma a leggere cinque minuti il giornale. C'è un articolo interessante…
"… in un mondo bellissimo"

4 Cloze

Ecco le prime dieci righe in cui mancano gli articoli. Riesci ad inserirli tu?

Questioni di gusto

…in un mondo bellissimo

di Giulia Ceriani

Nonostante l'eleganza degli oggetti che ci circondano, dilaga la maleducazione e si inneggia alle brutture

Viviamo in un mondo bellissimo. Sono belli …… accendini esposti dal tabaccaio, sono belle…… nostre pentole, sono belle le sdraio del mare. È bella…… frutta che compriamo, belle …… vetrine che guardiamo, è bello ormai persino uno degli oggetti più inguardabili che mai siano stati concepiti, …… bottiglia dell'acqua minerale. Sono belli…… biscotti e …… francobolli, belle …… divise delle hostess e belle …… prime pagine dei giornali, bello …… apriscatole, …… barattolo di yoghurt, …… granello di detersivo. Belli, o almeno carini, i vu' cumprà all'angolo delle strade, …… borse che vendono, …… signore che le comprano.

Il Sole 24 Ore

5 Attività

Combina gli articoli con i sostantivi e gli aggettivi.
Alcuni aggettivi si possono combinare con più sostantivi.

la pianura padana

articoli

sostantivi

negozi macchina amico sport spaghetti uomini zaino città acqua scarpe treno libro amici pianura caffetteria turisti bottiglia

aggettivi

affollato interessante inquinata italiane americani giapponese pesante milanesi eleganti veloce italiana scotti minerale padana vuota nazionale italiani

6 *Leggi più volte il testo e segna le risposte corrette.*

La riforma della grammatica

Il professor Grammaticus, un giorno, decise di riformare la grammatica.
- Basta, - egli diceva - con tutte queste complicazioni. Per esempio, gli aggettivi, che bisogno c'è di distinguerli in tante categorie?
Facciamo due categorie sole: gli *aggettivi simpatici* e gli *aggettivi antipatici*.
Aggettivi simpatici: buono, allegro, generoso, sincero, coraggioso.
Aggettivi antipatici: avaro, prepotente, bugiardo, sleale, e via discorrendo.
Non vi sembra più giusto?
La domestica che era stata ad ascoltarlo rispose: - Giustissimo.
- Prendiamo i verbi, - continuò il professor Grammaticus. - Secondo me essi non si dividono affatto in tre coniugazioni, ma soltanto in due. Ci sono *verbi da coniugare* e quelli *da lasciar stare*, come per esempio: mentire, rubare, ammazzare, arricchirsi alle spalle del prossimo. Ho ragione sì o no?
- Parole d'oro, - disse la domestica.
E se tutti fossero stati del parere di quella buona donna la riforma si sarebbe potuta fare in dieci minuti.

Gianni Rodari, Il libro degli errori

1. Secondo il professor Grammaticus la grammatica italiana è troppo complicata. ○ vero ○ falso
2. Il professor Grammaticus vuole dividere gli aggettivi in quattro categorie. ○ vero ○ falso
3. Il professor Grammaticus vuole dividere i verbi in due gruppi. ○ vero ○ falso
4. Per il professor Grammaticus "rubare" non è un verbo da coniugare. ○ vero ○ falso
5. La domestica dice sempre che il professor Grammaticus ha ragione. ○ vero ○ falso
6. La domestica è d'accordo con la riforma del professor Grammaticus. ○ vero ○ falso

7 Attività *Riforma la grammatica!*

Sei d'accordo con la riforma del professor Grammaticus?
Compila la tua lista personale:

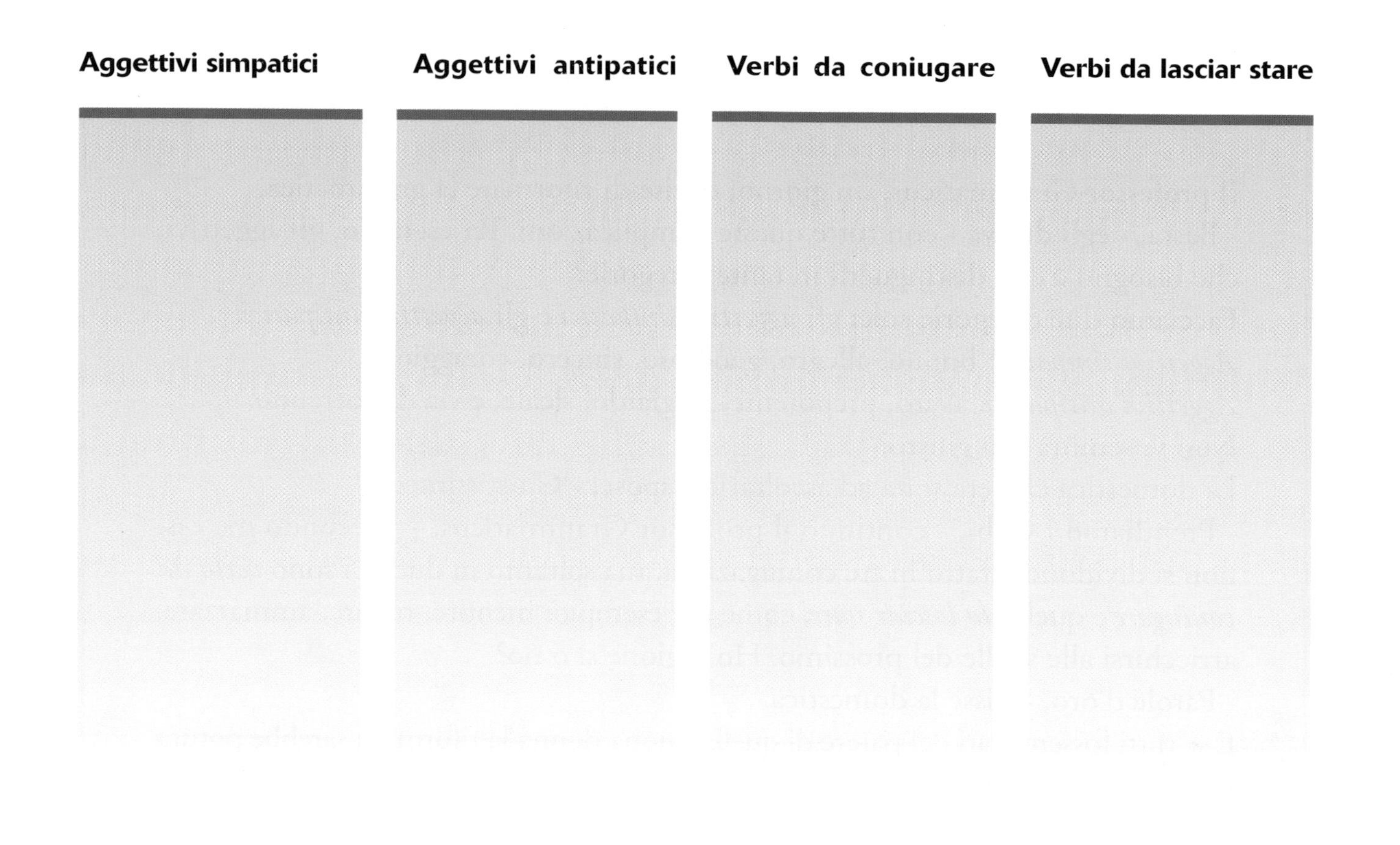

Il servizio bar continua il suo giro svegliando anche i passeggeri addormentati.
"Servizio bar, caffè, cappuccino, tè, acqua mineraleee".

1  **A.** *Quali delle cose che vedi ordinano Lucia ed Alessandro?*

B. *Ascolta più volte il dialogo tra Lucia e Alessandro e segna la risposta corretta.*

1. Lucia ordina un cappuccino.	⊙ vero	⊙ falso
2. Alessandro ordina solo un caffè.	⊙ vero	⊙ falso
3. Un caffè e un'acqua minerale costano 2 euro e 30.	⊙ vero	⊙ falso
4. A Lucia non piace il caffè del servizio bar.	⊙ vero	⊙ falso
5. Ad Alessandro piace il caffè del servizio bar.	⊙ vero	⊙ falso
6. Il caffè al vetro è un caffè in un piccolo bicchiere di plastica.	⊙ vero	⊙ falso

2  *Ascolta più volte il dialogo e completa.*

A.: .... un granché questo caffè...

L.: No davvero, per me .... infatti lo butto.

A.: Anche ...., io lo bevo solo per svegliarmi.

L.: Ah, ... il caffè o .... o è meglio niente.

A.: Beh, in genere .... bere il caffè in una tazzina di plastica, anche se il caffè è .... è diverso il sapore.

L.: Sì, è vero. Veramente io .... il caffè al vetro.

PER COMUNICARE IN ITALIANO

Esprimere gusti e preferenze

Ti piace il caffè?	Sì, **mi piace, mi piace** molto. No, **non mi piace, non mi piace** per niente.
A te piace il caffè?	Veramente **a me non piace** molto, **preferisco** il tè.
Ti piacciono i tortellini?	Sì, **mi piacciono** molto. No, **non mi piacciono** per niente.
A te piacciono i tortellini?	Veramente **a me non piacciono** molto, **preferisco** i cannelloni.

A volte nella lingua parlata si usa due volte il pronome:

ES **A te, ti** piace il caffè? No, **a me**, non **mi** piace per niente.

3 **Attività** *Chi cerca trova*

Cerca qualcuno a cui piace/piacciono queste cose:

- gli spaghetti al dente
- il caffè senza zucchero
- il latte freddo
- il tiramisù
- il tè al latte
- la frutta esotica
- il parmigiano
- gli gnocchi
- la camomilla
- l'insalata mista
- il pesce crudo

4 **Attività** *La colazione*

In Italia molte persone fanno colazione al bar. Negli ultimi tempi però la pubblicità propone un modello di colazione a casa più ricco e simile a quello di altri paesi europei.

La tavola è vuota. È ora di fare colazione.
Metti in tavola (scrivi) quello che secondo te mangiano di solito gli italiani.

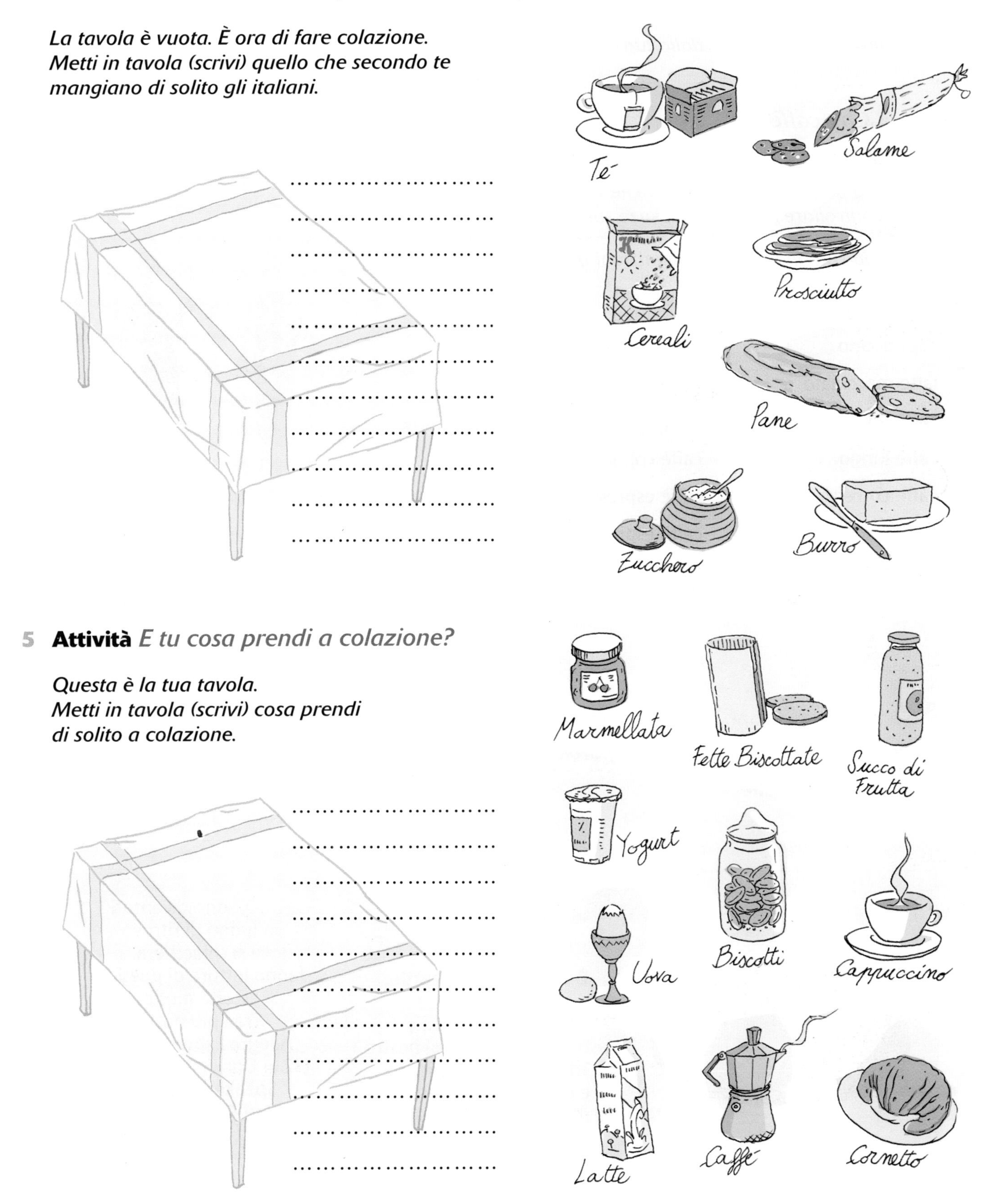

5 **Attività** *E tu cosa prendi a colazione?*

Questa è la tua tavola.
Metti in tavola (scrivi) cosa prendi di solito a colazione.

6 **Attività** *Sondaggio*

Ora gira per la classe e cerca qualcuno che:

- *fa la colazione più simile alla tua*
- *fa la colazione più diversa dalla tua*

7 **Attività** *Che caffè!*

In Italia il caffè è un prodotto simbolo. Quando si vuole invitare qualcuno al bar si dice: "Andiamo a prendere un caffè?" anche se poi si prendono altre cose...
Prova a controllare le tue conoscenze sul caffè in Italia.

*Combina la colonna **A** con le definizioni della colonna **B**.*

A	B
cappuccino	molto latte poco caffè
latte macchiato	caffè decaffeinato, in tazzina
caffè macchiato	caffè espresso in tazzina, più forte
caffè lungo	caffè con latte e schiuma
caffè corretto	caffè espresso con un goccio di latte
caffè Hag	caffè espresso in tazzina, più leggero
caffè ristretto	caffè espresso con un goccio di alcool

8 **Cloze**

Leggi il testo e prova ad inserire le tre parole mancanti.

i caffè • un caffè • il caffè

UN ESPRESSO ALL'ITALIANA

È la passione di Seattle:
....
Qui si beve ....
ristretto, più simile al nostro che a quello americano e che ora inizia a essere di moda, nel resto degli Usa.
.... sono diventati un luogo di ritrovo dove si chiacchera, si fanno letture di poesie, si ascolta musica.
Tra i più noti,
Allegro Espresso Bar
(4214 University Way NE)
Speakeasy Cafeé
(2304 2nd Ave, un cybercafé)

I viaggi di Repubblica

PER COMUNICARE IN ITALIANO

Per ordinare qualcosa al bar:

Un caffè
Un tè per favore
Una coca cola

e se sono con altre persone:

E tu cosa prendi ?	Io prendo un caffè.
oppure	
Io prendo una coca cola e tu?	Per me un'aranciata.

9 Role play *Al bar*

Immaginate che la classe si trasformi in un bar. Qualcuno di voi sarà il cameriere, altri saranno clienti.

PER COMUNICARE IN ITALIANO

Esprimere giudizi

Quando mangiamo o beviamo qualcosa generalmente esprimiamo giudizi.
Ecco alcune espressioni utili:

Eccellente!	Non è male.
Squisito!	Non è un granché.
Ottimo (buonissimo)!	È cattivo.
Molto buono!	È schifoso.

10 **Attività** *Com'è secondo te?*

Scrivi su un foglio il nome di cinque o sei prodotti che conosci (cose da mangiare e/o da bere) poi lavora con altri studenti ed esprimete giudizi sui vostri rispettivi prodotti.

ES *"Per me il caffè espresso è buonissimo"*
oppure
"Per me il caffè del bar Santini è eccezionale"

FACCIAMO GRAMMATICA

Verbi in -isc-

Molti verbi in **-ire** hanno una coniugazione particolare. È necessario inserire il suffisso **-isc-** prima della desinenza a tutte le persone del verbo tranne alla prima e seconda plurale.

Preferire

(io) prefer-**isc**-o
(tu) prefer-**isc**-i
(lui) prefer-**isc**-e
(noi) prefer-iamo
(voi) prefer-ite
(loro) prefer-**isc**-ono

11 **Esercizio**

Completa le frasi con i verbi al presente indicativo.

ES *A che ora (finire) ......finisce...... la lezione?*

1. Quando (io-finire) .... questo lavoro ti telefono.
2. Voi (capire) .... che significa "fa schifo"?
3. Molti studenti (capire) .... l'italiano ma parlano poco.
4. Io non (capire) .... niente di informatica.
5. Molte persone (preferire) .... viaggiare in aereo.
6. I miei amici (preferire) .... andare in discoteca, io invece .... il cinema.
7. Nel mio quartiere le strade sono sporche. Nessuno le (pulire) ....
8. I miei vicini (pulire) .... la casa tutti i fine settimana.

12 *Leggi più volte il testo e segna la risposta corretta.*

Il caffè è un piacere...

di Vittorio Roidi

Dice che in Inghilterra il piacere del caffè ha messo in secondo piano l'antico amore per il tè. Buon risultato, però i londinesi ci metteranno parecchio ad avere un rapporto personalizzato come quello che hanno i romani.

Entri al bar e le domande sono tutte diverse: «Lungo per favore!», oppure «Corto con una macchia di latte freddo!». C'è chi lo vuole esclusivamente in tazza e chi non disdegna quello al «vetro», ma nel bicchiere di carta «per piacere no, non lo accetto!». Ciascuno ha un'abitudine: beve un bicchiere d'acqua, prima o dopo; fuma una sigaretta, sempre dopo; lo cerca nelle pause del lavoro; lo beve solo alla fine del pasto; lo «ammazza» col liquorino, una grappa, un amaro, un limoncello, oppure rifiuta sdegnoso: «Grazie, mai dopo il caffè». A Roma i barman lo fanno discretamente, anche quelli degli esercizi più scaciati. Però è chiaro, se lo vuoi extra vai alla Tazza d'Oro, a Sant'Eustachio, o da Giolitti, o al «Caffè Greco». La qualità è legata alla miscela, all'acqua, alla temperatura della tazzina, ma certe volte uno ha l'impressione che molto dipenda addirittura dall'umore del barista, dalla fretta, dalla pressione con cui la sua mano comprime la polvere, dalla cura con cui stringe la manopola. Perché il caffè è un'arte, non c'è che dire. Se ci fate caso, gli «artisti» non dicono mai: «Vuole un espresso?», ma «Le faccio un buon caffè?». Il termine espresso è usato da chi tira via, dai bottegai, dal barista per caso. Chi lo sa fare, dice caffè. Se usa espresso, è probabile che il sapore non sia granché. Nel caffè, insomma, conta l'atteggiamento, di chi lo beve e chi lo prepara. [...]

Corriere della Sera

1. I romani hanno un rapporto molto particolare con il caffè. ○ vero ○ falso
2. A Roma si ordina un caffè al bar in tanti modi diversi. ○ vero ○ falso
3. Quali di queste abitudini si possono associare al caffè:
   ○ bere un bicchiere d'acqua
   ○ mangiare una mela
   ○ fumare una sigaretta
4. "Ammazzare un caffè" significa:
   ○ bere del liquore dopo il caffè
   ○ bere del vino dopo il caffè
5. Generalmente i baristi a Roma fanno un caffè:
   ○ discreto
   ○ buono
   ○ eccezionale
6. Per fare un buon caffè è importante anche l'umore del barista. ○ vero ○ falso
7. I veri "artisti" del caffè dicono:
   ○ "Vuole un espresso?"
   ○ "Le faccio un buon caffè?"

FACCIAMO GRAMMATICA

Alcuni verbi irregolari

	Bere	Dire	Stare	Dare	Uscire	Venire
(io)	bevo	dico	sto	do	esco	vengo
(tu)	bevi	dici	stai	dai	esci	vieni
(lui/lei)	beve	dice	sta	dà	esce	viene
(noi)	beviamo	diciamo	stiamo	diamo	usciamo	veniamo
(voi)	bevete	dite	state	date	uscite	venite
(loro)	bevono	dicono	stanno	danno	escono	vengono

13 Esercizio

Completa le frasi con i verbi al presente indicativo.

1. Lucia (dire).................... che il caffè non è buono.
2. Cosa (voi-bere) .... di solito a colazione?
3. Noi (uscire).................... solo il fine settimana,
   ma Sandra e Paolo (uscire)....................... quasi ogni sera.
4. Molti ragazzi (venire).............. a Roma per studiare all'università.
5. Come (tu stare)..............? Bene, grazie, e tua moglie come (stare)..............?
6. Per favore mi (tu dare).............. il tuo indirizzo e numero di telefono?

un giorno in italia

EPISODIO 7

Pronto, sì ...

In Italia i telefonini squillano dappertutto: nei ristoranti, al cinema, nell'autobus, per la strada e anche nei treni. Migliaia di conversazioni si bloccano all'improvviso sulle note di strane musichette. Anche in questo treno Lucia e Alessandro devono interrompere la loro discussione sul caffè per lo squillo di un cellulare.

1 

A. *Nella conversazione telefonica Lucia nomina alcune città, quali di queste?*

⊙ Milano	⊙ Firenze	⊙ Napoli
⊙ Bologna	⊙ Venezia	⊙ Roma

B. *Ascolta più volte la telefonata di Lucia e segna la risposta corretta.*

1. Lucia dice che si trova alla stazione di Firenze.	⊙ vero	⊙ falso
2. Lucia deve contattare un ristorante di Napoli.	⊙ vero	⊙ falso
3. Lucia dice che le persone devono comprare dei souvenir.	⊙ vero	⊙ falso
4. Lucia non deve andare a casa.	⊙ vero	⊙ falso
5. Secondo te le persone stanno parlando di:	⊙ lavoro ⊙ vacanze ⊙ viaggio di nozze	
6. Secondo te quando Lucia dice "quanti sono?" si riferisce a:	⊙ i suoi amici ⊙ un gruppo di turisti ⊙ un gruppo di bambini	
7. Lucia ha figli.	⊙ vero	⊙ falso

2 Cloze

Completa il testo con queste parole.

lavoro • telefonino • operatrice turistica • Napoli • telefonata • turisti • città • giro • gruppo • cellulare

Lucia fa l'................., viaggia spesso per ...., oggi torna a ...., dove vive e lavora. In realtà Lucia lavora molto con il ...., anche in treno il suo .... squilla sempre. Adesso riceve una .... di lavoro dalla sua agenzia che le conferma l'arrivo di un .... di .... che devono fare un .... in alcune .... italiane.

3 Attività *Parole al telefono*

*Collega le espressioni della colonna **A** con quelle della colonna **B**.*

Cosa si dice di solito...

A	B
Per rispondere al telefono	Ti /La richiamo.
Per chiedere di parlare con qualcuno	Sono io.
Per sapere chi ha telefonato	C'è... (Carla)? Vorrei parlare con...
Per chiedere di aspettare	Sono... (Marco Testa)
Per confermare che sono io se qualcuno vuole parlare con me	(Attenda) un attimo, per favore.
Per presentarsi al telefono	Chi è?/ Chi parla?
	Chi lo/la desidera?
Per dire che telefono di nuovo	Pronto!

4 Attività

Riordina queste conversazioni telefoniche.
Quale delle due conversazioni ti sembra più formale? Perché?

- Sono Marina, una sua amica.
- Richiama verso le otto, sicuramente lo trovi.
- Pronto! C'è Francesco?
- Grazie, buonasera.
- No, non c'è! Chi parla?
- Buonasera.

A.: ....
B.: ....
A.: ....
B.: ....
A.: ....
B.: ....

- Pronto!
- Chi la desidera?
- Pronto! Buongiorno, vorrei parlare con la signora Marchi, per favore.
- Attenda un attimo.
- Sono Claudio Gori.

A.: ....
B.: ....
A.: ....
B.: ....
A.: ....

5 Role play *Al telefono*

Prova a telefonare ad un tuo compagno scambiandovi i ruoli.

***A** telefona a **B**.*
*Risponde un'altra persona e dice che **B** non è in casa.*
***A** dice che ritelefona domani.*

Sette

6 

Che cos'è il "coso"?
Di che cosa stanno parlando Alessandro e Lucia?

PER COMUNICARE IN ITALIANO

Esprimere un'opinione personale

A. **Per me** il computer è indispensabile.
B. **Sono d'accordo!**
C. **Non sono d'accordo.**
Secondo me è utile,
ma non è indispensabile.

7 Attività *E tu che ne pensi?*

Questi oggetti per te sono: indispensabili, utili, inutili o superflui?

ES
A. *Per me l'asciugacapelli è veramente indispensabile.*
B. *Per me invece è proprio inutile, non lo uso mai!*

8 Attività *Prima il dovere…*

Ricordi la conversazione al telefono di Lucia? Lucia deve fare molte cose. Che cosa?

....

....

....

Anche i turisti devono fare molte cose. Che cosa?

....

....

....

Dovere

(io)	devo
(tu)	devi
(lui/lei)	deve
(noi)	dobbiamo
(voi)	dovete
(loro)	devono

9 Attività *Chi cerca trova*

Gira per la classe e cerca qualcuno che:

- deve andare in banca oggi
- deve lavorare anche il sabato
- deve studiare il cinese
- deve fare la spesa al mercato
- deve portare a spasso il cane
- deve cucinare ogni giorno
- deve comprare i biglietti per il teatro
- deve iscriversi all'università
- deve cambiare casa

10 Esercizio

Completa con il verbo **dovere** *al presente indicativo.*

1. Tutti ………….. parlare italiano in classe.
2. Angela ………… cambiare casa.
3. Oggi (io) ………… uscire dalla classe dieci minuti prima.
4. Per la prossima settimana (noi) ………………. scrivere un piccolo testo in italiano.
5. Senti Franco, non ……… preparare la cena, stasera ceniamo fuori.
6. Se volete andare in Sardegna …………… prenotare tre mesi prima.
7. Prima di salire sul treno (voi) ……………… timbrare il biglietto.
8. Questo fine settimana (io) ………………… pulire tutta la casa.
9. Luigi ………….. partire a gennaio per il servizio militare.
10. Ciao, …………… scappare, ho un appuntamento tra dieci minuti.

Io sono un fotografo

Alessandro ha ascoltato la telefonata di Lucia, ed è molto affascinato dal suo aspetto e dalla sua personalità. Vuole conoscerla meglio. Così inizia a fare qualche domanda...

11 track 13 *Ascolta più volte il dialogo tra Lucia e Alessandro e segna la risposta corretta.*

1. Lucia è una giornalista. ○ vero ○ falso
2. Lucia propone ad Alessandro di darsi del tu. ○ vero ○ falso
3. Alessandro accetta, ma non è molto contento. ○ vero ○ falso
4. Lucia e Alessandro si presentano. ○ vero ○ falso
5. Lucia viaggia spesso tra Napoli e Venezia. ○ vero ○ falso
6. Lucia è di Napoli. ○ vero ○ falso
7. Alessandro dice a Lucia che lei ha un accento napoletano. ○ vero ○ falso
8. Alessandro va al sud per vacanze. ○ vero ○ falso
9. Alessandro deve fare fotografie per la pubblicità di ○ una marca di gelati ○ una marca di biscotti
10. Alessandro non conosce la Sardegna. ○ vero ○ falso
11. Alessandro chiede a Lucia qualche consiglio sui paesaggi del sud. ○ vero ○ falso

Fare	
(io)	faccio
(tu)	fai
(lui/lei)	fa
(noi)	facciamo
(voi)	fate
(loro)	fanno

12 **Attività** *Mestieri e doveri*

Abbina il nome di ciascun mestiere o professione a quello che normalmente fa chi svolge questo lavoro.

l'architetto	scrive articoli
l'insegnante	cura i malati
il fotografo	costruisce case
l'idraulico	progetta o arreda case
il muratore	fa fotografie
il medico	spiega la lezione agli studenti
il giornalista	ripara rubinetti
l'impiegato	controlla biglietti
il tassista	lavora in ufficio
il controllore	guida il taxi

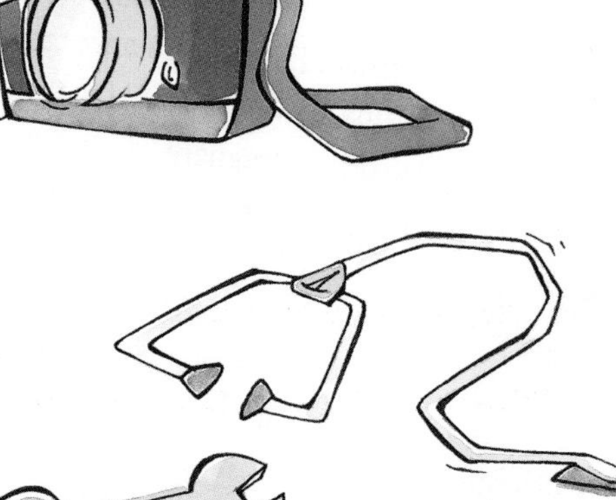

13 **Attività**

Scegli nella lista dell'attività precedente qual è secondo te:

- il lavoro più stressante ....
- il lavoro più faticoso ....
- il lavoro più creativo ....
- il lavoro più monotono ....
- il lavoro più interessante ....
- il lavoro più moderno ....
- il lavoro più utile ....

Poi confronta e discuti con un compagno.

14 **Role play** *E tu che lavoro fai?*

Sei in treno, fai conoscenza con qualcuno e cominciate a parlare del vostro lavoro.

15 *Leggi l'articolo "Classifica degli oggetti del secolo".*
Anche tu sei d'accordo sulla scelta dell'oggetto più importante del secolo?

Specchio della Stampa

PER IL VIAGGIO VERSO IL DUEMILA GLI ITALIANI METTERANNO IN VALIGIA prima di tutto il telefono. Poi il televisore, la lavatrice, i jeans, la radio. E, se ci sarà ancora posto, computer, caffettiera e una lattina di Coca Cola. Due mesi fa avevamo chiesto ai nostri lettori di scegliere «l'oggetto del Novecento» da portare nel nuovo Millennio. Con una valanga di voti è stato scelto lui, il telefono, l'oggetto più amato e odiato, lodato e disprezzato degli Anni Novanta. E non a caso.
In Italia ci sono trenta milioni di cellulari e altrettanti telefoni fissi. Gli italiani sono arrivati tardi, ma si sono rifatti con gli interessi. Un secolo fa c'erano quindicimila apparecchi, nel 1950 mezzo milione. Oggi ce l'ha una persona su due: soltanto nei Paesi scandinavi è più diffuso.

di GIORDANO STABILE

16 *Cerca nel testo tutte le parole che indicano numeri e trascrivile in cifre.*

....

....

FACCIAMO GRAMMATICA

I numeri si dividono in:

cardinali (indicano la quantità)		**ordinali** (indicano l'ordine)	
1	uno	1°	primo
2	due	2°	secondo
3	tre	3°	terzo
4	quattro	4°	quarto
5	cinque	5°	quinto
6	sei	6°	sesto
7	sette	7°	settimo
8	otto	8°	ottavo
9	nove	9°	nono
10	dieci	10°	decimo
11	undici	11°	undicesimo
20	venti	20°	ventesimo
30	trenta	30°	trentesimo

17 Cloze

Completa il testo "Classifica degli oggetti del secolo" con le seguenti espressioni.

poi • tardi • un secolo fa • oggi • prima di tutto • due mesi fa

PER IL VIAGGIO VERSO IL DUEMILA GLI ITALIANI METTERANNO IN VALIGIA .... il telefono....... il televisore, la lavatrice, i jeans, la radio. E, se ci sarà ancora posto, computer, caffettiera e una lattina di Coca Cola. .... avevamo chiesto ai nostri lettori di scegliere «l'oggetto del Novecento» da portare nel nuovo Millennio. Con una valanga di voti è stato scelto lui, il telefono, l'oggetto più amato e odiato, lodato e disprezzato degli Anni Novanta. E non a caso.

In Italia ci sono trenta milioni di cellulari e altrettanti telefoni fissi. Gli italiani sono arrivati ......, ma si sono rifatti con gli interessi. .... c'erano quindicimila apparecchi, nel 1950 mezzo milione. ...... ce l'ha una persona su due: soltanto nei Paesi scandinavi è più diffuso.

di GIORDANO STABILE

Specchio della Stampa

Dal diario di Piero

Piero Ferrari, il controllore, va in Sicilia.
Ha molte cose da fare oggi e per ricordare tutto legge il suo diario con il memorandum:

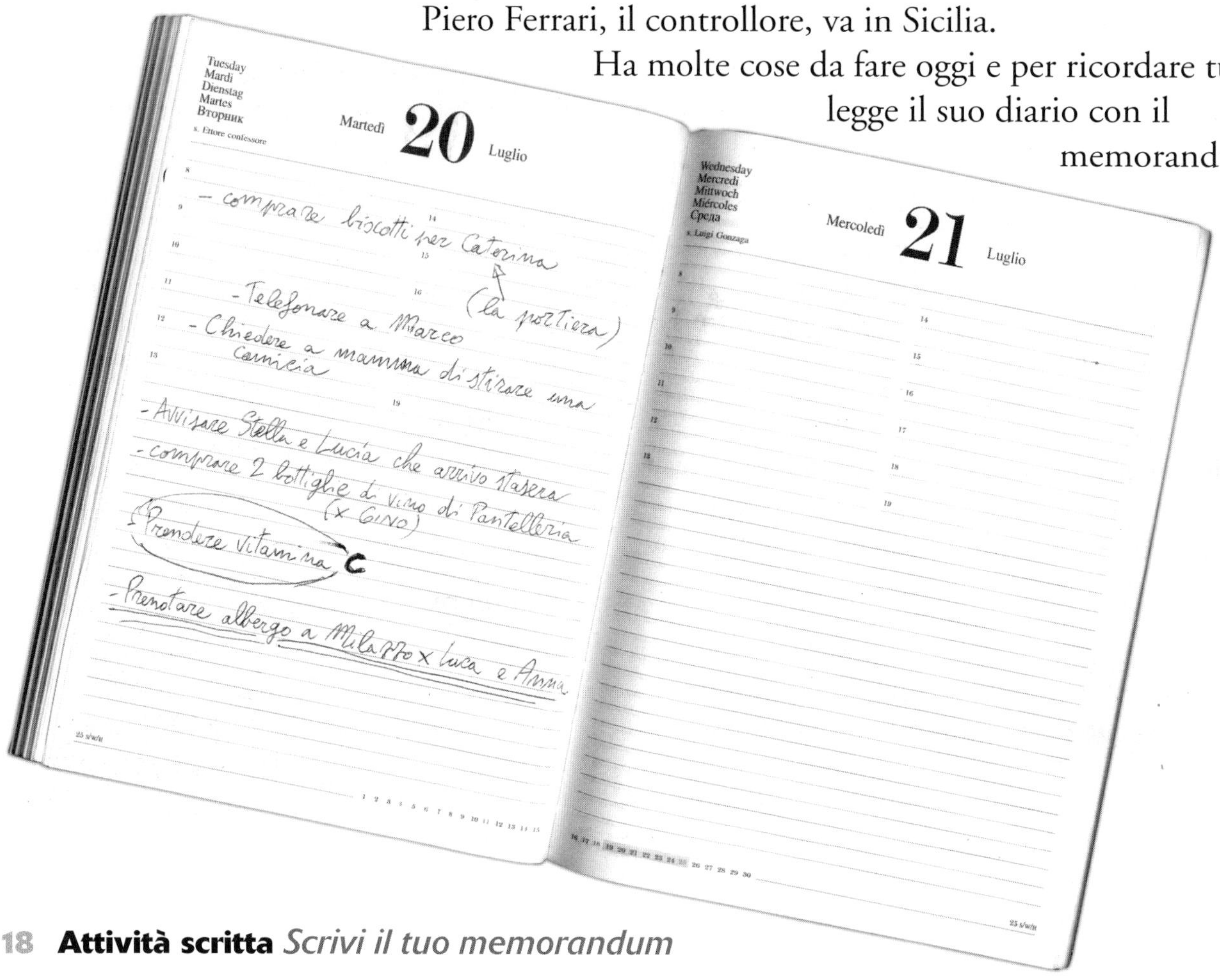

18 Attività scritta *Scrivi il tuo memorandum*

Adesso scrivi per te la lista delle cose più importanti che devi fare domani.

un giorno in italia

EPISODIO 8

Stazione di Bologna

Bologna, stazione di Bologna… tutti i treni portano a Bologna!
Appena si scende dal treno si sente già l'atmosfera della città universitaria e giovanile. Ma non solo: Bologna è anche la città del cibo buono e abbondante e della libertà. C'è una vecchia cartolina che dice che Bologna è la città delle tre T: torri, tortellini e tette.

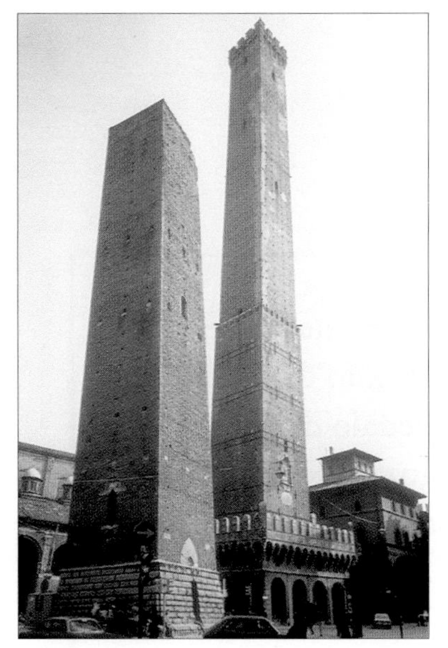

"Bologna la dotta" si dice in Italia perché qui c'è la più antica università d'Europa, e la vita culturale è molto intensa. Si discute nei bar, nelle osterie, nelle piazze. Nel centro, sotto i portici si passeggia anche d'inverno e quando piove.
Piero ama questa città e ricorda la sua vecchia idea di frequentare l'università a Bologna, incontrare Umberto Eco… ma quel tipo laggiù che sta per salire sembra proprio lui, la barba, gli occhiali, un fascio di giornali sotto il braccio e una valigetta piena… sicuramente è lui… vediamo, vediamo… eccolo!…
No, peccato, non è lui.

1  *Leggi più volte il testo e segna le risposte corrette.*

1. A Bologna non ci sono delle torri. ⊙ vero ⊙ falso
2. Bologna è la città dei tortellini. ⊙ vero ⊙ falso
3. Bologna è famosa per alcune cose, quali di queste? ⊙ il mare ⊙ l'università ⊙ i tortellini ⊙ i gelati ⊙ il sole ⊙ la pizza
4. A Piero non piace Bologna. ⊙ vero ⊙ falso
5. Umberto Eco insegna all'università di Bologna. ⊙ vero ⊙ falso
6. Piero vede Umberto Eco alla stazione di Bologna. ⊙ vero ⊙ falso

2  *Leggi il testo e evidenzia tutti i verbi alla forma impersonale.*
Trova l'infinito. Confronta il tuo lavoro con quello di un altro studente.
Poi verificate con l'insegnante.

FACCIAMO GRAMMATICA

Forma impersonale

Quando non vogliamo usare un soggetto preciso ma vogliamo esprimere un soggetto generico usiamo la forma impersonale del verbo.

In Italia **si mangia** bene *(tutti mangiano)*
A Bologna **si passeggia** sotto i portici *(tutti passeggiano)*

La forma impersonale si forma con **si + 3° persona singolare** del verbo.

Bologna è dunque la sintesi del bene e del male ma mai dell'odio che per lei non ho mai provato. Bologna grassa e ricca, con vetrine che sembrano di gioiellerie e che invece mostrano "soltanto" salami e provole. C'è un dedalo di minuscole vie che partono da piazza Maggiore pieno di pescherie e negozi di formaggi che consiglio a chiunque perché sembrano negozi parigini di Cartier. All'angolo c'è un negozio di frutta e verdura che mi dicono eccezionale. Sarà, ma per fare la spesa bisogna prima fare un *leasing*. Per questo lo chiamo Tiffany.

Francesco Guccini, Un altro giorno è andato

3 

Leggi i due testi su Bologna e cerca tutti gli aggettivi che riguardano questa città.

....

....

....

....

BOLOGNA

«Bologna è una strana signora dai fianchi un po' molli, col seno sul piano padano e il culo sui colli».
Con questa canzone-ritratto
Francesco Guccini racconta Bologna:
città dotta, accogliente, rilassante, rilassata.

Donna Moderna

Rileggi il primo testo e cerca tutti i nomi di negozi e prodotti; poi trascrivili nello schema sotto.

negozi	prodotti
gioiellerie	*salami*

4 Attività scritta

Scrivi un manifesto turistico per una città che ti piace.

Il Comune e l'azienda di trasporti pubblici della città hanno bandito un concorso per un manifesto pubblicitario.

I partecipanti devono scrivere un testo di massimo 10 righe con l'obiettivo di pubblicizzare la città.

Prova anche tu!

Leggi i testi su Bologna e nota come si descrive una città.
Cerca aggettivi o frasi che rappresentino bene la città che hai scelto, ad esempio "Bologna la dotta" ed aggiungi tutte le informazioni su quello che si può fare, mangiare, visitare ecc.

C'è chi guarda...

In stazione molti passeggeri si alzano per guardare dal finestrino.
Anche Alessandro, il fotografo guarda la gente che sale.
"Oddio e questa dove va... tutta sola" pensa mentre vede passare una ragazza bionda altissima e magra in pantaloncini corti con un corpo da fotomodella.
"Bene, bene torna indietro... sì, sì qui c'è un posto libero... prego".
"Che fortuna, pensa Alessandro, davvero un viaggio in buona compagnia..."

...c'è chi corre per prendere il treno

È un po' sperduto, Dino Trentin a Bologna.
Viene dal Friuli, San Daniele, e sembra strano ma non è mai stato più a sud di Venezia.
"Piazzale est, piazzale ovest, che casino..." pensa.
"Ma da dove parte questo treno per Firenze?"
"Trovato, piazzale est, binario 11... accidenti, parte tra due minuti!"
Piero lo vede arrivare di corsa e lo aspetta.
"Uff! giusto in tempo... che corsa!"
"Scusate c'è un posto libero?"
"Sì, sì prego" risponde Alessandro ma è un po' deluso... Ora non è più solo con le due ragazze e intanto arriva il controllore.

5 14 track *Ascolta la conversazione tra Piero il controllore, Dino Trentin e una ragazza che è nello stesso scompartimento.*

A. *Nella conversazione tra il controllore e i passeggeri di quale di questi oggetti si parla?*

B. *Ascolta più volte il dialogo tra il controllore ed alcuni passeggeri e segna le risposte corrette.*

1. Il controllore dice:	○ Biglietti, prego.	○ Vi prego, i biglietti.
2. Dino	○ non ha timbrato il biglietto	○ non ha comprato il biglietto
3. Su tutti i binari ci sono macchinette per timbrare i biglietti	○ vero	○ falso
4. Solo una persona non ha timbrato il biglietto	○ vero	○ falso
5. Nello scompartimento ci sono solo italiani	○ vero	○ falso
6. Dino prende il treno molto spesso	○ vero	○ falso
7. Dino paga una multa perché non ha timbrato il biglietto	○ vero	○ falso
8. Piero è un tipo distratto	○ vero	○ falso

6 track 14 *Ascolta più volte il dialogo e completa.*

C.: Biglietti prego!

C.: Grazie.

...

C.: .... timbrato.

D.: ....?

C.: .... timbrato il biglietto.

D.: .... timbrato?

C.: .... salire in treno, ... timbrare il biglietto.
.... le macchinette su tutti i binari.

D.: .... , ... la data di oggi .... ?

C.: .... , ... la data di oggi .... timbrare.

D.: .... , ... la data, ... il timbro?

C.: .... non è colpa mia, ... è così... un attimo.

7 Esercizio

Completa con **si deve** *o* **non basta**.

Per arrivare a piazza Colonna ......si deve...... *girare a destra.*

1. Al bar prima di consumare .... fare lo scontrino.
2. Per imparare una lingua .... leggere, ...
   anche ascoltare, parlare e scrivere.
3. Per chiamare l'Italia da Londra .... fare il prefisso internazionale.
4. Per cucinare bene .... una ricetta, ... essere creativi.
5. Per suonare bene il violino .... un buon maestro,
   .... fare pratica ogni giorno.
6. Per iscriversi al corso .... pagare un acconto e compilare il modulo d'iscrizione.
7. Per chiamare la polizia .... fare il numero 113.
8. Per trovare un posto in traghetto per la Sardegna in agosto ....
   prenotare due mesi prima.
9. Quando si va in banca .... prendere il numero e aspettare il proprio turno.
10. Per non ingrassare .... mangiare poco, ... fare un po' di ginnastica.

8 **Attività** *Nord sud est ovest*

Collega le città secondo relazioni di questo tipo:

*Roma è **a sud di** Firenze e **a nord di** Napoli.*

9 **Attività** *A Bologna si vive bene!*

Forma delle frasi con il verbo impersonale combinando a piacere i verbi e le espressioni sotto. Puoi aggiungere tutto quello che vuoi.

ES *A Bologna si vive bene!*
In Italia si dà importanza al cibo.

verbi

leggere
andare
bere
vivere
uscire
mangiare
telefonare
dare importanza
lavorare

in estate
con il computer
da bambini
peggio
in Italia
molto
poco
nelle grandi città
bene
benissimo
in inverno
nel mio paese
in campagna
in primavera
nelle piccole città
meglio
di solito
Bologna
da giovani

altre espressioni

un giorno in italia

Bologna è sempre Bologna

Filippo Moretti è sempre contento di andare a Bologna.
Bologna per lui è una città di amici, di musica, di vino, birra, allegre serate in osteria e di ottimo cibo.
Questa volta però viene per una gara di judò, e se vuole vincere non deve mangiare troppo…
Filippo scende dal treno con una borsa sportiva "Società judò 2001" e incontra degli amici.
Sono Fulvio e Paolo, due studenti universitari, al terzo anno di ingegneria.

1 

A. *Ascolta il dialogo. Di quali argomenti si parla?*

⊙ vacanze ⊙ esami ⊙ sport ⊙ amore ⊙ cinema

B. *Ascolta più volte il dialogo e segna le risposte corrette.*

1. Filippo domanda ai suoi amici se hanno finito gli esami all'università. ⊙ vero ⊙ falso
2. Fulvio e Paolo sono un po' stressati. ⊙ vero ⊙ falso
3. Domani Fulvio e Paolo non possono andare all'incontro di judò di Filippo. ⊙ vero ⊙ falso
4. Filippo deve fare molta attenzione al suo peso. ⊙ vero ⊙ falso
5. Filippo pesa ⊙ 68 chili ⊙ 78 chili ⊙ 88 chili
6. Filippo è sicuro di vincere la gara. ⊙ vero ⊙ falso
7. Fulvio e Paolo propongono a Filippo di passare la serata fuori con altre persone. ⊙ vero ⊙ falso
8. Filippo non vuole uscire la sera prima della gara. ⊙ vero ⊙ falso
9. Fulvio e Paolo dicono a Filippo che a casa c'è una sorpresa per lui. ⊙ vero ⊙ falso

2 Attività

Rileggi queste frasi presenti nel testo che hai ascoltato e dividile in ambiti di appartenenza. Quali appartengono al campo dello sport e quali a quello degli studi?

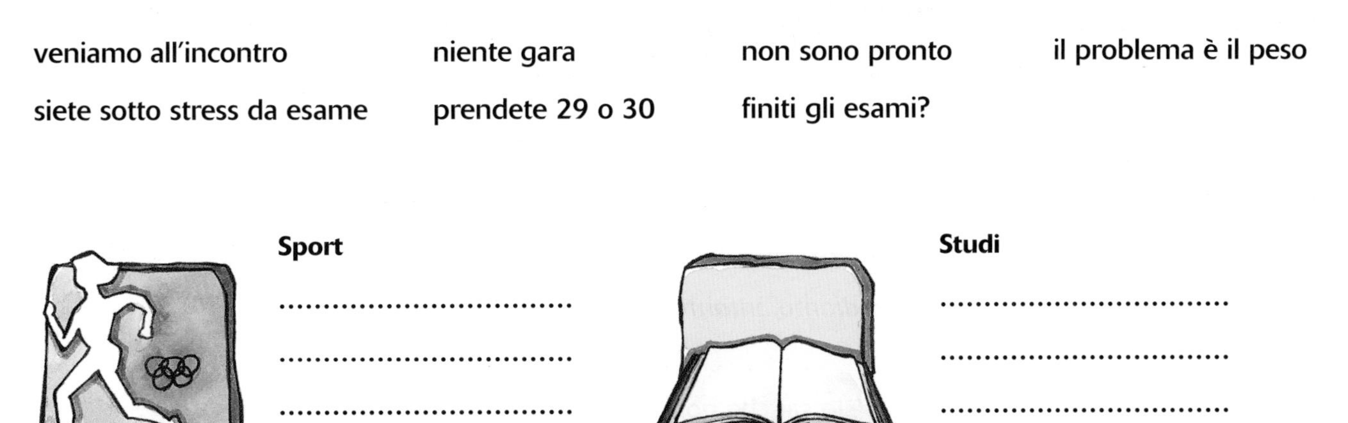

veniamo all'incontro	niente gara	non sono pronto	il problema è il peso
siete sotto stress da esame	prendete 29 o 30	finiti gli esami?	

Sport

....
....
....
....

Studi

....
....
....
....

3 Esercizio

Prova ad inserire nelle frasi sotto una parola o espressione tipica del lessico dello sport o degli studi.

ES *Domani veniamo all' ......incontro...... di tennis.*

1. Ho studiato poco e non sono .... per l'esame.
2. Marco .... sempre trenta e lode agli esami.
3. Le .... di atletica leggera iniziano la prossima settimana.
4. È la squadra più forte, ... sempre!
5. Marco non viene al mare con noi, è .... stress da ....
   Deve preparare Fisica.

4

*Riascolta più volte il testo ed osserva la funzione di queste espressioni. Poi collega le espressioni della colonna **A** con le spiegazioni della colonna **B**.*

A *Cosa dico*	**B** *Per fare queste cose*
A proposito	incoraggiare, esortare qualcuno
Perché, quanto pesi?	collegare quello che sto per dire a qualcosa appena detto
Ma dai, non...	rimandare una discussione per prendere una decisione
Non dire che non...	esprimere sorpresa per qualcosa che è stato detto e chiedere precisazioni su qualcosa
Senti, vediamo, intanto...	esprimere sorpresa ed escludere l'idea diversa dell'altro

PER COMUNICARE IN ITALIANO

Peso e altezza

Quanto pesi?	68 chili.
Quanto sei alto?	Un metro e settanta (1,70)

5 Esercizio

Prova ad inserire nei dialoghi queste espressioni:

ma dai • non dire che non • senti, vediamo, intanto • perché • a proposito

1. a. Ho incontrato Carla l'altra sera.
   b. Ah, davvero?.................................. , lo sai che non abita più in quella bellissima casa?
2. a. Ti ricordi di Marina?
   b. Certo!
   a. È partita con suo marito per il Giappone.
   b. ...., si è sposata?
3. a. Ho lasciato la macchina in seconda fila, chissà se mi fanno la multa?
   b. .... non ti preoccupare, i vigili non passano a quest'ora.
4. a. Senti, sabato prossimo è il mio compleanno, ci vieni?
   b. Non lo so, forse vado fuori...
   a. .... puoi venire, vengono proprio tutti!
5. a. Marcella ci ha invitati a teatro stasera, ma non so se trovo la baby sitter.
   b. Perché non ci vai da sola, io resto con la bambina.
   a. .... , ... ,.................................. andiamo a casa, poi chiamo la baby sitter e decidiamo.

FACCIAMO GRAMMATICA

Verbi modali

Potere		Volere	
(io)	posso	(io)	voglio
(tu)	puoi	(tu)	vuoi
(lui)	può	(lui)	vuole
(noi)	possiamo	(noi)	vogliamo
(voi)	potete	(voi)	volete
(loro)	possono	(loro)	vogliono

6 Esercizio

Completa con i verbi tra parentesi al presente indicativo.

ES *Non (volere)......voglio...... uscire stasera, sono troppo stanco!*

1. Chi (volere) .... (potere) .... uscire, la lezione è finita.
2. Filippo (volere) .... essere in forma per la gara.
3. Gli amici di Filippo (volere) .... uscire la sera per bere qualcosa.
4. Messaggio per Marco: Ciao, sono Lucia, mi dispiace, stasera non (potere) .... incontrarti, ho un problema. Se tu (volere) .... chiamami quando torni.
5. Ragazzi, voi non (potere) .... stare tutto il giorno al telefono. Ora basta, se (volere) .... parlare con gli amici perché non vi incontrate fuori?
6. Oggi tutti (potere) .... permettersi un cellulare perché costa poco, ma alcuni non (volere) .... averlo perché pensano che sia la fine della privacy. Mia sorella per esempio non (potere) .... vivere senza, ma io ancora non (volere) .... comprarlo.

Una casa di studenti

La casa di Fulvio e Paolo è un appartamento in via Zamboni, una casa di studenti, dove vivono altre due ragazze.

Le stanze sono tutte un po' disordinate, con tanti libri e giornali per terra, fumetti in bagno, borse sul divano e tanti compact disc in tutte le camere.

In cucina sul frigo ci sono molti magneti con tanti biglietti con messaggi o bollette da pagare. Quando arriva Filippo ci sono in casa tre persone, le due ragazze che abitano lì, Franca e Giulia ed una terza ragazza: Rossella.

7 *Leggi il testo e colloca gli oggetti nel posto giusto.*

8 **A.** *Ascolta più volte la conversazione tra Filippo ed i suoi amici e segna la risposta corretta.*

track

1. Filippo è molto sorpreso di vedere Rossella.	⊙ vero	⊙ falso
2. Rossella non è molto contenta di incontrare Filippo.	⊙ vero	⊙ falso
3. Filippo rimane a Bologna solo due giorni.	⊙ vero	⊙ falso
4. Filippo insegna in una scuola.	⊙ vero	⊙ falso
5. Rossella ha finito l'università.	⊙ vero	⊙ falso
6. Fabio è l'ex ragazzo di Rossella.	⊙ vero	⊙ falso
7. Rossella ha visto la foto di Filippo sul giornale.	⊙ vero	⊙ falso
8. Il giornale con la foto è sotto il letto, in camera.	⊙ vero	⊙ falso

B. *Ascolta attentamente il dialogo e scegli per ogni coppia di frasi quella che senti.*

1. a. benarrivato!
   b. benvenuto!
2. a. non ci posso credere!
   b. io non ci credo!
3. a. come sono contenta di rivederti!
   b. Io non sono contenta di rivederti!
4. a. sei proprio in forma!
   b. sei fuori forma!
5. a. fino a quando rimani?
   b. finalmente rimani!

9 

Riascolta più volte il dialogo e completa il testo.

"Niente… ma senti, sai che ....?"

"Davvero?"

"Sì, Paolo, ...?"

"Non lo so, ..., ...".

"No, non c'è".

"Allora ...., ...".

"No… niente".

"E ....?"

"..".

"Allora guarda ...., ...

.... il lavandino".

"Ah, ..., meno male

.... !"

Cerca nel testo che hai completato tutte le preposizioni di luogo (quelle che indicano dove si trova qualcosa o qualcuno).
Quali sono?
Come puoi dividerle?
Prova a completare tu lo schema sotto, combinando le preposizioni con gli articoli.

	il	lo	la	l'	i	gli	le
a	al			all'			
in		nello				negli	
su			sulla		sui		

10 Attività *Dove sono a casa tua?*

Lavorate in coppia facendo un'intervista per sapere dove sono queste cose a casa vostra.

ES *Dov'è a casa tua il tappeto?*
In salotto.

- il tappeto
- le ciabatte
- la TV
- la pattumiera
- la scopa
- i detersivi

- lo stereo
- il telefono
- le medicine
- la radio
- il ferro da stiro
- la lavatrice

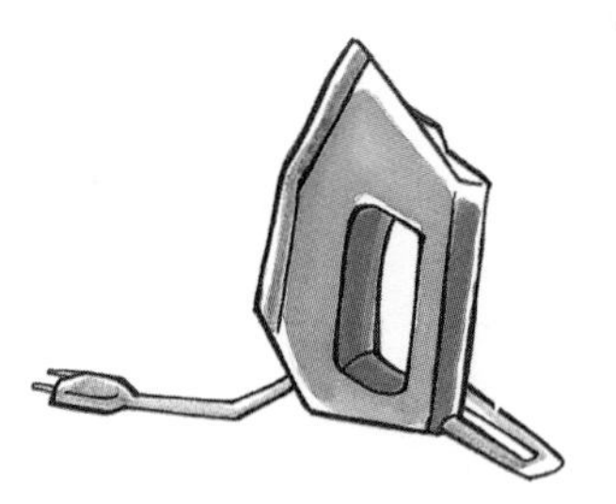

11 Sondaggio

Alla fine della vostra intervista fate un sondaggio per vedere quali sono i luoghi dove più comunemente si tengono le cose in casa.

otto persone su dodici tengono la radio in cucina

12 **Attività scritta** *Che caos!*

Come vedi in questa casa tutto è sottosopra. Il cameriere è un marziano che non conosce le abitudini terrestri... Aiutalo a mettere in ordine. Scrivigli un messaggio con tutte le istruzioni per rimettere ogni cosa al suo posto.

Caro marziano,

....

....

....

....

....

13 Esercizio

Completa il testo sotto con le preposizioni **a**, **in** *o* **su**, *semplici o articolate.*

ES *Il detersivo è ......in...... cucina, ...sul...... lavandino.*

Il treno va .... Palermo .... Sicilia.

Molti passeggeri viaggiano .... seconda classe.

Alcuni stanno .... piedi ...... corridoi e guardano il panorama o fumano.

Altri parlano con persone incontrate per caso .... scompartimenti.

Una signora passeggia .... e giù per il corridoio. Vuole andare .... bagno ma trova sempre la scritta rossa "occupato".

Quando passa il controllore tutti cercano il biglietto.

Qualcuno lo tiene ...... borsa, qualcuno .... tasca, altri ...... valigetta, ma c'è un ragazzo che non lo trova e lo cerca ...... ogni posto.

...... sedile, sotto il sedile, ... mezzo ai giornali, ... portafogli ...... tasche della camicia, dei pantaloni, ma niente, il biglietto non è ...... nessun posto.

Allora ricorda: "Ah sì, forse l'ho perso ...... bar!"

FACCIAMO GRAMMATICA

Preposizioni

Usi più comuni di alcune preposizioni:

a + *città*	Roma Parigi Tel Aviv	**in** + *stato*	Italia Cina Grecia
a +	casa scuola teatro mensa	**in** +	ufficio banca campagna città
al +	bar cinema ristorante supermercato mare lago		

14 Esercizio

Inserisci nelle frasi sotto le preposizioni **in** *o* **al**.

1. Il signor Fantoni non è ...... ufficio, è andato ...... bar.
2. Stasera usciamo con amici, prima andiamo ...... cinema e poi ...... una pizzeria.
3. Di solito vado ...... vacanza ...... mare, ma quest'anno non ho soldi, così resto ...... città.
4. Spesso faccio la spesa ...... supermercato ma preferisco comprare la frutta ...... mercato.
5. Devo andare ...... farmacia per comprare delle medicine.
6. Milena abita ...... un palazzo del centro, ... via Magenta ...... terzo piano.

15 Attività *Dove l'hai messo?*

Colloca questi oggetti nel mobile vuoto.
Poi lavora con un compagno per vedere se avete messo le cose nello stesso posto.

Dove hai messo i libri?
Sul primo ripiano, e tu?
Sul secondo.

Oggetti	**Espressioni**
a. bottiglie di liquore	nel primo cassetto
b. tovaglie	in alto
c. cioccolatini	in basso
d. vaso	sul ripiano
e. dizionario	a destra
f. libri	a sinistra
g. cassette video	sopra
h. statuetta	sotto
i. foto	

16 **Attività** *Architettura d'interni*

Guarda le piantine e inserisci le parole mancanti.

salone • cabina armadio • pranzo • bagni • cucina • camere • soggiorno

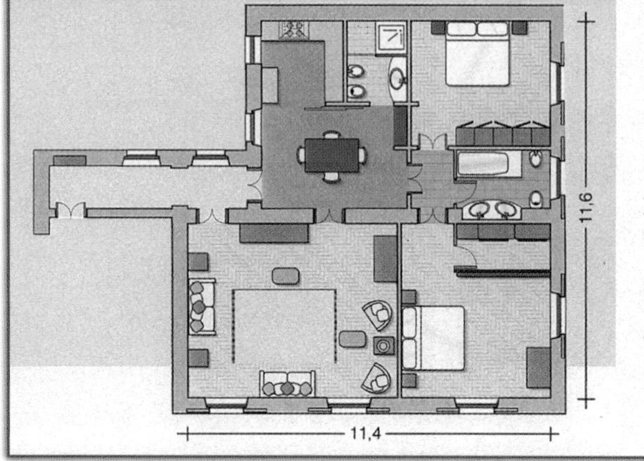

Brava Casa

MOLTO RAZIONALE la divisione degli spazi

Dall'ingresso si accede al.................... e alla zona.................... attigua alla............... . I........... sono due come le.................. da letto, una delle quali provvista di.................... che, su un lato, è rivestita da una libreria. Lo spazio maggiore è riservato al.................. .

zona conversazione • armadi • angolo cottura • ingresso • appartamento • camera • bagno
zona pranzo • quadrata

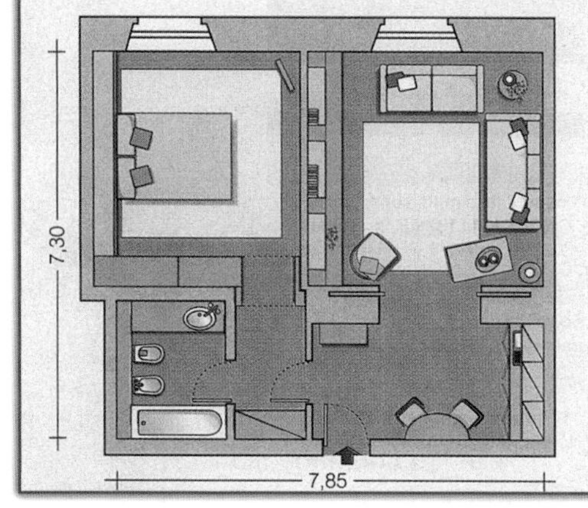

Brava Casa

SPAZI CONTENUTI

È pressoché di forma.............. questo .... di 57 metri quadrati dalle zone ben suddivise. Subito vicino all'................. c'è.................... e la .... Due ante scorrevoli di cristallo li separano dalla............................ . Correttamente disimpegnato è il........... adiacente alla.............. da letto, arredata con........... e una parete attrezzata per recuperare un po' di spazio in più.

La valigia dell'episodio 9

Una ragazza carina

È una ragazza carina, con un vestito leggero di cotone a fiori, anello con diamante e fedina.
Capelli neri, taglio corto alla moda e filo di perle al collo.
Ha le unghie ben curate con smalto trasparente e l'aria delicata da ragazza per bene.
Ancora non parla al cellulare con custodia blu, poggiato sul tavolino, ma lo tocca spesso per vedere se funziona.

Tira fuori dalla borsa una lattina di tè freddo, un pacchetto di sigarette ed un accendino e li sistema ordinatamente accanto al suo cellulare.

Dopo un po' arriva un ragazzo con un borsone, pantaloni sportivi e maglietta attillata, moro e abbronzato con un grosso orologio di metallo.
Cerca il numero 74, controlla il biglietto e si siede proprio vicino a lei, la guarda con la coda dell'occhio. Poi apre una busta con delle foto e le guarda divertito.
Lei sorride e comincia a giocare con il telefonino. Schiaccia sui tasti e manda messaggi. A chi? Lui la osserva con curiosità. Dopo un po' tira fuori un libro: "Il giovane Holden", lo apre e si mette a leggere.
Lei è incuriosita e dopo qualche minuto lo imita. Mette via il telefonino. Tira fuori fotocopie e appunti universitari insieme ad un libro ed una matita sottile e li appoggia sul tavolinetto.
Poi comincia a leggere e sottolineare alcune parti.

1  **A.** *Leggi più volte il testo e segna le risposte corrette.*

1. La ragazza ha i capelli lunghi.	⊙ vero	⊙ falso
2. La ragazza ha uno smalto rosso alle unghie.	⊙ vero	⊙ falso
3. La ragazza ha un telefonino.	⊙ vero	⊙ falso
4. La ragazza ha i capelli scuri.	⊙ vero	⊙ falso
5. Il ragazzo è molto elegante.	⊙ vero	⊙ falso
6. Il ragazzo ha un libro e delle foto.	⊙ vero	⊙ falso
7. La ragazza usa molto il telefonino.	⊙ vero	⊙ falso
8. La ragazza sottolinea alcune parti con una penna rossa.	⊙ vero	⊙ falso

B. *Ora prova a descrivere i due personaggi usando questi riferimenti:*

	Lei	Lui
• aspetto fisico	....	....
• abbigliamento	....	....
• oggetti che hanno addosso	....	....
• altri oggetti di loro proprietà	....	....
• azioni (cosa fanno)	....	....

C. *Associa i nomi della colonna **A** con gli aggettivi della colonna **B**.*

A	B
ragazza	blu
taglio	attillata
unghie	sportivi
smalto	delicata
aria	grosso
custodia	carina
pantaloni	universitari
maglietta	corto
ragazzo	ben curate
orologio	moro e abbronzato
appunti	trasparente

2  *Rileggi il testo "Una ragazza carina". Cerca tutte le frasi dove compare* **con** *e distinguile nelle tre categorie sotto.*

Con che cosa?	Come? In che modo?
....	....
....	....
....	....
....	....
....	....
....	....

FACCIAMO GRAMMATICA

Preposizioni: *con* (mezzo, modo, compagnia, unione)

Per esprimere un legame di mezzo, modo, compagnia o unione in italiano si usa la preposizione **con**.

ES

*Scrivo **con** la penna blu*	(mezzo)
*Ascoltate **con** attenzione*	(modo)
*Stasera esco **con** Luigi*	(compagnia)
*Marta porta scarpe **con** i tacchi*	(unione)

3 Esercizio

Completa le frasi a piacere.

1. Con .... si possono fare tante cose.
2. Chi è miope vede meglio con ....
3. Se esci con .... quando piove non ti bagni.
4. Mi piace la pizza con ....
5. Ricordo sempre quel periodo con ....
6. Con .... è meglio bere vino bianco.
7. Ho comprato un paio di stivali con ....

4 Attività *Descrivi persone. Com'è? Con che cosa?*

Guarda le immagini e prova a descriverle in base ad alcune caratteristiche.

una persona con gli occhiali

FACCIAMO GRAMMATICA

Preposizioni: *con, a, di*

Per descrivere le caratteristiche di qualcosa o qualcuno si possono usare oltre alla preposizione **con** anche le preposizioni **a** e **di**.

con	un anello con diamante
a	un vestito a fiori
di	una collana di perle

5 Esercizio

Inserisci nel testo le preposizioni a, con *o* di.

La signora Caterina è andata a fare spese ed ha comprato queste cose:

due magliette a righe, una camicia .... quadretti, un pigiama .... cotone, ed un orologio .... il cinturino .... metallo per suo marito. Un pacco di tovaglioli .... carta, e piatti e bicchieri .... plastica per il pic nic. E per lei una borsa .... finta pelle colorata ed una crema per il viso .... vitamina C.

6 Role play *Oggetti smarriti*

Hai perso un tuo oggetto. Telefona all'ufficio oggetti smarriti e descrivi esattamente l'oggetto.

A. *Due studenti escono dalla classe. Tutti gli altri lasciano su un tavolo un oggetto personale a piacere che sarà l'oggetto smarrito.*

B. *I due studenti rientrano e sono gli impiegati dell'ufficio oggetti smarriti.*

C. *Ogni studente telefona all'ufficio e descrive l'oggetto che ha perso. Gli impiegati devono ritrovarlo e fissare un appuntamento per la restituzione.*

7  *Rileggi il testo "Una ragazza carina" e cerca tutti i pronomi diretti. A quali parole si riferiscono nel testo?*
Classificali in maschili e femminili, singolari e plurali.

FACCIAMO GRAMMATICA

Pronomi diretti: *lo, la, li, le*

	maschile	**femminile**
singolare	lo	la
plurale	li	le

ES
*Conosci **Marco**?* — *Sì, **lo** conosco molto bene.*
*Vedi **Giulia** stasera?* — *No, **la** vedo domani.*
*Dove compri queste belle **magliette**?* — ***Le** compro in un negozio al centro.*
*Ti piacciono **i dolci**?* — *No, non **li** mangio quasi mai.*

Attenzione!
Il pronome **lo** può sostituire un'intera frase.

ES
Dov'è la farmacia? — *Non **lo** so.* (Non so dov'è la farmacia)
Quando parte il treno per Pisa? — *Non **lo** so.*

8 **Esercizio**

Completa le frasi con il pronome diretto **lo, la, li, le**.

ES *Bevi il latte? No, non ..lo.. bevo.*

1. Mangi il gelato? Sì, ... mangio soprattutto d'estate.
2. Prepari tu la cena? No, ... prepara Marco stasera.
3. Guidi la macchina? Sì, ma .... guido solo in città.
4. Conosci gli amici di Roberto? No, non .... conosco.
5. Bevi volentieri il vino? .... bevo ogni tanto, soprattutto in compagnia di amici.
6. Chi mangia queste ultime polpette? .... mangio io, sono molto buone.
7. Hai già fatto la doccia? No, ... faccio tra un po'.
8. Conosci l'inglese? .... parlo bene, ma lo scrivo abbastanza male.
9. Guardi spesso la TV? No, ... guardo veramente poco.
10. Chi porta i dolci stasera? .... portiamo io e Franco.

9 Esercizio

Completa le frasi con i pronomi diretti.

Ho la TV ma ..la.. guardo raramente.

1. In casa accendo sempre la radio ma non .... ascolto mai con attenzione.
2. Ho il computer e .... uso molto per lavorare.
3. Marta ha dei vestiti bellissimi però non .... mette mai.
4. Compro il giornale ogni mattina ma .... leggo sempre la sera.
5. Marcello ha tre cugine ma non .... vede mai perché abitano in Sardegna.
6. Abbiamo molti CD di musica rock ma non .... ascoltiamo molto spesso.
7. Ho comprato anch'io il telefonino ma .... uso solo quando è necessario.
8. Scrivo sempre numeri di telefono su pezzi di carta e poi .... perdo.
9. Se fai un caffè .... bevo volentieri.
10. Un tempo amavo le spiagge affollate ma ora .... detesto.

Studi lettere?

Dopo un po' il ragazzo prova ad attaccar bottone con la ragazza carina seduta vicino a lui.

10

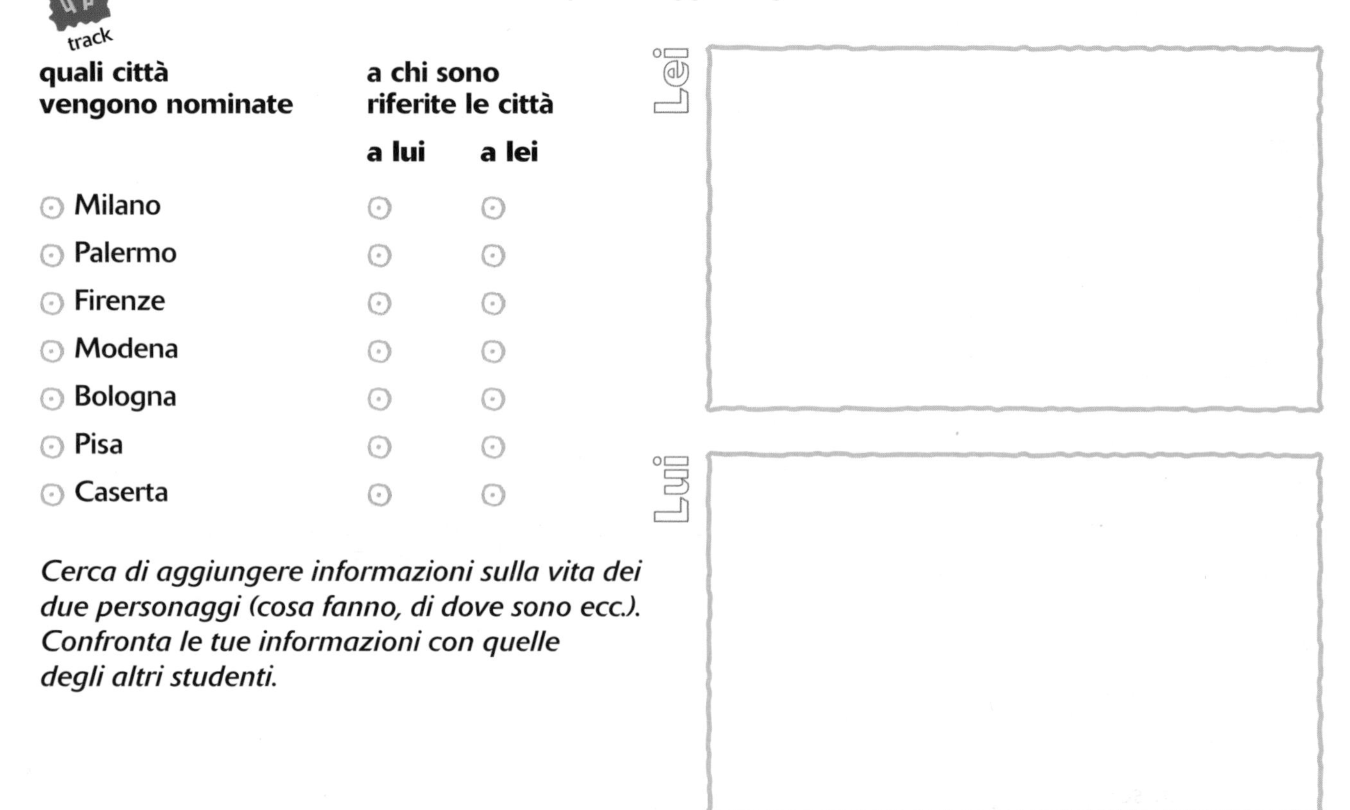

Ascolta la conversazione tra i due personaggi e segna:

quali città vengono nominate	a chi sono riferite le città	
	a lui	a lei
⊙ Milano	⊙	⊙
⊙ Palermo	⊙	⊙
⊙ Firenze	⊙	⊙
⊙ Modena	⊙	⊙
⊙ Bologna	⊙	⊙
⊙ Pisa	⊙	⊙
⊙ Caserta	⊙	⊙

Cerca di aggiungere informazioni sulla vita dei due personaggi (cosa fanno, di dove sono ecc.). Confronta le tue informazioni con quelle degli altri studenti.

11 track 17 *Ascolta più volte il testo e completa.*

"E… dove vai?"

"……………………………………………".

"…………………………………………… ?"

"No".

"…………………………………………… ?"

"No, ……………………………………………, ……………………………………………".

"Perché …………………………………………… ?"

"Eh perché …………………………………………… !"

"Beh, …………………………………………… è vicino".

"E tu …………………………………………… ?"

"Io …………………………………………… a fare il militare. Ma …………………………………………… Caserta ".

"…………………………………………… ?"

"Beh, no, ormai ……………………………………………, vedi, queste sono le foto ricordo …………………………………………… di caserma".

"Ah sì …?"

"Sì… ma quanto manca …………………………………………… ?"

"Poco, credo ……………………………………………".

"…………………………………………… che sei già arrivata".

12 **Esercizio**

Inserisci nel testo le seguenti espressioni:

mi dispiace • beata te! • purtroppo

"Lo sai che Susanna non viene più a scuola?"

"No, e perché?"

"Eh, …………………………………………… ha qualche problema in famiglia."

"…………………………………………… davvero, lei è così brava."

"Sì lo so anche a me ma …………………………………………… lei è figlia unica, i suoi non hanno nessuno."

"Eh, lo capisco bene. E tu invece che fai adesso?"

"Io a maggio finisco il corso e poi parto per sei mesi, vado in America".

"Davvero…? ……………………………………………!"

"Sì, ma sai, un po' …………………………………………… lasciare gli amici, il ragazzo, capisci?"

"Ma dai, sono solo sei mesi dopotutto".

FACCIAMO GRAMMATICA

Un verbo tuttofare...

In italiano, nel linguaggio corrente spesso si usa il verbo **fare** per sostituire un altro verbo più appropriato.

***faccio** i piatti = lavo i piatti*

***faccio** un dolce = preparo un dolce*

Il verbo **fare**, perciò, può avere molti significati.
Ad esempio nella conversazione che hai ascoltato i due ragazzi dicono:

"E tu **fai** lettere?"
"No, non **faccio** l'università".
"Ah, e che lavoro **fai**?"
"Niente, **faccio** il militare".

In questa parte di dialogo dove ti sembra possibile sostiture il verbo **fare** con un altro verbo? Prova, discuti con i compagni, poi verifica con l'insegnante.

13 Attività *Università*

Queste sono alcune frasi tipiche per parlare dei propri studi all'università. Prova a combinare le parti formando delle frasi giuste.

1. stai • anno • che • a • ?
2. frequenti • che • anno • ?
3. quanti • ti • esami • mancano • ?
4. sei • quale • a • iscritto • facoltà • ?
5. esami • quanti • fatto • hai • ?
6. laurei • ti • quando • ?
7. argomento • è • qual • tesi • l' • tua • della • ?

Se studi all'università prova a rispondere alle domande sopra oppure intervista i tuoi compagni di classe che studiano all'università.

Troviamoci al centro commerciale

Ve lo aspettavate? I ragazzi di oggi si danno appuntamento tra negozi di scarpe e vestiti. E qui scherzano, prendono il sole, mangiano la pizza e guardano le vetrine. Per ore e ore

Vivono in mezzo alle vetrine. Si amano, si odiano, fanno amicizia sotto la luce del neon. La musica trasmessa dagli altoparlanti è la loro colonna sonora. Sono i giovani abitanti degli shop-village, i mega centri commerciali sparsi in tutta Italia. Gruppi di ragazzi, tra i 12 e i 20 anni, che si danno appuntamento nella piazzetta artificiale attorniata da negozi, invece che nei giardini spogli del quartiere. Da Le Gru di Torino all'Oriocenter di Bergamo, dal GrandEmilia di Modena alla Grande Mela di Lugagnano (Verona) o a I Gigli di Firenze, il centro commerciale è diventato il punto di ritrovo di una nuova generazione.

«Il motivo del nostro successo è semplice» spiega Angelo Giansante, presidente del centro Le Torri, 85 negozi su tre piani nel quartiere di Tor Bella Monaca a Roma. «I corridoi degli shop village sono più colorati, più allegri, più vivaci delle strade di periferia. Così ogni pomeriggio gli adolescenti si radunano qui». E trovano, oltre ai negozi, la pizzeria, la birreria, l'edicola, il supermercato e il parrucchiere che fa tagli "sperimentali" per i più giovani. Insomma, il centro commerciale è una minicittà in cui i ragazzi contemplano gli oggetti dei loro desideri. E qualche volta (ma solo qualche volta) li comprano anche.

Ogni giorno dopo la scuola. Per scoprire come si passa una giornata tra le vetrine, ci siamo uniti a loro. Alessandro, Alex, Alessandra, Monica, Tamara e Annamaria si ritrovano all'ingresso del centro ogni giorno dopo pranzo. Tornano da scuola, mangiano al volo e alle due sono già lì. Ci accolgono nel gruppo e subito chiariscono che abbiamo fatto la scelta giusta: «Siamo noi che diamo vita al centro con i nostri scherzi e le nostre battute» dice Alessandra, 20 anni, una frangia simile ai tentacoli di una medusa. «Gli altri sono tutti mosci». Tamara, che grazie a un abbondante uso di ombretti e rossetto sembra più grande dei suoi 13 anni, è un'affezionata delle Torri. Appena arriva sale sul terrazzone che si affaccia su un panorama di periferia e si sdraia al sole. Gli altri la seguono e iniziano a chiacchierare. Lei porta la divisa di moda nella compagnia: giubbotto, jeans aderentissimi ma larghi in fondo, scarpe con la zeppa, brillantino al naso. Si capisce che ogni giorno la vestizione è un rito sacro. Fare i compiti un po' meno. «Siamo amici» spiega. «Tra noi ci sono cotte, rivalità, litigi. Ci raccontiamo tutto». «Non stiamo sempre al centro» puntualizza Alessandro, 20 anni, elettricista. «La domenica per esempio corriamo al mare o a ballare. Ma qui è meglio perché ci sono i negozi».

14 *Leggi più volte il testo e segna le risposte corrette.*

1. I mega-centri commerciali si trovano solo al nord. ○ vero ○ falso
2. I ragazzi che si trovano ai centri commerciali hanno tra i 12 e i 20 anni. ○ vero ○ falso
3. Il centro Le Torri si trova a Roma nel quartiere Tor Bella Monaca. ○ vero ○ falso
4. Il centro Le Torri è più bello delle strade di periferia. ○ vero ○ falso
5. I giovani vanno al centro commerciale solo per comprare qualcosa. ○ vero ○ falso
6. Di solito i ragazzi si ritrovano al centro nel primo pomeriggio. ○ vero ○ falso
7. Al centro Le Torri c'è un grande terrazzo dove a volte le ragazze prendono il sole. ○ vero ○ falso
8. La moda è molto importante per i ragazzi che frequentano i centri commerciali. ○ vero ○ falso

15 *Rileggi il testo, cerca quali di queste cose vengono nominate e trascrivile sotto.*

negozi	nomi di persona	capi di abbigliamento	centri commerciali

16 Attività *Stili di vita*

Quali cose nel tuo paese fanno tendenza in questo momento in questi campi:

- letture, spettacoli ecc. ....
  ....
- cibi ....
  ....
- personaggi ....
  ....
- automobili ....
  ....
- viaggi, vacanze ....
  ....
- sport ....
  ....
- luoghi di ritrovo ....
  ....

Confronta le tue idee con quelle di altre persone nella classe. Siete d'accordo?
Esistono cose che sono di moda in molti paesi contemporaneamente?

un giorno in italia

EPISODIO 11

Mamma e figlia

Una signora sui sessant'anni dall'aria paesana cerca il posto con sua figlia.
Hanno borse, valigie e pacchi.
La figlia guarda tutti i posti e legge ad alta voce i numeri.
La madre sembra stanca ed impaziente di sedersi.
Finalmente trovano i loro posti.
Nel sedile di fronte sono sedute due suore.

1 18 track *Ascolta più volte il dialogo e segna le risposte corrette.*

1. Le due donne hanno prenotato i posti 42 e 44. ⊙ vero ⊙ falso
2. I posti di madre e figlia sono vicini. ⊙ vero ⊙ falso
3. Nella valigia hanno una bottiglia d'acqua. ⊙ vero ⊙ falso
4. La figlia dice alla madre che non ha chiuso bene la bottiglia. ⊙ vero ⊙ falso
5. La madre risponde: ⊙ hai ragione ⊙ uffa! ⊙ è vero
6. Nello scompartimento ci sono altre persone. ⊙ vero ⊙ falso

2  *Ascolta e trascrivi le ultime battute del dialogo tra la ragazza e una delle suore. Poi combina le frasi che hai trascritto con le intenzioni comunicative elencate accanto.*

1. R.: .... a. Si scusa
2. S.: .... b. Risponde alle scuse
3. R.: .... c. Lascia passare
4. S.: .... d. Vuole passare

3 Attività

Osserva l'accento sui monosillabi della poesia e prova a fare una piccola regola.

Dove va l'accento?

....

....

Dove non va l'accento?

....

....

Ecco alcuni altri monosillabi che prendono l'accento:

già, giù, più.

Poesia

Io qui tu là
Tu lì io qua

Patrizia Cavalli, "Poesie 1974-1992"

Qualche minuto dopo

La ragazza e la madre si alzano continuamente per tirare fuori da una borsa e dalla valigia tutto il possibile, sacchetti di plastica con contenitori, bottigliette e cose incartate con la carta stagnola.
La figlia pulisce tutto con le salviettine bagnate poi rimette le cose in valigia e cinque minuti dopo ricomincia da capo.
Ad un certo punto la ragazza rovescia un succo di frutta sul piccolo tavolo e ne cade un po' addosso alla persona di fronte, una suora.
"Oddio, mi scusi, mi scusi".
"Niente, niente, sono cose che capitano".
La ragazza tira fuori un cellulare da una delle tante bustine di plastica ed inizia a giocarci per mandare messaggi.

Forse non lo sa usare perché ogni tanto il telefonino squilla in modo strano.
La madre le chiede sempre: “Chi è, Maria?”
E lei molto insofferente: “eh... niente, niente, lasciami stare uffa… dormi”.
Ogni tanto si alza, va al bagno e si lava la faccia, poi torna, si siede di nuovo e dice che ha caldo.
La madre intanto, rassegnata mormora qualcosa in un dialetto incomprensibile e comincia a mangiare i biscotti omaggio che ha ricevuto dal servizio bar. Poi si toglie le scarpe e si addormenta sul tavolinetto con la testa su “Riflessi”, il giornale delle ferrovie aperto a una pagina qualsiasi.

4  *Leggi più volte il testo e segna le risposte corrette.*

1.	Le due donne tirano fuori molte cose dalla valigia e da una borsa.	⊙ vero	⊙ falso
2.	La figlia pulisce continuamente degli oggetti.	⊙ vero	⊙ falso
3.	La ragazza fa cadere una bottiglia di coca-cola.	⊙ vero	⊙ falso
4.	Di fronte a lei è seduto un signore.	⊙ vero	⊙ falso
5.	La ragazza inizia a scrivere delle cartoline.	⊙ vero	⊙ falso
6.	La madre sta sempre in silenzio.	⊙ vero	⊙ falso
7.	La ragazza vuole parlare con sua madre.	⊙ vero	⊙ falso
8.	La ragazza si alza spesso per andare al bagno.	⊙ vero	⊙ falso
9.	La madre mangia i biscotti omaggio del treno.	⊙ vero	⊙ falso
10.	Dopo un po' la madre si toglie gli occhiali.	⊙ vero	⊙ falso

5  *Cerca nel testo tutti i verbi riflessivi.*
Cerca l'infinito corrispondente poi confronta con un compagno.

....
....
....

6 **Attività** *Un risveglio sottosopra*

Questa mattina Piero si è svegliato in ritardo, in poco tempo ha fatto tante cose, ma non in questo ordine. Riordina le vignette e scrivi sotto ad ognuna cosa fa.

1. ....
2. ....
3. ....
4. ....
5. ....
6. ....
7. ....
8. ....

7 **Attività** *Intervista invadente*

Intervista una persona della tua classe su questi argomenti.

ES *Ora / alzarsi la mattina*
"A che ora ti alzi la mattina?" oppure "Ti alzi presto la mattina?"

- vestirsi in fretta o lentamente
- farsi la barba tutti i giorni (uomo)
- truccarsi tutti i giorni (donna)
- quando / vestirsi in modo elegante o sportivo
- tagliarsi i capelli ogni mese/settimana/anno/ecc.
- addormentarsi davanti alla TV
- arrabbiarsi facilmente (di solito perché / quando)
- guardarsi molto allo specchio / specchiarsi nelle vetrine
- con cosa divertirsi molto

8 **Attività**

Scrivi un breve profilo che parli delle abitudini della persona che hai intervistato sopra.

9 **Esercizio**

Completa le frasi con i verbi coniugati al presente.

ES *Marcella (pettinarsi) ....si pettina.... sempre in modo strano.*

1. Quando posso, (alzarsi) .... tardissimo.
2. Marco, (farsi) .... la doccia ogni giorno?
3. Perché (voi- vestirsi) .... in questo modo?
4. Perché non (tu- prepararsi) ....? Dobbiamo uscire, siamo in ritardo!
5. Marta (truccarsi) .... in modo molto pesante. Sembra un clown.
6. Sono stanca. (Mettersi) .... il pigiama e vado a letto.
7. Appena rientro in casa (togliersi) .... le scarpe.
8. Fabio e Carla (incontrarsi) .... in piazza dopo il lavoro.
9. Io e Francesca (conoscersi) .... da molti anni.
10. Quelle due ragazze (vedersi) .... molto spesso.

Verbi riflessivi

	Lavar**si**		Perder**si**		Vestir**si**	
(io)	**mi**	lav-o	**mi**	perd-o	**mi**	vest-o
(tu)	**ti**	lav-i	**ti**	perd-i	**ti**	vest-i
(lui)	**si**	lav-a	**si**	perd-e	**si**	vest-e
(noi)	**ci**	lav-iamo	**ci**	perd-iamo	**ci**	vest-iamo
(voi)	**vi**	lav-ate	**vi**	perd-ete	**vi**	vest-ite
(loro)	**si**	lav-ano	**si**	perd-ono	**si**	vest-ono

10 Esercizio

Completa le frasi con i verbi coniugati al presente.

ES *Io (divertirsi)....mi diverto.... alle feste, mio marito no, lui (annoiarsi) .....si annoia.....*

1. Mia madre (ricordarsi) .... sempre del mio compleanno; io invece non (ricordarsi) .... sempre del suo.
2. Voi (dimenticarsi) .... sempre di spegnere la luce quando uscite.
3. Luigi (fermarsi) .... a dormire a casa stasera.
4. Michele (preoccuparsi) .... troppo quando deve organizzare una festa.
5. Ogni sera i miei genitori (addormentarsi) .... davanti alla TV.
6. Stefania (svegliarsi) .... ogni mattina alle 6.00.
7. Quando c'è un goal, tutti i tifosi (alzarsi) .... in piedi e gridano.
8. Perché noi non (sedersi) .... e parliamo un po'?

Sorelle

Di fronte a mamma e figlia sono sedute due suore, una di loro ha in mano una cartina e la legge con grande interesse.
Dopo un po' chiude la cartina e in sincronia aprono i loro breviari dentro un astuccio di pelle con cerniera, si fanno il segno della croce e cominciano a leggere.
Una però legge più in fretta, o forse non legge tutto perché gira le pagine molto più rapidamente.

11 track 19 *Ascolta più volte il dialogo e segna la risposta corretta.*

1. Le due suore stanno leggendo
   - ⊙ un depliant turistico
   - ⊙ un elenco telefonico
   - ⊙ una cartina chilometrica
2. Roma – Chieti sono
   - ⊙ 600 chilometri
   - ⊙ 300 chilometri
   - ⊙ 400 chilometri
3. Una delle suore non riesce a trovare Viareggio sulla cartina ⊙ vero ⊙ falso
4. Per il treno di ritorno devono prenotare il biglietto ⊙ vero ⊙ falso
5. Dal 24 aprile al 25 agosto è necessario prenotare solo per il fine settimana ⊙ vero ⊙ falso

12 **Gioco** *Quanto dista?*

Queste sono le pagine dell'agenda che leggono le due suore. Prova ad indovinare le distanze. Tieni presente che la lunghezza dell'Italia è di circa 1.300 km!

Si divide la classe in due gruppi e si organizza una gara chilometrica.

*A turno il gruppo **A** fa cinque domande al gruppo **B**.*

*Il gruppo **A** guarda la tavola con le distanze.*

*Il gruppo **B** deve tenere coperta la tavola con le distanze.*

*Poi il gruppo **B** fa cinque domande al gruppo **A** come sopra.*

ES *Quanto dista Bari da Roma?*
Quanti chilometri sono da Bari a Roma?

La risposta è valida se si avvicina alla distanza vera.

Si possono tollerare al massimo 50 km in più o in meno.

Vince il gruppo che ha più risposte giuste.

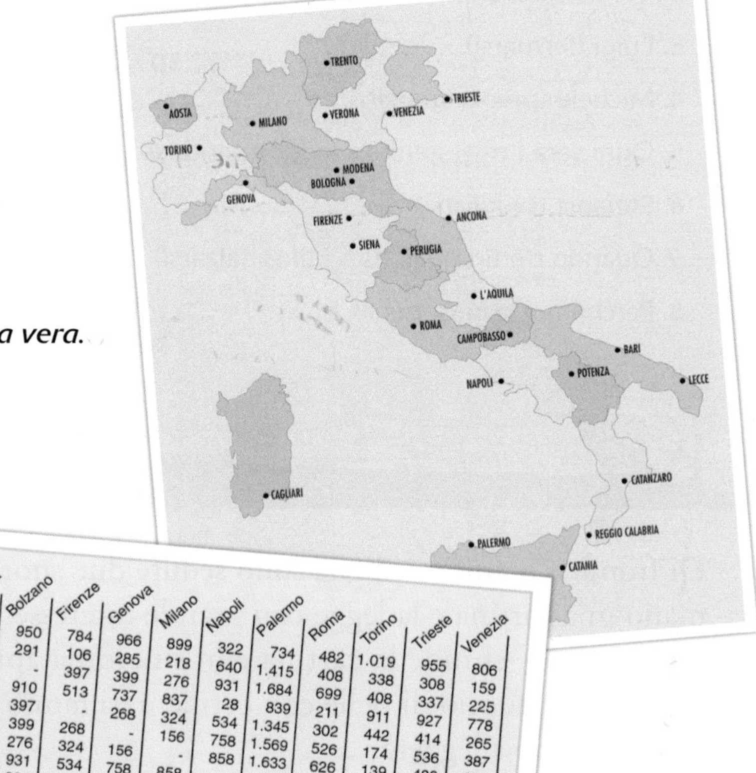

	Bari	Bologna	Bolzano	Firenze	Genova	Milano	Napoli	Palermo	Roma	Torino	Trieste	Venezia
Bari	-	681	950	784	966	899	322	734	482	1.019	955	806
Bologna	681	-	291	106	285	218	640	1.415	408	338	308	159
Bolzano	950	291	-	397	399	276	931	1.684	699	408	337	225
Caserta	350	619	910	513	737	837	28	839	211	911	927	778
Firenze	784	106	397	-	268	324	534	1.345	302	442	414	265
Genova	966	285	399	268	-	156	758	1.569	526	174	536	387
Milano	899	218	276	324	156	-	858	1.633	626	139	420	284
Napoli	322	640	931	534	758	858	-	811	232	932	948	799
Palermo	734	1.415	1.684	1.345	1.569	1.633	811	-	1.403	1.743	1.689	1.540
Perugia	612	270	561	164	432	488	408	1.219	176	606	543	394
Pisa	818	162	434	92	190	290	568	1.379	334	366	470	321
Reggio Calabria	490	1.171	1.440	1.101	1.325	1.389	567	272	799	1.499	1.445	1.296
Roma	482	408	690	302	526	626	232	1.043	-	700	716	567
Trieste	955	308	338	414	536	420	948	1.689	715	551	-	165
Venezia	806	159	225	265	387	284	899	1.540	567	415	165	-

FACCIAMO GRAMMATICA

Preposizioni: *da... a*

Per esprimere distanze di spazio o di tempo in italiano si usano le preposizioni **da...a**

ES **Da** Roma **a** Milano sono 626 chilometri in autostrada.
Da casa **a** scuola sono solo pochi minuti a piedi.
Da giugno **a** settembre le scuole sono chiuse.

13 Esercizio

Costruisci dei mini testi con queste parole.

ES scuola • 8.30 • 18.00 • lunedì • venerdì
La scuola è aperta tutti i giorni con orario continuato dalle 8.30 alle 18.00 dal lunedì al venerdì.

1. lavorare • 8.30 • 16.00 • lunedì • venerdì
2. vacanze • 3 luglio • 27 luglio • Rimini
3. bambini • Italia • scuola materna • 8.30 • 16.30
4. negozi • 8.30 • 13.00 • pomeriggio • 16.30 • 20.00 • estate
5. casa mia • ufficio • 20 minuti • metropolitana
6. Stazione Termini • Roma • aeroporto di Fiumicino • treno • 30 minuti

un giorno in italia

EPISODIO 12

Firenze: Stazione di S. Maria Novella

"La porti un bacione a Firenzeeee... che l'è la mia cittàààà...."

Dino Trentin scende dal treno con questa vecchia canzone in mente, attraversa l'atrio della stazione e finalmente vede Firenze: la chiesa di Santa Maria Novella, gli autobus arancioni, i taxi, le biciclette, i negozi di souvenir, le pizzerie e i fast food, le cartoline con il Davide e tanti turisti, molti giapponesi, che attraversano le strade.

Un gruppo di ragazzi con il sacco a pelo attraversano la piazza di fronte alla Stazione di Santa Maria Novella.

Dino, ancora un po' confuso, li segue. Parlano inglese ma hanno tutti una cartina aperta e puntano il dito verso una chiesa: Santa Maria Novella.

"Accidenti, qui è pericoloso attraversare!" pensa Dino mentre evita una bicicletta che corre veloce come un autobus "ma dove vanno, cosa c'è da questa parte?".

La piazzetta della chiesa è un angolo incantevole, con l'erba, una fontana, i piccioni e alcune persone in silenzio che ammirano la facciata della chiesa con il marmo bianco e verde.

Un ragazzo scatta foto al rosone della chiesa.

"Peccato che non ho portato la macchina fotografica!" pensa Dino.

1 *Leggi più volte il testo e segna le risposte corrette.*

1. Dino Trentin — ⊙ canta una vecchia canzone in fiorentino ⊙ pensa ad una vecchia canzone su Firenze
2. Dino Trentin segue due persone di Firenze. — ⊙ vero ⊙ falso
3. I ragazzi con il sacco a pelo parlano inglese. — ⊙ vero ⊙ falso
4. Santa Maria Novella è lontana dalla stazione. — ⊙ vero ⊙ falso
5. Dino Trentin va in bicicletta. — ⊙ vero ⊙ falso
6. La piazzetta della chiesa è molto bella e silenziosa. — ⊙ vero ⊙ falso
7. La chiesa è in marmo di due colori. — ⊙ vero ⊙ falso
8. Dino Trentin scatta molte foto alla chiesa. — ⊙ vero ⊙ falso

2  *Rileggi il testo e nota quali espressioni usa Dino:*

a. mentre attraversa la strada: ....

b. quando pensa che non ha la macchina fotografica: ....

PER COMUNICARE IN ITALIANO

Accidenti!

Le espressioni **accidenti!** e **peccato!** si usano quando qualcosa non va.

Al contrario, se voglio commentare qualcosa di positivo posso usare le espressioni: **per fortuna** o **meno male**.

- Voglio fare delle fotografie ma non ho la macchina fotografica: ***peccato!***
- Con me c'è un amico che ha la macchina fotografica: ***meno male!***

oppure:

- ***Per fortuna*** *lui ha una macchina fotografica.*

3 **Attività** *Cosa dici se…*

Sei in alcune di queste situazioni. Cosa dici?

- Piove, sei per strada e non hai l'ombrello.
- Inizia a piovere, ma tu hai sempre con te l'ombrello.
- Arrivi alla fermata, hai fretta e vedi l'autobus che parte senza di te.
- Vedi l'autobus da lontano. Corri alla fermata, l'autobus è fermo e ti aspetta prima di chiudere la porta.
- Arrivi a casa e ti accorgi che non hai le chiavi.
- Provi a suonare e ti aprono. Il tuo amico oggi è in casa.
- Vai in banca per prendere dei soldi. Quando arrivi vedi un cartello: "Chiuso per sciopero".

Come si arriva a Piazza Duomo?

Dino è a Firenze per la prima volta, e si sente proprio come un turista anche se è qui solo per un giorno, per un convegno di lavoro.
In treno però, nella confusione ha perso il biglietto con l'indirizzo del palazzo dove deve andare.
"Accidenti! E adesso dove vado… comunque ho tutto il tempo per cercare, il convegno è alle 17.00."
Si avvicina ad un'edicola e pensa di chiedere al giornalaio ma vede un cartello: "NO INFORMAZIONI".
"Non importa" pensa Dino" seguirò le indicazioni per il centro, come sono antipatici questi fiorentini però…"
La prima indicazione che vede è San Lorenzo, piazza Duomo.

Dino segue l'indicazione ma ad un certo punto non sa se girare a destra o a sinistra, si ferma all'angolo e quando passa un signore che sembra fiorentino gli chiede:
"Scusi, per piazza Duomo?"
"Eh… guardi, sono turista anch'io, comunque mi sembra qui a destra… poi sempre dritto, ma per sicurezza chieda ancora più avanti".
"Sì, grazie".
Poco dopo:
"Scusi, per piazza Duomo per favore?"
"Yes, piazza Duomo is on this side".
"Ah ho capito, per di qua… grazie".
Il gesto era chiaro… "ma dove sono i fiorentini a Firenze?" dice tra sé Dino.

4 *Leggi più volte il testo e segna le risposte corrette.*

1. Dino va spesso a Firenze. ⊙ vero ⊙ falso
2. Dino è a Firenze per un concerto. ⊙ vero ⊙ falso
3. Dino ricorda dove deve andare. ⊙ vero ⊙ falso
4. Dino ha molto tempo prima del convegno. ⊙ vero ⊙ falso
5. Dino si avvicina ad una libreria per domandare informazioni. ⊙ vero ⊙ falso
6. Dino non domanda informazioni. ⊙ vero ⊙ falso
7. Secondo Dino i fiorentini sono gentili. ⊙ vero ⊙ falso
8. La prima persona che gli dà informazioni è un fiorentino. ⊙ vero ⊙ falso
9. La seconda persona che Dino incontra è un turista straniero. ⊙ vero ⊙ falso

PER COMUNICARE IN ITALIANO

Non mi piace o *mi dispiace*?

L'espressione **mi dispiace** si usa:

- **per scusarsi**

ES
- Perché non sei venuto alla mia festa ieri?
*- **Mi dispiace**, ma ero proprio stanca.*

- Scusa, sai dov'è via Bergamo?
*- No, **mi dispiace**, non lo so.*

- **per esprimere un sentimento di dispiacere**

ES
- Roberto ha problemi in famiglia.
*- Ah, sì? **Mi dispiace!***

5 Esercizio

Completa le frasi con le espressioni **non mi piace** *o* **mi dispiace**.

1. .... vivere in questa città, c'è troppo traffico, troppo rumore.
2. Massimo, ... ma non ti credo più.
3. .... scrivere al computer, preferisco scrivere a mano.
4. .... ma ho poco tempo, sono in ritardo.

5. .... , non posso accettare questo lavoro, lo stipendio non è interessante per me.
6. - È ancora libero l'appartamento?
   - No, ..., è affittato.
7. È un vestito carino ma .... molto il colore.
8. .... chi parla male degli amici.
9. .... che non ho incontrato Roberto ieri sera.

E questo di chi è?

Dino non ha una mappa di Firenze, ma questo non è un problema, perché la città è piccola ed è facile trovare le strade e le piazze più importanti.
Non ha una macchina fotografica, e gli dispiace molto perché ci sono tante cose da fotografare, ma soprattutto non ha una guida ed è difficile ricordare di chi sono tutti i monumenti ed i palazzi che vede. In fondo lui non è un proprio un turista, ma Firenze è una bella tentazione.
Ci siamo, piazza Duomo non è lontana dalla stazione, ma che contrasto: una chiesa così grande in una piazza così piccola!
"E la cupola, di chi è la famosa cupola?"
Dino non si ricorda, allora si avvicina ad un gruppo di turisti italiani, con la guida che spiega tutto e ascolta...

6  *Guarda le due immagini.*

A. *Quale corrisponde al testo che hai appena letto?*

B. *Leggi il testo e combina le frasi della colonna **A** con quelle della colonna **B***

	A	**B**
Che cosa per Dino	è facile:	girare a Firenze senza una mappa
	è difficile:	trovare le strade e le piazze
	non è un problema:	ricordare di chi sono i monumenti

7 **Cloze** *E questo di chi è?*

Completa il testo con le parole mancanti.

Dino non ha una .... di Firenze, ma questo non è un problema, perché la città è piccola ed è facile trovare le strade e le piazze più importanti.
Non ha una .... , e gli dispiace molto perché c'è molto da fotografare, ma soprattutto non ha una .... ed è difficile ricordare di chi sono tutti i .... ed i palazzi che vede. In fondo lui non è proprio un .... , ma Firenze è una bella tentazione.
Ci siamo, Piazza Duomo non è lontana dalla .... , ma che contrasto, una .... così grande in una piazza così piccola!
"E la cupola, di chi è la famosa cupola?"
Dino non si ricorda, allora si avvicina ad un gruppo di .... italiani, con la .... che spiega tutto e ascolta...

8 **Attività** *Com'è per te?*

Pensa ad alcune situazioni come queste e parlane con un compagno:

- mangiare con le bacchette
- uscire da solo la sera
- guidare la moto
- imparare l'italiano
- fare un viaggio in bici
- fare nuove amicizie
- trovare un buon lavoro
- cercare casa

- è facile
- è difficile
- è strano
- è pericoloso
- non è un problema

9 *Ascolta più volte la guida che parla e segna le risposte corrette.*

20 track

1. La cupola del Duomo è di Brunelleschi. ○ vero ○ falso
2. Anche il campanile del Duomo è di Brunelleschi. ○ vero ○ falso
3. Il campanile è stato disegnato nel ○ 1334 ○ 1534 ○ 1435
4. Le porte del battistero sono d'oro. ○ vero ○ falso
5. L'originale della Porta del Paradiso è al Museo dell'Opera del Duomo. ○ vero ○ falso
6. La guida descrive una scena sulla porta con Adamo ed Eva. ○ vero ○ falso

10 *Riascolta più volte la guida che parla e completa il testo.*

20 track

"E questo è il ...., con la famosa .... del Brunelleschi..., finita nel 1463... ed il .... disegnato nel .... finito dopo la sua morte, e .... uno degli edifici più ...., con le famose porte ...., questa è la Porta .... una copia, l'originale è al Museo .... guardate l'uso ...., la profondità .... la prima è la creazione ... Adamo ed Eva cacciati dal ....".

FACCIAMO GRAMMATICA

Preposizione *di* + articolo

La preposizione **di** *quando si combina con un articolo si modifica in* **de**.
Completa lo schema con gli articoli sotto.

	il	**lo**	**la**	**l'**	**i**	**gli**	**le**
di	*del*						

I nomi delle vie

In molte città italiane oltre ai classici nomi come: Via, Viale, Corso, Largo, Piazza, si usano a volte dei nomi locali, specifici di quella città. A Venezia per esempio molte vie si chiamano "Calle".
A Firenze poi spesso la preposizione **dei** diventa **de'**.

Via dei Medici diventa Via de' Medici

La strada che passa vicino al fiume Arno si chiama "Lungarno" (a Roma – Lungotevere).
Ogni tratto di strada vicino al fiume ha un nome diverso.

Lungarno Guicciardini

11 Esercizio

Completa i nomi di luoghi d'arte e di artisti di Firenze con la preposizione **di** *con o senza articolo.*

ES *Piazza* *(la)Signoria* *Piazza della Signoria*

1. Casa — Dante ....
2. Galleria — (gli) Uffizi ....
3. Loggia — (i) Mercanti ....
4. Il Davide — Michelangelo ....
5. Piazza — (la) Repubblica ....
6. Spedale — (gli) Innocenti ....
7. Giardini — Boboli ....
8. Cappella — (i) Principi ....
9. La Venere — Botticelli ....

12 Esercizio

Completa le frasi con la preposizione **di** *+ articolo.*

ES *La finestra* della *mia camera è piuttosto piccola.*

1. Lorenzo è il primo .... classe.
2. "Il Corriere .... Sera" è un giornale importante, ma c'è anche "Il Corriere .... Sport".
3. Molti in Italia guardano il telegiornale .... otto e ascoltano il notiziario .... mattino.
4. Vorrei gli indirizzi .... scuole d'italiano per stranieri.
5. Voglio guardare l'orario .... treni sul computer.
6. Per arrivare in orario devi prendere il treno .... 7.45.

13 Attività *Impara il lessico dell'architettura e dell'arte*

Abbina i nomi alle immagini sotto poi confronta con un compagno.

facciata
cupola
campanile
torre
statua
fontana
rosone

La valigia dell'episodio 12

un giorno in italia

EPISODIO 13

Una cartolina di Firenze

A Firenze tutta la bellezza si concentra in poco spazio. Ad ogni via, piazza, angolo, ponte c'è qualcosa di artistico che cattura l'attenzione di chi passa.
Dino non può fare fotografie perciò vuole almeno comprare delle cartoline per portare con sé e per spedire agli amici.
In un'edicola vede un espositore con molte cartoline.
Si ferma a guardare e a toccare, come fanno tutti e pensa "ma guarda un po', quanti nudi artistici… ma è una moda!".
Si vergogna un po', ma poi vede che tutti le comprano ed anche lui ne prende alcune.

1 21 track *Ascolta più volte il dialogo tra Dino e il giornalaio e segna le risposte corrette.*

1. Dino compra cartoline solo per i suoi amici. ⊙ vero ⊙ falso
2. Dino compra 6 cartoline. ⊙ vero ⊙ falso
3. Il giornalaio non ha il resto. ⊙ vero ⊙ falso
4. Il giornalaio ha un accento fiorentino. ⊙ vero ⊙ falso

2 

Ascolta più volte il dialogo tra Dino e il giornalaio e completa il testo.

"Allora, una per Andrea, una per Gigi, una per la Rosy e una la tengo per me".
"..?"
"Quante ....?"
"Quattro".
"..?"
"Due .... e due ....".
"Allora ....!"
"..".
"E no eh, ancora con 'sti venti euro, io ...., non ....?"
"No, mi dispiace".
"..."
"Giovanni, ...?"
"Sì, ...?"
"Sì, sì va bene, grazie".
".. e venti, arrivederla ".
"Questo sì che era un fiorentino….".

3 Per chiedere quanto costa

Cosa dice Dino per sapere quanto deve pagare?	Come risponde il giornalaio?	Cosa dice il giornalaio per chiedere il prezzo delle cartoline?
....	....	....

FACCIAMO GRAMMATICA

Preposizioni: *da*

La preposizione **da** ha molti usi nella lingua italiana. **Da** si usa per esprimere:

- la funzione, lo scopo per cui si usa qualcosa (che serve per)

ES *scarpe **da** tennis* (scarpe che servono per giocare a tennis)
*costume **da** bagno* (costume che serve per fare il bagno)

- Il valore, la misura di qualcosa (che ha il valore di)

ES *Vorrei un gelato **da** 1 euro* (un gelato che costa 1 euro)
*Vorrei una bottiglia di birra **da** mezzo litro* (una bottiglia che contiene mezzo litro)

4 Esercizio

Prova a chiedere usando la preposizione **da**.

Vuoi un chilo di arance per fare la spremuta.
Vorrei un chilo di arance da spremuta.

1. Vuoi due francobolli che costano 80 centesimi.

   ....

2. Vuoi una bottiglia di acqua minerale che contiene un litro.

   ....

3. Vuoi comprare una torta economica.
   In vetrina ci sono due torte una costa 10 euro e una 20 euro.

   ....

4. Vuoi comprare un abito per una cerimonia.

   ....

5. Vuoi una scatola che contiene mezzo chilo di piselli.

   ....

6. Vuoi una lampada per mettere su un tavolo.

   ....

FACCIAMO GRAMMATICA

Ne

Per indicare un numero o una quantità limitata di una cosa si deve usare il pronome **ne**.

ES *Quante cartoline vuoi?*

Ne** voglio **tre (un numero)

Ne** voglio **alcune (molte, poche, tante)

Non ne** voglio **nessuna

5 Esercizio

Rispondi a queste domande usando il pronome **ne**.

Hai fratelli o sorelle?

Sì, ne ho uno/a *No, non ne ho nessuno/a*

1. Quanti caffè bevi al giorno?
2. Quanti cantanti italiani conosci?
3. Quanti amici italiani hai?
4. Quanta acqua bevi di solito ogni giorno?
5. Quanti libri leggi in un anno?
6. Scrivi e ricevi molte e-mail di solito?
7. Fai molte telefonate di lavoro?
8. Quante città italiane conosci?
9. Quante lingue parli?

6 Attività scritta *Scrivi una cartolina*

Immagina che dopo il corso o durante il corso di italiano fai un viaggio e vai in un altro posto in Italia oppure in un altro paese.
Scrivi una cartolina ad una persona della tua classe.

L'edicola

Dino è seduto sui gradini di una chiesa e scrive cartoline.
Ad un certo punto guarda l'orologio.
"Accidenti, sono già le tre... il convegno... devo trovare il palazzo del convegno! Ma dove lo trovo? Non c'è in giro nessuna pubblicità di questo convegno su Pinocchio. Devo comprare un giornale".
Così torna all'edicola dove ha preso le cartoline.
Non sa bene che giornale scegliere e guarda un po' i titoli di alcuni giornali:
La Repubblica, Il Corriere della Sera, La Nazione.
Il giornalaio lo vede un po' indeciso.

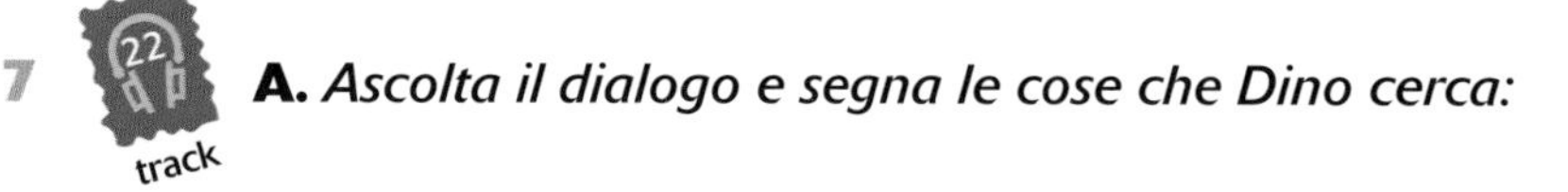

7 **A.** *Ascolta il dialogo e segna le cose che Dino cerca:*

- ⊙ una chiesa
- ⊙ un orologio
- ⊙ una pubblicità
- ⊙ un disco
- ⊙ un palazzo
- ⊙ una mostra
- ⊙ un libro di favole
- ⊙ un giornale
- ⊙ una cartolina
- ⊙ un convegno

B. *Ascolta più volte il dialogo tra Dino ed il giornalaio e segna le risposte corrette.*

1.	Dino vuole comprare una guida di Firenze.	⊙ vero	⊙ falso
2.	Il giornalaio propone a Dino un giornale che si chiama *La Nazione*.	⊙ vero	⊙ falso
3.	Dino vuole comprare il giornale per leggere le ultime notizie.	⊙ vero	⊙ falso
4.	Il giornalaio dice a Dino che deve andare a Palazzo Pitti.	⊙ vero	⊙ falso
5.	Palazzo Pitti è molto lontano.	⊙ vero	⊙ falso
6.	Palazzo Pitti è prima di Ponte Vecchio.	⊙ vero	⊙ falso
7.	Il giornalaio dice che è molto difficile trovare un taxi.	⊙ vero	⊙ falso
8.	Dino non compra il giornale.	⊙ vero	⊙ falso

8 Cloze *L'edicola*

Inserisci nel testo le parole mancanti.

Dino è seduto sui gradini di una .... e scrive ....

Ad un certo punto guarda l'........................ .

"Accidenti, sono già le tre... il convegno... devo trovare il .... del convegno!

Ma dove lo trovo? Non c'è in giro nessuna .... di questo convegno su

.... Devo comprare un ...."

Così torna all'.......................... dove ha preso le ....

Non sa bene che giornale scegliere e guarda un po' i .... di alcuni giornali:

La Repubblica, Il Corriere della Sera, La Nazione.

9 Attività *Leggiamo un giornale*

Probabilmente non hai ancora letto un giornale in italiano perché è difficile. Però è possibile capire di che si parla leggendo i titoli e guardando le immagini o le foto e osservando tutte le informazioni che contiene una pagina di giornale. Ad esempio è facile capire dove si parla del tempo e delle temperature o dei programmi della TV. Prova a fare un elenco in italiano di cosa contiene di solito un giornale. Lavora insieme con altri studenti per trovare il maggior numero di parole possibili.
Poi guardate il giornale e aggiungete parole alla lista.

Es. : politica, cronaca ecc.

10 Sondaggio *A te di solito cosa interessa?*

Usa le parole della lista dell'attività precedente e fa' un piccolo sondaggio nella tua classe.

- cosa leggono gli altri?
- cosa leggi tu?
- cosa interessa di più alla maggioranza delle persone?
- a te cosa interessa? (un po', molto, a volte)

Puoi organizzare il questionario con le domande che vuoi.

11 Esercizio

Vuoi sapere alcune cose, prova a chiederle usando l'espressione ***c'è***.

ES Vuoi bere qualcosa di fresco. *Cosa c'è da bere in frigorifero?*
Vuoi vedere il telegiornale. *A che ora c'è il telegiornale?*

1. Vuoi sapere i programmi TV di stasera.
   Cosa ....
2. Vuoi mangiare qualcosa.
   Cosa ....
3. Vuoi avere informazioni su cosa si può fare o vedere in una città.
   Cosa ....
4. Cerchi un bancomat in una zona che non conosci.
   Scusi, ...
5. Non sai l'orario di uno spettacolo.
   A che ora ....
6. Non sai la data di un concerto.
   Quando ....
7. Vuoi conoscere il contenuto di un pacco.
   Cosa ....
8. Vuoi partire con il prossimo treno.
   Quando ....
9. Entri in un negozio, ma non vedi nessuno.
   ....

Care, vecchie cartoline

Donna Moderna

Pensavate fossero state uccise dall'alta tecnologia? Sbagliato. Gli italiani stanno mandando milioni di messaggi illustrati. Personalizzati, romantici, con le facce degli eroi del momento

Non dimenticate il bon ton. Di cartoline si occupa in questi giorni anche una maestra di bon ton, Barbara Ronchi Della Rocca, esperta di buone maniere e autrice de *Il galateo per lei & per lui* (Sperling Paperback). E se state spedendo le ultime cartoline, vale la pena ascoltarla. «Ricordate : se ne devono mandare poche, e non a tutti» ammonisce Ronchi Della Rocca. «Infatti, la cartolina implica un rapporto molto confidenziale. Va dunque spedita soltanto ai parenti e agli amici più stretti». Sulla scelta delle frasi ci sono regole precise da seguire. «Da evitare i "bacioni" e i "salutissimi", sono formule sguaiate. Meglio preferire frasi più cortesi, come "un caro e affettuosso saluto"» precisa. «Proibite, poi, le battute, le volgarità o i disegnini. La cartolina, durante il suo cammino, può essere letta da chiunque: spiritosaggini e frasi allusive possono mettere in imbarazzo il destinatario». E se proprio non volete rinunciare a raccontare agli amici i particolari più piccanti della vostra ultima avventura estiva, «infilate la cartolina in una busta chiusa» consiglia l'esperta.

12 

Leggi l'articolo e rispondi.
Secondo Barbara Ronchi della Rocca, cosa è giusto fare o non fare con le cartoline?

Galateo per le cartoline	fare	non fare
1. mandarne poche	○	○
2. mandarle a tutti	○	○
3. mandarle ai vicini di casa	○	○
4. mandarle ai parenti	○	○
5. mandarle ai conoscenti	○	○
6. mandarle agli amici stretti	○	○
7. scrivere "bacioni"	○	○
8. scrivere "salutissimi"	○	○
9. scrivere "un caro saluto"	○	○
10. scrivere battute	○	○
11. scrivere volgarità	○	○
12. farci disegnini	○	○
13. mettere la cartolina in busta chiusa	○	○

Diventa collezionista.
E' un abbonamento da prendere al volo.
filatelia
Posteitaliane

Molti naturalmente conoscono Pinocchio, il burattino più famoso d'Italia, ma non tutti sanno che esistono molte immagini e riproduzioni di Pinocchio in tutto il mondo e che non tutte sono autentiche.
Per proteggere la vera immagine di Pinocchio c'è una associazione che ha creato uno standard per il Pinocchio con colori e forme stabilite: un Pinocchio d.o.c.[1]!
Dino Trentin è a Firenze proprio per questo convegno, un convegno sul Pinocchio autentico.

Ponte Vecchio

Ponte Vecchio è una cartolina vivente, di colori, persone, disegnatori, pittori caricaturisti, coppie in viaggio di nozze, e tanti oggetti come occhiali e bracciali, cinture, cappelli e borse venduti per strada accanto agli antichi negozi degli orefici, pieni di gioielli di ogni tipo ed ogni prezzo.

Anche Dino passa in mezzo a questa folla e attraversa l'Arno, il fiume di Firenze. Guarda sullo sfondo i colli, i cipressi e la chiesa di San Miniato che da dietro l'arco di Ponte Vecchio sembra un dipinto rinascimentale.
Intanto sono quasi le cinque e Dino non ha tempo per fermarsi a lungo, deve proseguire per Palazzo Pitti.

1 d.o.c.: denominazione di origine controllata.
Di solito si usa per il vino o per altri prodotti tipici di una zona o regione. (Es.: Chianti d.o.c.)

1 **Attività** *Descrivi un paesaggio*

Guarda le immagini e descrivi quello che vedi.
Puoi utilizzare queste espressioni.

Per dire dov' è qualcosa

sopra	dietro	a destra	in fondo	in alto	a fianco
sotto	davanti	a sinistra			di fronte
		al centro			

Palazzo Pitti

È strano, per Dino Firenze non è una città molto grande ma quando arriva a Palazzo Pitti e vede il cortile un po' in salita il palazzo gli sembra enorme.
Dentro ci sono i giardini di Boboli dove entrano gruppi di turisti. Lui invece si ferma all'ingresso e chiede informazioni ad un sorvegliante.

2 

Ascolta più volte il dialogo tra Dino e il sorvegliante di Palazzo Pitti.
Quale dei due testi sotto corrisponde al dialogo?

A
Dino Trentin sta cercando un convegno su Pinocchio.
Va a Palazzo Pitti dove c'è una sfilata di moda.
Un sorvegliante lo ferma perché non ha l'invito.
In quel momento vede una ragazza che conosce già.

B
Dino Trentin va a Palazzo Pitti per una sfilata di moda.
Un sorvegliante gli indica dove andare, ma prima deve fare il biglietto.
Dino non ha i soldi. In quel momento vede una ragazza che conosce già e le chiede dei soldi.

FACCIAMO GRAMMATICA

Quale, quali

Nota nel dialogo che hai ascoltato:

Ma **quale** sfilata? (la sfilata Pitti Uomo)

Quale + nome singolare
Quali + nome plurale

Quale vestito mi metto?
Quali scarpe mi metto?

3 Esercizio

Rispondi come negli esempi.

ES

Mi dai una maglia?	*Quale?*	Quella rossa.
Mi porti gli stivali?	*Quali?*	Quelli neri.

1.	Mi passi il giornale?	.........?	.... sul tavolo.
2.	Mi dai l'elenco telefonico?	.........?	.... con la F.
3.	Mi dai la penna?	.........?	.... rossa.
4.	Mi dai gli occhiali?	.........?	.... da sole.
5.	Mi dai la crema?	.........?	.... per il corpo.
6.	Prendi le tazzine?	.........?	.... da caffè.
7.	Prendi i piatti?	.........?	.... fondi.
8.	Prendi i bicchieri?	.........?	.... da vino.

PER COMUNICARE IN ITALIANO

Per attirare l'attenzione

In italiano quando vogliamo attirare l'attenzione di qualcuno per cominciare a parlare diciamo:

formale (lei)	informale (tu)
Senta, scusi...	**Senti, scusa...**

4 Attività

Chiedi a qualcuno per strada queste cose:

ES

Un tabaccaio	Formale (lei)	*Senta, scusi! Sa dov'è un tabaccaio?*
	Informale (tu)	*Senti, scusa! Sai dov'è un tabaccaio?*

1. L'ufficio postale
2. Un bancomat
3. Un giornalaio
4. L'orario di un treno
5. Una fermata di autobus
6. La lezione di informatica

Ma anche Lei è qui!?

Dino vede passare la ragazza bellissima che era nel suo scompartimento in treno. Non conosce nessuno a Firenze e così prova a parlare con lei anche se è molto timido.

5 track 24 *Ascolta più volte il dialogo e segna le risposte corrette.*

1. Dino e la ragazza hanno viaggiato insieme. ⊙ vero ⊙ falso
2. La ragazza è interessata alla sfilata di moda. ⊙ vero ⊙ falso
3. Dino le dice che lui cerca un convegno sul Pinocchio d.o.c. ⊙ vero ⊙ falso
4. Pino Chiodo è un famoso ⊙ stilista ⊙ musicista ⊙ artista
5. La ragazza vuole incontrare Pino Chiodo. ⊙ vero ⊙ falso
6. La ragazza è una stilista. ⊙ vero ⊙ falso
7. La ragazza è straniera e parla molto bene l'italiano. ⊙ vero ⊙ falso

PER COMUNICARE IN ITALIANO

Fare gli auguri

Per augurare a qualcuno successo o fortuna si dice:

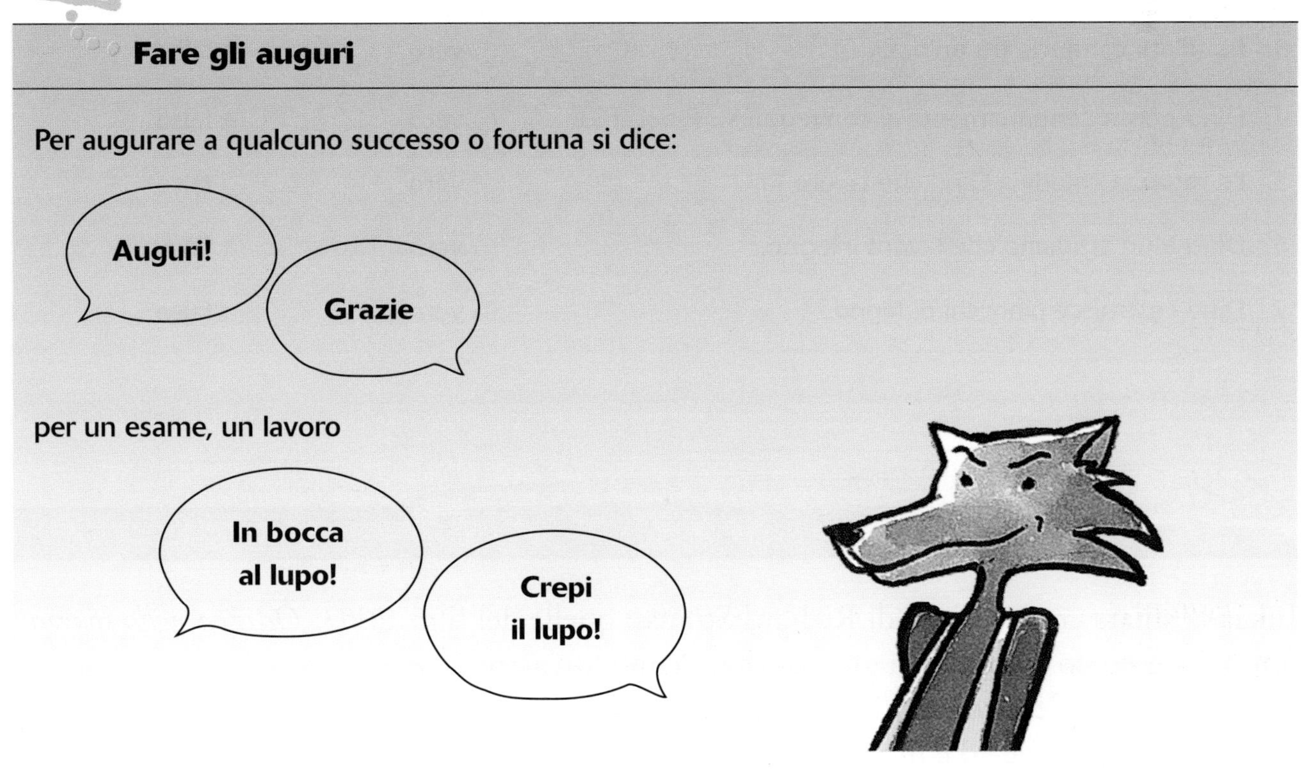

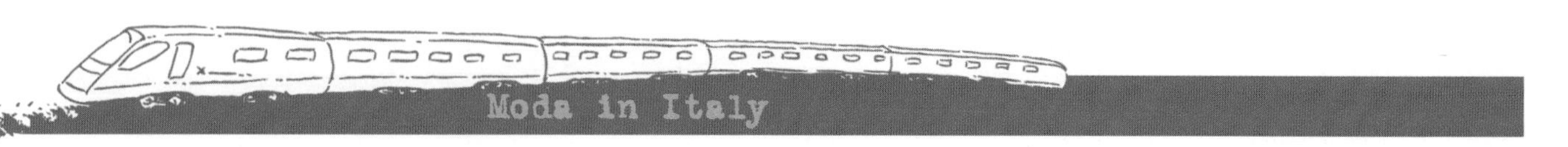

Ora Dino si trova nella sala dove tra poco inizia la sfilata Pitti Uomo, ma non è solo.
Non sappiamo però come si chiama la bella fotomodella che è con lui in platea, dove tutti aspettano l'inizio della grande sfilata di moda.
Ci sono giornalisti e personaggi dello spettacolo.
La sala è piena, la sfilata inizia tra dieci minuti e la ragazza è molto eccitata.
Dino ha già dimenticato il motivo per cui è a Firenze... il Pinocchio.
Ma la ragazza dopo un po' gli chiede: "Scusa ma tu cosa fai nella vita?"
"Ah, io, beh, io sono un artigiano del legno, vedi costruisco da molti anni pinocchi di legno..., ma ora che il Pinocchio è tornato di moda tutti fanno pinocchi, ma non sono tutti uguali... sai".
"Interessante..."
"Sì, ma vedi con queste sculture non si diventa famosi come quel... come si chiama?
"Ah, sì Pino Chiodo, ecco, ecco, inizia la sfilata".

6  *Leggi più volte il testo e segna le risposte corrette.*

1. Dino e la modella sono arrivati nella sala della sfilata. ○ vero ○ falso
2. Alla sfilata ci sono giornalisti e fotografi. ○ vero ○ falso
3. La sfilata comincia tra un'ora. ○ vero ○ falso
4. Dino pensa continuamente al convegno su Pinocchio. ○ vero ○ falso
5. La ragazza chiede a Dino che lavoro fa. ○ vero ○ falso
6. Dino è un artigiano che lavora il legno. ○ vero ○ falso
7. Dino costruisce pinocchi di legno. ○ vero ○ falso

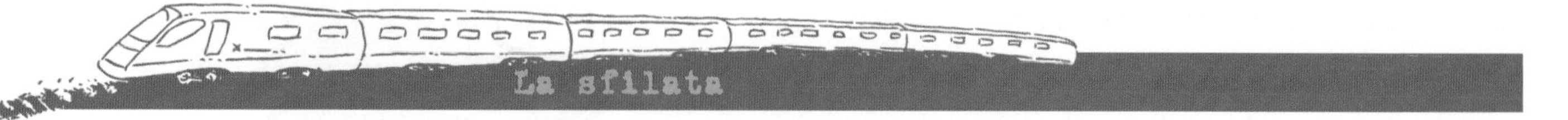

Inizia la sfilata con musiche di Richard Strauss: quelle del film *2001, Odissea nello spazio.*
Sul palcoscenico appare una grande sfera, come un'astronave e piano piano, lentamente escono tanti modelli con abiti molto attillati, dai colori metallizzati.
Il pubblico applaude ed è molto colpito dalla scenografia.

Ma subito arriva un forte vento, cambia la scena, la sfera sale in alto e scompare.
Cambia anche la musica: l'*Autunno* di Vivaldi.
Cadono foglie e soffia un vento leggero.
Sfilano tanti modelli tutti insieme con vestiti autunnali, dai colori beige, marroni, grigi, verdi, giacche e pantaloni in pelle e tessuti innovativi.
Ma ecco un fulmine! Cambia lo scenario e la musica: l'*Inverno*.
Scende una neve con effetti luminosi, ed arrivano i cappotti, gli stivali, le sciarpe, guanti, berretti di lana e giubbotti di tanti colori.
Il pubblico applaude e finalmente escono gli stilisti: Fausto Armadi, Praga, Fornace, C & B ed infine, il più applaudito, lo stilista dell'anno, Pino Chiodo che saluta il pubblico.
"È lui, è lui" dice la ragazza a Dino.
"Beh, è veramente bravo" dice Dino, ancora stordito dalla sfilata.
"Ti saluto, adesso devo correre da lui, devo parlargli..., ma ecco il mio biglietto, col numero, telefonami più tardi se vuoi!"
"Che giornata! – pensa Dino che ha già dimenticato il suo Pinocchio – È proprio bella questa Firenze!"

7 *Leggi più volte il testo e segna le risposte corrette.*

1. Quando comincia la sfilata si vede un'astronave rotonda e si sente musica di Strauss. ⊙ vero ⊙ falso
2. Si sente un forte vento e la sfera scompare. ⊙ vero ⊙ falso
3. Con l'*Autunno* di Vivaldi cadono le foglie e piove. ⊙ vero ⊙ falso
4. Tra gli abiti autunnali ci sono giacche e pantaloni di pelle. ⊙ vero ⊙ falso
5. I tessuti sono molto tradizionali. ⊙ vero ⊙ falso
6. Nella scena dell'inverno ci sono neve e luci. ⊙ vero ⊙ falso
7. La sfilata ha molto successo. ⊙ vero ⊙ falso
8. Gli abiti di Pino Chiodo non piacciono a Dino. ⊙ vero ⊙ falso
9. La ragazza corre via senza salutare Dino. ⊙ vero ⊙ falso

8 Attività

Come hai notato nel testo "La sfilata" spesso nella descrizione di uno scenario il verbo precede il soggetto.

Arriva un forte vento…

Ricordi cosa succede durante la sfilata di moda a Palazzo Pitti?
Combina il verbo con il soggetto giusto.

appare	la musica
inizia	un vento leggero
cambia	una grande sfera
escono	gli stilisti
soffia	una neve con effetti luminosi
scende	tanti modelli
sfilano	la sfilata

PER COMUNICARE IN ITALIANO

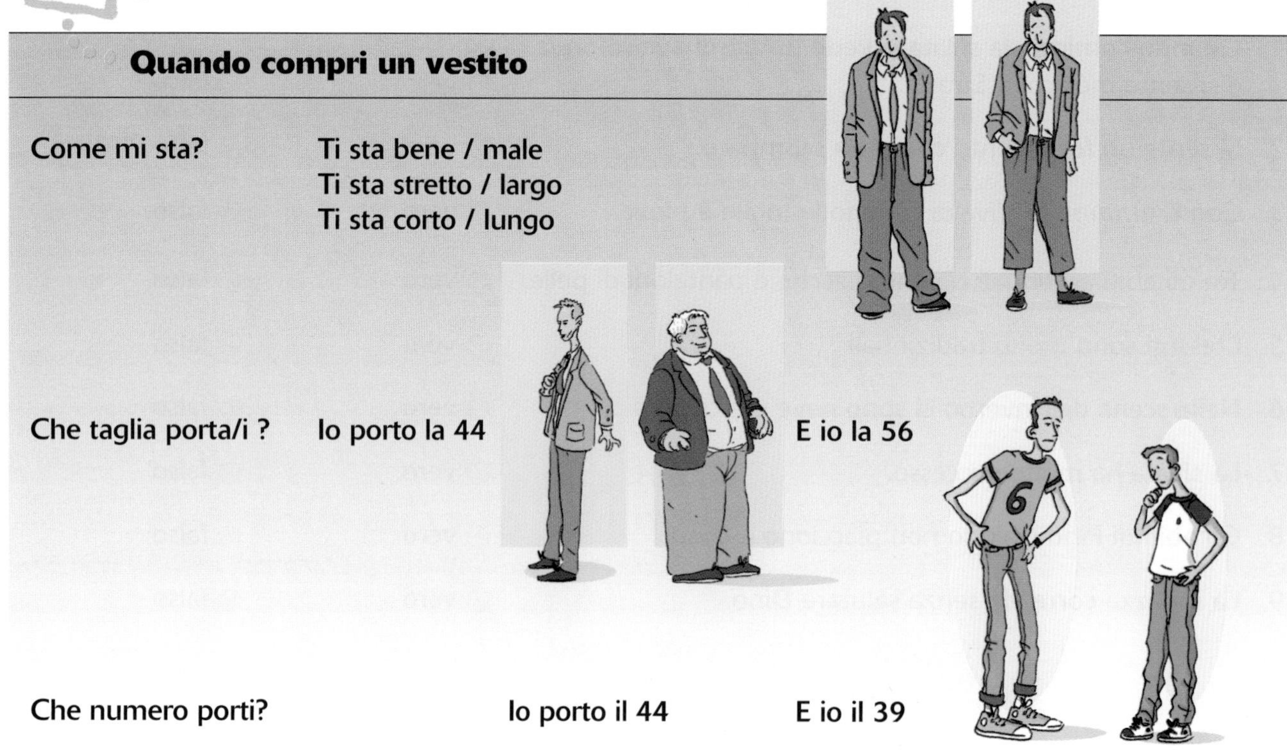

9 **Attività** *Saldi*

Siamo in un negozio di scarpe. Ci sono i saldi. Una signora entra per comprare delle scarpe. Riordina i dialoghi.

A .... Quali, me le fa vedere in vetrina?

.... Il 37, a volte 37 e 1/2.

.... Buongiorno, volevo misurare quel paio di scarpe nere con i tacchi a spillo.

.... Bene, si accomodi.

.... Buongiorno, prego!

.... E che numero porta?

.... Sì, ecco quelle lì dietro.

B .... Vuole provare il 38?

.... Come va?

.... Sì, questa va bene... ma il tacco mi sembra un po' alto, non ci cammino bene.

.... Va bene, provo.

.... Un po' stretta.

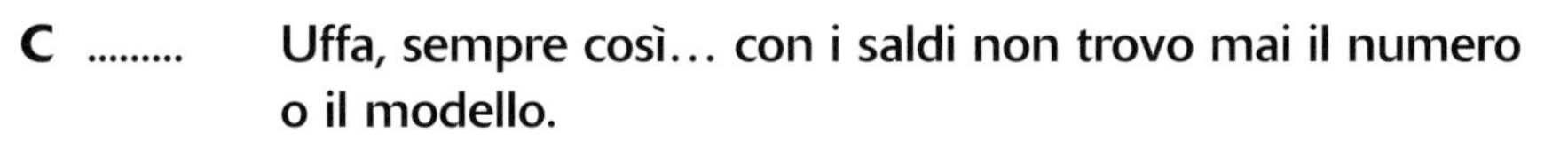

C .... Uffa, sempre così... con i saldi non trovo mai il numero o il modello.

.... Forse provo quelle vicino con il tacco un po' più basso.

.... Eh lo so, va bene, grazie lo stesso.

.... Quelle, mi dispiace ma non abbiamo il numero.

.... Prego, arrivederci.

.... Eh, signorina, lei deve arrivare prima, abbiamo saldi da due settimane ormai.

Stagioni e clima

primavera

estate

autunno

inverno

è sereno

è coperto

è nuvoloso

10 **Attività** *Le quattro stagioni*

Come sono le stagioni nel tuo paese?

Abbina ad ogni stagione capi di abbigliamento o oggetti presi dal testo, dalla lista accanto ed altri a tua scelta.

cappotto
costume
ombrello
stivali
sandali
impermeabile
maglione
canottiera
berretto
sciarpa
crema solare
guanti
giacca
sci

11 **Attività** *Vuoi fare lo stilista?*

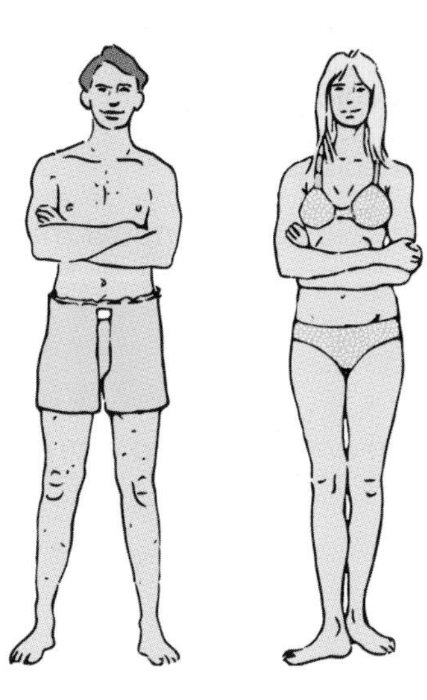

Lavorate in coppia.

Guardate uno dei modelli ed abbinate ad ognuno dei vestiti a vostra scelta.

Leggete ad alta voce come sono vestiti i vostri modelli. Giudicate insieme qual è il modello più originale, più elegante, più alla moda, più fuori moda.

12 *Leggi l'articolo e segna le risposte corrette.*

Il Messaggero

All'orizzonte i tessuti con aspirina incorporata

Vestiremo di sola luce. Metteremo abiti virtuali. Gli stilisti, se esisteranno ancora, inventeranno per noi tute metropolitane tatuate sulla pelle e sui muscoli. Ci si aspetta soprattutto in passerella, qualche materiale lunare, marziano o di Giove. Tutto e il suo contrario si può ipotizzare sul fronte della moda per i prossimi dieci, venti, cento anni. La verità è che il sistema dell'abbigliamento vive di attimo in attimo. Coco Chanel diceva che la moda è tutto quello che passa di moda, così si può pensare che il vestito *à la page* esisterà ancora solo se potrà continuare a mutare di ora in ora. Certo è che sul fronte dei materiali le industrie stanno lavorando a ritmi pazzeschi. «La più grande rivoluzione degli ultimi tempi è che ormai si studiano abbinamenti di materiali naturali con altri che vengono dalle scienze più disparate. Il carbonio lo abbiamo usato tanti anni fa e per il futuro si può ipotizzare di tutto. Perfino, ragiono un po' per assurdo, tessuti con incorporata l'aspirina o medicine antinfluenzali».

1. L'articolo parla di	⊙ moda	⊙ medicina
2. L'articolo parla del	⊙ passato	⊙ futuro
3. L'articolo parla di nuovi materiali per	⊙ i vestiti	⊙ la cosmetica

13 **Attività**

Parla con un compagno e prova a dire cosa nel tuo paese è in questo periodo:

	alla moda	fuori moda
capelli lisci	⊙	⊙
capelli ricci	⊙	⊙
minigonna	⊙	⊙
gonna sotto il ginocchio	⊙	⊙
pantaloni larghi	⊙	⊙
pantaloni stretti	⊙	⊙
vestiti in pelle	⊙	⊙
pelliccia	⊙	⊙
scarpe con la zeppa	⊙	⊙
scarpe con i tacchi a spillo	⊙	⊙
scarpe con la punta quadrata	⊙	⊙
altro	⊙	⊙

14 Cloze

Completa il testo con le seguenti parole.

materiale • tute • moda • abbigliamento • vestito • stilisti • materiali • tessuti • abiti

All'orizzonte i tessuti con aspirina incorporata

Vestiremo di sola luce.Metteremo .... virtuali.Gli ...., se esisteranno ancora, inventeranno per noi .... metropolitane tatuate sulla pelle e sui muscoli.Ci si aspetta soprattutto in passerella, qualche .... lunare, marziano o di Giove.Tutto e il suo contrario si può ipotizzare sul fronte della .... per i prossimi dieci, venti, cento anni.La verità è che il sistema dell'................................ vive di attimo in attimo.Coco Chanel diceva che la moda è tutto quello che passa di moda, così si può pensare che il .... *à la page* esisterà ancora solo se potrà continuare a mutare di ora in ora.Certo è che sul fronte dei .... le industrie stanno lavorando a ritmi pazzeschi.«La più grande rivoluzione degli ultimi tempi è che ormai si studiano abbinamenti di materiali naturali con altri che vengono dalle scienze più disparate.Il carbonio lo abbiamo usato tanti anni fa e per il futuro si può ipotizzare di tutto.Perfino, ragiono un po' per assurdo, ... con incorporata l'aspirina o medicine antinfluenzali».

Il Messaggero

FACCIAMO GRAMMATICA

Preposizioni temporali

da **+ espressione temporale** — ES *La sfilata è iniziata* ***da*** *dieci minuti*

tra/fra **+ espressione temporale** — ES *La sfilata inizia* ***tra*** *dieci minuti*

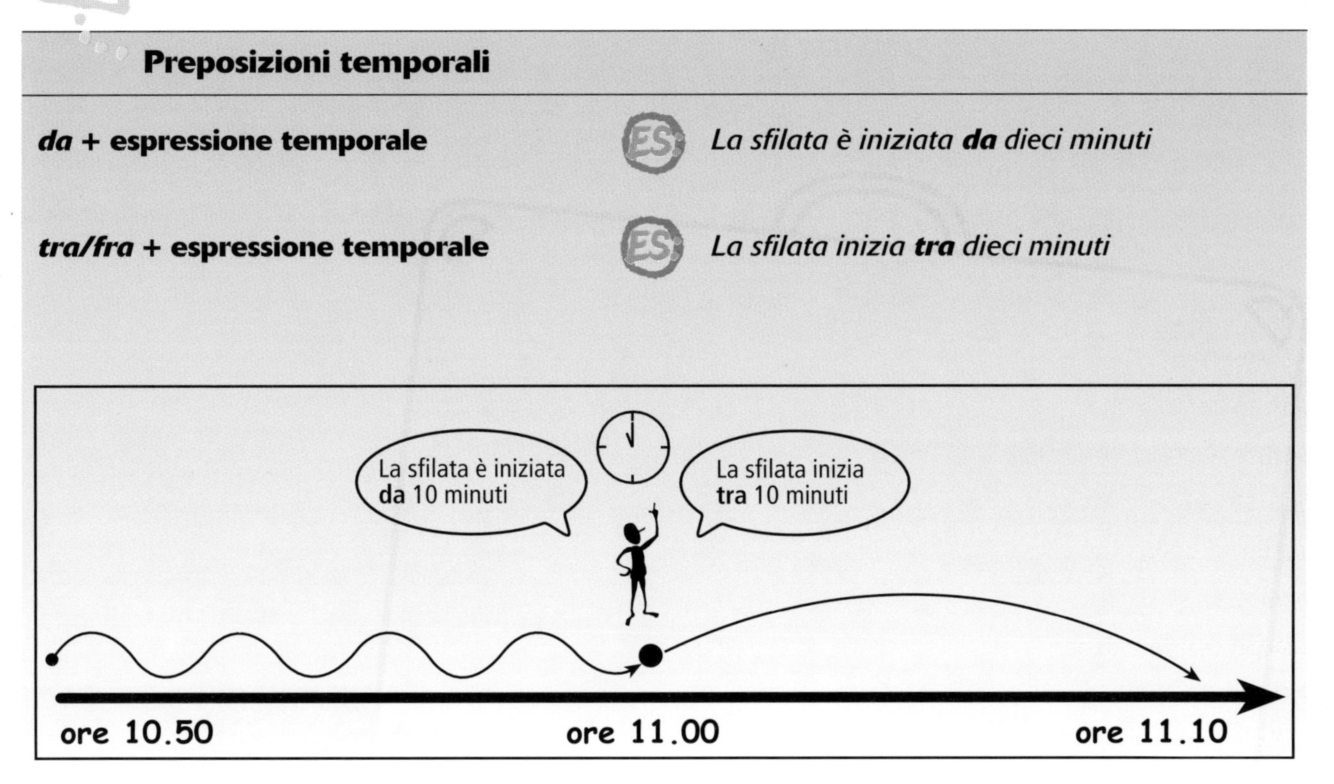

15 Esercizio

Completa le frasi con **tra/fra** *o* **da**.

ES *Il film comincia ....tra.... venti minuti*

1. Il treno parte .... cinque minuti.
2. La lezione è cominciata .... un'ora e finisce .... quaranta minuti.
3. Studio l'italiano già .... due anni.
4. Il corso finisce .... due settimane.
5. Non ti vedo .... tanto tempo! Ma dove sei stato?
6. .... poco arriva Mario, sei contenta?
7. Sono a dieta. Non mangio dolci .... un mese.
8. Vestiti, è tardi, ... dieci minuti dobbiamo uscire.
9. Mio fratello abita a New York. Non lo vedo .... un anno.
10. .... 50 anni il mondo sarà completamente diverso.

un giorno in italia

EPISODIO **15**

La dolce vita

Il treno corre in aperta campagna, attraversa la Toscana con le sue colline del Chianti, i campi gialli di girasoli, i casolari con i cipressi, la terra rossa di Siena.
Annarita Faenza è salita a Bologna, ha salutato la comitiva dei suoi amici e si è seduta in uno scompartimento vuoto.
Dopo pochi minuti ha iniziato ad ascoltare musica e sulle note di Nino Rota si è addormentata ed ha cominciato a sognare.
"Cinecittà... lo studio 5 di Fellini... la fontana di Trevi... vacanze romane... lui è bellissimo... un giro in vespa a Piazza di Spagna... Cleopatra..."
Quando si sveglia dal sogno vede che lo scompartimento è pieno di gente. Dei ragazzi molto chiassosi scherzano e ridono a voce alta. In quel momento squilla il suo cellulare.

1 *(track 25)* *Ascolta più volte la telefonata di Annarita e segna le risposte corrette.*

1. Annarita vuole sapere se un ragazzo detto "il bello" è lì. ⊙ vero ⊙ falso
2. Annarita chiede se "il bello" è insieme ad una ragazza straniera. ⊙ vero ⊙ falso
3. Annarita vuole sapere cosa hanno fatto i suoi amici la sera prima. ⊙ vero ⊙ falso
4. Quali di queste cose domanda Annarita:
   - ⊙ cosa avete mangiato?
   - ⊙ cosa avete bevuto?
   - ⊙ dove siete andati?
   - ⊙ fino a che ora siete rimasti?
   - ⊙ dove avete dormito?
   - ⊙ lui è venuto in macchina?
   - ⊙ lui è venuto da solo?
5. Annarita è andata al cinema la sera prima. ⊙ vero ⊙ falso
6. Annarita dice che ha preso il primo treno del pomeriggio. ⊙ vero ⊙ falso
7. Il fratello di Annarita è un amico di Romeo. ⊙ vero ⊙ falso
8. Romeo non è molto giovane. ⊙ vero ⊙ falso

2 track 25

A. *Ascolta più volte la telefonata di Annarita e prova a completare il testo.*

" Va beh... senti ....?"

"E lui ....?"

"Fino a ....?"

"E ....?"

"No, io ....

cioè .... poi ....

e ...., e stamattina,

niente .... , ...,

la Jenny e tutti quelli del gruppo".

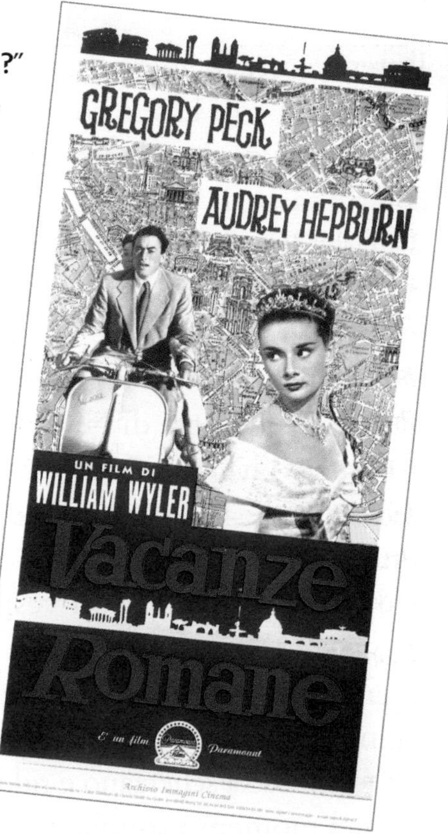

B. *Riguarda il testo che hai appena completato. Seleziona tutti i verbi al passato prossimo. Osserva le differenze e le similitudini. Lavorando con i compagni e con l'aiuto dell'insegnante prova a dividerli in categorie.*

FACCIAMO GRAMMATICA

Passato prossimo

Il **passato prossimo** è un tempo verbale composto formato da due parti:
ausiliare (verbo **essere** o **avere** al presente) + **participio passato**

ES
ho mangiato *sono andato*
ho parlato *sono tornato*

Il **participio passato** dei verbi regolari si forma così:

parl-are → **ato** → **parlato**
cred-ere → **uto** → **creduto**
part-ire → **ito** → **partito**

	parlare	**credere**	**partire**
(io)	ho parlato	ho creduto	sono partito/a
(tu)	hai parlato	hai creduto	sei partito/a
(lui/lei)	ha parlato	ha creduto	è partito/a
(noi)	abbiamo parlato	abbiamo creduto	siamo partiti/e
(voi)	avete parlato	avete creduto	siete partiti/e
(loro)	hanno parlato	hanno creduto	sono partiti/e

FACCIAMO GRAMMATICA

Transitivo o intransitivo?

Si dice **transitivo** un verbo che può reggere un oggetto diretto e risponde alle domande: **chi? / che cosa?**
Si dice **intransitivo** un verbo che **non** può reggere un oggetto diretto e **non** può rispondere alle domande: **chi? / che cosa?**
Ad esempio:

Mangiare è transitivo o intransitivo?
Prova: io mangio Che cosa? Un panino!
È possibile rispondere con un oggetto diretto a questa domanda: un panino, allora il verbo **è transitivo.**

Incontrare è transitivo o intransitivo?
Prova: io incontro Chi? Un amico!
È possibile rispondere con un oggetto diretto a questa domanda: un amico, allora il verbo **è transitivo.**

Uscire è transitivo o intransitivo?
Prova: io esco Chi? / Che cosa? ?
Non è possibile rispondere con un oggetto diretto a questa domanda, allora il verbo è **intransitivo.**

3 Esercizio *Ora prova tu!*

Prova a capire se i seguenti verbi sono transitivi o intransitivi usando le domande "chi?" "che cosa?" come sopra.
Poi trascrivi i verbi nella colonna giusta.

cantare • comprare • arrivare • aspettare • andare • preparare • guardare • entrare • partire • capire • cadere • telefonare • chiamare

Transitivi	Intransitivi
....	....
....	....
....	....
....	....
....	....
....	....
....	....

FACCIAMO GRAMMATICA

Essere o *avere*: questo è il problema!

La cosa più difficile per gli stranieri è scegliere l'ausiliare giusto.
Il problema è: quali verbi prendono l'ausiliare **essere** e quali **avere?**
Se dividiamo i verbi in tre grandi gruppi possiamo dire che:

Tutti i verbi riflessivi prendono l'ausiliare **essere**.

Tutti i verbi transitivi prendono l'ausiliare **avere**.

Ma i verbi intransitivi possono prendere l'ausiliare **essere** o **avere**.

L'unico modo è cercare di ricordare alcuni verbi per categoria.
Ad esempio tra i verbi intransitivi ricordiamo alcuni verbi di movimento più comuni che prendono l'ausiliare **essere**.

Ad esempio: andare venire tornare entrare uscire partire arrivare ecc.

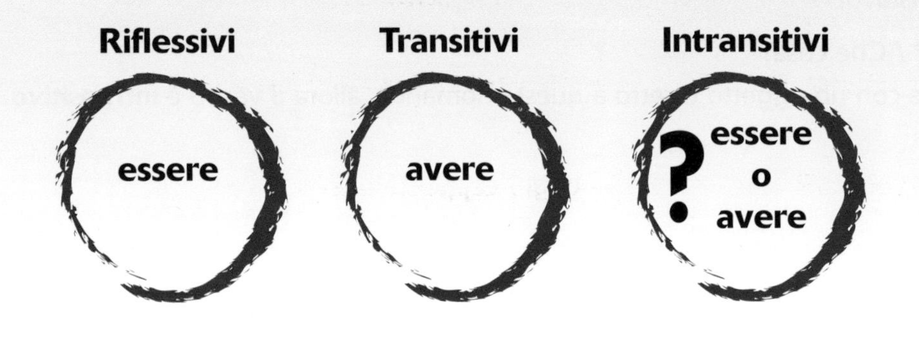

4 Esercizio *Cosa ha fatto ieri Lucia?*

*Combina le colonne **A** e **B** formando frasi complete.*

A	B
Sono tornata	dal medico
Ho scritto	ad un fax
Sono andata	i mobili
Ho risposto	le medicine
Ho spolverato	la bolletta della luce
Ho comprato	una lettera
Ho pagato	una cena per amici
Ho organizzato	la spesa
Ho fatto	dalle vacanze

5 Attività *Chi cerca trova*

Trova qualcuno che ieri sera:

- ha bevuto troppo
- ha incontrato amici
- ha guardato la TV
- è andato a letto alle 9.00
- ha mangiato una pizza
- è andato in discoteca
- è uscito con la ragazza/ il ragazzo
- ha studiato italiano
- ha cenato in un ristorante italiano
- ha telefonato a sua madre

6 Esercizio

Trasforma le frasi al passato secondo il modello.

Di solito vado a letto presto - *ieri / a mezzanotte*

Di solito vado a letto presto. Ieri, invece, sono andato a letto a mezzanotte.

1. Al mattino non faccio colazione - stamattina / colazione a casa

....

2. A colazione prendo solo un caffè - oggi / cappuccino e cornetto

....

3. Di solito non bevo alcolici - ieri sera / birra

....

4. Vengo sempre a scuola in autobus - stamattina /a piedi

....

5. Quando viaggio non scrivo mai cartoline - questa volta / una cartolina / ai miei amici

....

6. Il sabato sera usciamo sempre - sabato scorso / no

....

7. Angela arriva sempre in orario - oggi / in ritardo

....

8. Di solito finiamo di lavorare all'una - ieri / alle due

....

9. Ogni sera Giuliano telefona alla fidanzata - oggi / non ancora

....

10. Di solito vado al lavoro in macchina - ieri / autobus

....

7 **Attività** *E tu che hai fatto ieri?*

Lavora in coppia con un compagno. Raccontate quello che avete fatto ieri.
Confrontate poi i diversi racconti con tutta la classe e trovate:

- qualcosa che hanno fatto tutti
- qualcosa che ha fatto solo una persona
- qualcosa che hanno fatto quasi tutti
- qualcosa che non ha fatto nessuno

8 **Attività** *La telefonata*

Prova ad immaginare le risposte possibili dell'amico di Annarita al telefono.
Lavorate in coppia e poi confrontate i testi con gli altri gruppi.

- Pronto?

- ....

- Ciao, dove siete?

- ....

- C'è gente?

- ....

- Senti, è già lì il bello?

- ....

- Con quella di ieri, l'austriaca, no?

- ....

- Ma dai, non ci credo!!

- ....

- Va beh... senti, dove siete andati ieri sera?

- ....

- E lui è venuto da solo?

- ....

- E dove avete dormito?

- ....

- No, io non ho fatto niente... cioè ho preparato la valigia poi ho fatto un po' di telefonate e sono andata a dormire alle due, e stamattina, niente, sono venuti Marco, Sandro, la Jenny e tutti quelli del gruppo.

- ....

- Il treno delle 10.

Miss treno

Piero, il controllore passa faticosamente lungo i corridoi tra valigie ingombranti e viaggiatori accaldati. Vede per la seconda o terza volta Annarita e pensa tra sé: "Sicuramente è lei la ragazza più bella in questo treno oggi. Ah!, è salita a Bologna, forse è romagnola, spesso sono così le romagnole, un po' abbondanti, allegre e piene di vita come le donne dei film di Fellini…, sì non sono le uniche, anche le mie amiche siciliane sono belle e attraenti ma meno spigliate.
Le romagnole sono proprio un po' speciali, entrare in contatto con loro è facilissimo, senza complessi, senza paure. Invece con le siciliane… sì, sono molto, molto ospitali ma all'inizio un po' diffidenti".
È vero, Annarita è una bellissima ragazza di Riccione, un posto turistico di mare sulla costa romagnola.
È alta, abbronzatissima con occhi verdi ed una bella bocca carnosa, un fisico da attrice italiana, come la Lollobrigida o la Cardinale.
"Lo sapevo …" – pensa Piero mentre osserva la scena dei ragazzi seduti di fronte a lei che cercano un pretesto per attaccar bottone.
Infatti…

9  *Leggi il testo* "Miss treno" *e osserva in quali modi si possono modificare gli aggettivi per rendere più intenso il loro significato.*
Scrivili nello spazio sotto.

FACCIAMO GRAMMATICA

Superlativo assoluto		
bello	molto bello	bell-**issim**-o
bella	molto bella	bell-**issim**-a
belli	molto belli	bell-**issim**-i
belle	molto belle	bell-**issim**-e

Focus Extra

I record dei comuni italiani

- **Il comune più piccolo** come popolazione è Morterone (Co) con 30 abitanti: come dimensioni è Vajont (Pn): 1.58 km^2.
- **La temperatura più alta** è stata di 49,8 °C, registrata a Messina nel luglio 1882.
- **Il termometro non va mai sotto zero** a Taormina (Me), Anacapri (Na). Sanremo (Im) e Amalfi (Sa).
- **I comuni più freddi** sono Gressoney-la Trinité (Ao). Moncenisio (To) e Auronzo di Cadore (Bl): la media delle temperature è la più bassa d'Italia.
- **Il roseto più grande:** quello di Cavriglia (Ar) ospita 7.500 varietà di rose differenti.
- **Le città con più verde urbano** è Como (quasi 40 m per abitante).
- **La via più stretta** è il "Vicolo della virilità" a Ripatransone (Ap): ha una larghezza massima di 43 cm.
- **L'area pedonalizzata** più grande è a Rimini: 0,91 m pro capite.
- **Minor traffico di auto private:** a Crotone ci sono due auto ogni 5 abitanti.
- **Miglior raccolta differenziata:** a Lodi coinvolge il 34% dei rifiuti prodotti.
- **La scala più lunga** è di 4.444 gradini, tra Sasso di Asiago (Vi) e Valstagna.
- **Il viadotto più lungo:** 10,4 km, sull'autostrada Palermo-Catania.
- **Il fiume più corto** è l'Aril (Vr): misura 75 metri.
- **La grotta più grande:** la Grotta Gigante, pressoOpicina (Ts), è lunga 280 m, larga 65 e alta 120.
- **L'osteria più antica:** "Al Brindisi", a Ferrara. Operava già nel 1435.

10 Attività

Dopo aver letto l'articolo prova a trasformare dove è possibile con un superlativo in **-issimo**.

ES *Morterone è un paese piccolissimo*

Messina
Moncenisio
Il roseto di Cavriglia
Como
Vicolo della virilità

La scala tra Sasso di Asiago e Valstagna
Il viadotto sull'autostrada Palermo - Catania
L'Aril
La Grotta Gigante
L'osteria "Al Brindisi"

Superlativo relativo

bello	**il più bello**	
bella	**la più bella**	di tutti
belli	**i più belli**	
belle	**le più belle**	

11 **Attività** *Come sono secondo te?*

Abbina uno degli aggettivi al superlativo assoluto alle seguenti persone o cose:

dolce • caro • grasso • buono • faticoso • divertente • luminosa • affollato • morbido • bravo • alto • noioso • rumoroso • leggero

ES *Un uomo che pesa 120 chili* — *È grassissimo*

1. Una ragazza alta 1,80 ....
2. Una borsa che costa 250 euro ....
3. Una pizza che piace molto a tutti ....
4. Un caffè con quattro cucchiaini di zucchero ....
5. Un calciatore che segna tanti goal ....
6. Un lavoro di 12 ore al giorno ....
7. Un film che mi fa addormentare ....
8. Una storia che mi fa tanto ridere ....
9. Una casa con molta luce ....
10. Una via con molto traffico ....
11. Un pasto senza grassi ....
12. Un autobus pieno di gente ....
13. La pelle di un neonato ....

12 **Attività**

Pensa al tuo paese o a un paese che conosci molto bene e cerca di trovare le cose migliori in tutti i settori.
Confronta poi la tua lista con quella di altri studenti e infine create il vostro libro dei guinness.

Il dolce più buono è il tiramisù.
La montagna più alta è il Monte Bianco.
Il cantante lirico più famoso è Pavarotti.

Anche a Riccione c'è il mare

Infatti i tre ragazzi seduti nello stesso scompartimento di Annarita iniziano a parlare con lei.

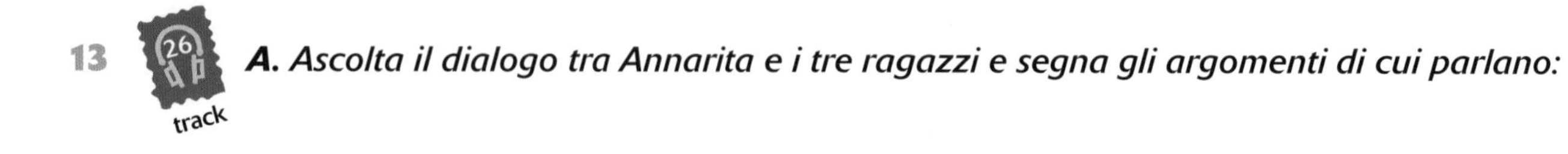

13 **A.** *Ascolta il dialogo tra Annarita e i tre ragazzi e segna gli argomenti di cui parlano:*

⊙ clima	⊙ mare
⊙ lavoro	⊙ vacanze
⊙ oroscopo	⊙ spiagge
⊙ cinema	⊙ teatro

B. *Ascolta più volte il dialogo tra Annarita e i tre ragazzi che viaggiano con lei e segna la risposta corretta.*

1.	I ragazzi chiedono ad Annarita "che ora è?"	⊙ vero	⊙ falso
2.	I ragazzi chiedono ad Annarita se possono leggere il suo giornale.	⊙ vero	⊙ falso
3.	Annarita non ha ancora letto il giornale.	⊙ vero	⊙ falso
4.	L'articolo che parla del tempo è in prima pagina.	⊙ vero	⊙ falso
5.	Il giornale dice che fa caldissimo solo al sud.	⊙ vero	⊙ falso
6.	Uno dei ragazzi è stato molte volte a Riccione.	⊙ vero	⊙ falso
7.	Annarita lavora al bar dello Zodiaco di Riccione.	⊙ vero	⊙ falso
8.	I tre ragazzi vanno in vacanza in Sicilia.	⊙ vero	⊙ falso
9.	Annarita va a Roma in vacanza.	⊙ vero	⊙ falso
10.	Annarita deve fare un provino per una pubblicità.	⊙ vero	⊙ falso

FACCIAMO GRAMMATICA

Per fare un paragone: *più che* o *più di*?

Quando il paragone è tra due verbi o aggettivi di solito si usa **che**

Mi piace più viaggiare in aereo ***che*** *(viaggiare) in treno.*
Carla è più simpatica ***che*** *bella.*

Quando il paragone è tre due sostantivi (cose o persone) si usa **di**

Questa poltrona è più comoda ***del*** *divano.*

In confronto agli altri Paesi noi siamo...

...meno ciccioni. Il 10% degli italiani è obeso. Siamo a pari con gli austriaci, mentre ci superano Usa (14%), Gran Bretagna (12%), Germania, Grecia e Spagna (11%).
...più stanziali. Rispetto a noi, i belgi traslocano il doppio, i tedeschi il triplo, francesi e inglesi il quadruplo e i danesi addirittura il quintuplo.
...meno utenti di Internet. In Islanda ci sono 38 utenti ogni 100 abitanti, negli Usa 25, in Estonia 14, in Gran Bretagna 10 e in Italia 9.
...più mangiatori di pasta. Pasta mangiata in un anno da 1 italiano = pasta mangiata in un anno da 1 francese + 1 russo + 1 canadese + 1 tedesco + 1 spagnolo + 1 inglese.
...più amanti del biologico. L'Italia è il primo produttore di alimenti biologici in Europa e, dopo la Germania, il secondo consumatore.

Focus Extra

14  *Leggi più volte il testo e segna le risposte corrette.*

1. Gli austriaci sono più obesi degli italiani. ⊙ vero ⊙ falso
2. I danesi traslocano più di tutti. ⊙ vero ⊙ falso
3. In Islanda ci sono più utenti di Internet che in Italia. ⊙ vero ⊙ falso
4. Gli italiani e i francesi mangiano la stessa quantità di pasta. ⊙ vero ⊙ falso
5. L'Italia è il primo produttore di alimenti biologici in Europa. ⊙ vero ⊙ falso

15 **Esercizio** *Che o di?*

ES *Marco è più alto ..di.. Giovanni*

1. La mia camera è più grande .... tua.
2. Carla e suo marito sono più simpatici .... Milena e Fabio.
3. Preferisco uscire .... restare a casa.
4. Questo professore è più simpatico .... preparato.
5. Gianni è più intelligente .... suo fratello.
6. Queste scarpe sono più belle .... comode.
7. Viaggiare è più interessante .... restare sempre nella stessa città.
8. Queste vacanze sono state più divertenti .... riposanti.
9. L'Intercity è più veloce .... espresso.
10. Il cappuccino è più buono .... latte macchiato.
11. È meglio scrivere con il computer .... scrivere a mano.
12. La camera da letto è più luminosa .... salone.

16 Attività

Fai paragoni tra le cose sotto elencate secondo le loro caratteristiche ed i tuoi gusti.

città / campagna
La città è più viva della campagna ma a me piace di più la campagna perché è rilassante e l'aria è più pulita.

- cinema / teatro
- treno / aereo
- vino / birra
- inverno / estate
- primi piatti / secondi piatti
- mare / montagna
- automobile / mezzi pubblici

A luglio gli italiani vanno al mare, le coste sono una lunga ininterrotta spiaggia con sabbia, sassi, rocce, ombrelloni, alberghi, stabilimenti, lungomari pieni di biciclette, bancarelle, discoteche.

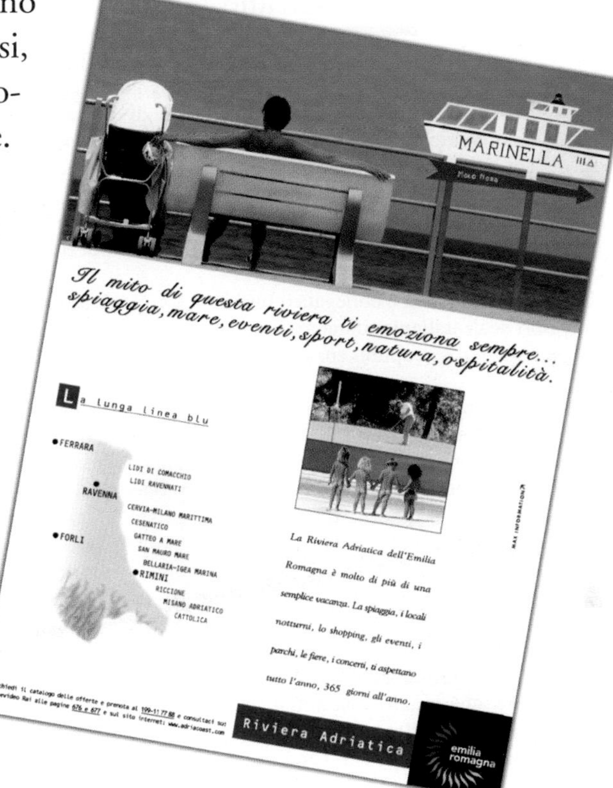

Mar Adriatico: Lignano Sabbiadoro, Lido di Venezia, Rimini e Riccione, San Benedetto, Vasto, Vieste, Peschici…
Sabbia, sabbia, sabbia….

Mar Tirreno: S. Margherita Ligure, Portofino, Viareggio, Forte dei Marmi, Castiglioncello, Fregene, il Circeo, Sorrento, Amalfi, Tropea…
Acque più profonde, sabbia e a volte sassolini…

Isole: Sicilia, Sardegna, Eolie, Capri, Ischia, Ponza, Elba…
Rocce ed acqua blu, spiagge isolate, colori tropicali, arance, limoni, macchia mediterranea, odore di mirto e rosmarino… Club Mediterranée …

Anche al mare su tutte le spiagge, gli italiani in vacanza fanno quello che fanno in città: si vestono eleganti, telefonano sempre, parlano ad alta voce, fanno conquiste amorose, le mamme ossessionano i bambini e tutti pensano a cosa mangiare: gelati, pizze, pesce, spaghetti alle vongole e "coccooo… Coccobelloooo!"

Concerti notturni nello scenario della Grotta di Nettuno

Alghero si trova sulla costa nord-orientale della Sardegna, a circa 30 chilometri da Sassari e 20 da Porto Torres, dove è in funzione un efficiente servizio di traghetti che collega l'isola con Genova. Dotata di un moderno aeroporto, quello di Fertilia, la città catalana è collegata a tutti i maggiori scali italiani e durante l'estate anche a numerose capitali europee.

Escursioni per mare e per terra
Da non perdere la Grotta di Nettuno, che si può raggiungere a bordo delle imbarcazioni private che fanno la spola col porto di Alghero. La grotta è accessibile anche da terra, l'Escala del Cabirol, proprio alla fine della lunga strada panoramica che attraversa Capo Caccia. Sempre dal porto di Alghero partono durante le stagioni calde le ormai celebri imbarcazioni col fondo trasparente, che grazie a un sofisticato sistema di luci offrono ai turisti le immagini strabilianti dei fondali di Porto Conte e Capo Caccia. Altre escursioni di grande interesse al Santuario di Valverde, alla necropoli di Anghelu Ruju, composta da 36 ipogei, con un complesso preistorico a Domus da Janas fra i più importanti della Sardegna. Di rilievo il complesso nuragico di Palmavera, che sorge a poca distanza dal mare, costituito da un nuraghe centrale a doppia torre circondato da un villaggio nuragico. Da vedere anche il museo e la tenuta vitivinicola Sella e Mosca.

La capitale dell'oro rosso
La lavorazione del corallo e la produzione dei gioielli raggiunge ad Alghero livelli artistici straordinari. Capitale indiscussa dell'oro rosso, la città è una grande vetrina per i manufatti degli artigianali tradizionali, che offrono i loro prodotti nel centro storico, in particolare nell'elegante via Carlo Alberto e in piazza Civica. In crisi è invece la pesca del corallo: anni e anni di scarsi controlli hanno consentito a dilettanti e pirati dei fondali di distruggere la maggior parte del patrimonio naturale. Oggi la situazione è migliorata, ma saranno necessari decenni prima che questa straordinaria ricchezza possa tornare come nel passato.

Manifestazioni tutto l'anno
Sono numerosi gli eventi che ormai rientrano nel calendario turistico e culturale della città. I fine settimana da gennaio a marzo sono caratterizzati dalla Sagra del riccio: tutti i ristoranti cittadini offrono piatti a base del gustoso frutto di mare. A maggio e giugno si tiene la Sagra dell'aragosta, il delizioso crostaceo che ha reso celebri i ristoranti di Alghero in tutta Europa. All'inizio della stagione calda l'appuntamento più suggestivo è quello con il solstizio d'estate: dieci bande musicali suonano nella piazza antica della città mentre un'imbarcazione partita da Capo Caccia si avvicina alla costa portando una grossa lampada, che simboleggia il sole. Da luglio a settembre si susseguono gli appuntamenti con World Music, una grande rassegna musicale con la partecipazione di famosi nomi internazionali. Due volte alla settimana l'Azienda di soggiorno organizza concerti nello stupendo scenario della Grotta di Nettuno, che gli appassionati di musica possono raggiungere su battelli notturni. Importante e suggestiva è la Regata della vela latina, che si svolge d'estate anche ad Alghero: in gara gli antichi e tradizionali gozzi e spagnolette, imbarcazioni ottocentesche.

Bell'Italia

1 
Leggi più volte l'articolo e segna la risposta corretta.

1. Si arriva ad Alghero solo dal mare. ⊙ vero ⊙ falso
2. Ad Alghero c'è un porto. ⊙ vero ⊙ falso
3. Vicino ad Alghero c'è un villaggio nuragico. ⊙ vero ⊙ falso
4. Negli ultimi tempi la lavorazione dell'oro rosso è in crisi. ⊙ vero ⊙ falso
5. Oggi ci sono meno coralli nel mare rispetto al passato. ⊙ vero ⊙ falso
6. Ad Alghero ci sono delle sagre di pesce ed altri prodotti di mare, quali?
   ⊙ vongole
   ⊙ ricci
   ⊙ calamari
   ⊙ aragoste
7. Per un appassionato di musica il periodo migliore per visitare Alghero è:
   ⊙ l'autunno
   ⊙ l'estate

Sei stata mai in Sardegna?

Annarita e i tre ragazzi seduti di fronte a lei fanno amicizia.

2  **A.** *Ascolta la conversazione tra Annarita e i ragazzi e segna i luoghi di cui si parla.*

track

- ⊙ Sicilia
- ⊙ Eolie
- ⊙ Sardegna
- ⊙ Tindari
- ⊙ Palermo
- ⊙ Orosei
- ⊙ Arbatax
- ⊙ Taormina
- ⊙ Cala Gonone
- ⊙ Capo Caccia
- ⊙ Alghero

B. *Ascolta più volte la conversazione tra Annarita e i ragazzi e segna la risposta corretta.*

1. I tre ragazzi che si presentano ad Annarita si chiamano: ....
....
....
2. I ragazzi chiedono ad Annarita informazioni sulla Sicilia. ⊙ vero ⊙ falso
3. Annarita non è mai stata in Sicilia. ⊙ vero ⊙ falso
4. Annarita è stata in Sardegna solo una volta. ⊙ vero ⊙ falso
5. Tutti e tre i ragazzi adorano la Sardegna. ⊙ vero ⊙ falso
6. Stefano dice che il mare della Sardegna è il più bello del Mediterraneo. ⊙ vero ⊙ falso
7. Stefano ha visitato solo la costa orientale della Sardegna. ⊙ vero ⊙ falso
8. Per Annarita le coste sarde sono tutte belle. ⊙ vero ⊙ falso
9. Stefano è andato a Capo Caccia via mare. ⊙ vero ⊙ falso
10. Stefano dice che la scogliera di Capo Caccia è uno spettacolo molto emozionante. ⊙ vero ⊙ falso
11. Per Annarita la cosa più importante quando arriva in Sardegna è:
    - ⊙ l'acqua trasparente
    - ⊙ la vegetazione mediterranea
    - ⊙ il profumo della vegetazione

3 *Ascolta più volte la conversazione tra Annarita ed i ragazzi e completa il testo.*

track

"Ciao"

" ...., nelle Eolie?"

"..., in Sicilia ...."

"E in Sardegna, ...?"

"Sì, ..., per me ...."

"......................................., allora .... la Sardegna"

"..?"

"..........................., ... del Mediterraneo,

.... della Sardegna ....!"

4 Attività

Ricostruisci il testo che riassume la conversazione tra Annarita e i tre ragazzi riordinando le parti.

...... **A.** Anche Stefano, uno dei ragazzi adora la Sardegna.

...... **B.** Stefano però preferisce la costa orientale mentre Annarita non sa scegliere.

...... **C.** Annarita dice che non è mai stata in Sicilia ma conosce bene la Sardegna.

...... **D.** Per Stefano Capo Caccia è un posto molto emozionante.

..1... **E.** Francesco si presenta e chiede ad Annarita se conosce qualche posto in Sicilia.

...... **F.** Secondo lei è difficile fare un paragone tra le coste perché sono tutte molto belle.

...... **G.** Anche Annarita dice che il mare della Sardegna è unico.

...... **H.** Annarita è d'accordo ma secondo lei la cosa più importante non è la vista, ma l'odore tipico di piante mediterranee quando si arriva in Sardegna dal mare.

...... **I.** Alla fine parlano di Capo Caccia e di Alghero.

...... **L.** Per lui il mare della Sardegna è il più bello del Mediterraneo.

FACCIAMO GRAMMATICA

Mai

Mai si può usare per fare domande generiche.
In questo caso non ha un significato negativo ma di elemento interrogativo.

*Sei **mai** stata in Sardegna?* (Significa: Sei stata in Sardegna o no?)

Si può rispondere con:

No, mai. oppure *Sì, una volta, due volte, ecc.*

Se si usa **mai** per negare qualcosa si deve anche usare **non**.

ES *No, **non sono mai stata** in Sardegna.*

Ci

Ci è un elemento che indica un luogo o un'azione già nominati (in questo posto, in quel posto).

ES *Sei mai stata **in Sardegna**? No, non **ci** sono mai stata.*

*Quando vai **a fare la spesa**? **Ci** vado una volta alla settimana, il sabato.*

5 Esercizio

Prova a rispondere con una frase completa.

ES *Quando vai al mare? (quest'anno, di solito)*
Di solito ci vado a luglio ma quest'anno ci vado a settembre.

1. Quando vai a fare la spesa? (di solito)
2. Quando vai in vacanza? (di solito, quest'anno)
3. Con chi vai al cinema? (di solito, questa settimana)
4. Quante volte vai in piscina? (di solito, questa settimana)
5. Quando vai a trovare i tuoi parenti? (di solito, quest'anno)

6 Esercizio

Trasforma le frasi come nel modello.

ES *Di solito mi alzo alle 7.00 ma ieri che era festa mi sono alzato alle 10.00.*

Di solito…	**Ma ieri che era festa…**
Faccio colazione in fretta	con calma
Non ho tempo di leggere il giornale	leggere il giornale
Lavoro fino alle 17.00	non lavorare
Prendo un cappuccino verso le 10.00	prendere anche un aperitivo alle 12.00
Pranzo con un amico al bar	a casa con la famiglia
Telefono ai clienti per lavoro	ad alcuni amici
Guardo il telegiornale delle 7.00	non guardare la TV
Leggo un po' prima di addormentarmi	un libro intero
Non esco la sera perché sono stanco	uscire con amici
Mi addormento davanti alla TV	molto tardi

7 Attività *L'hai fatto mai?*

Domanda ai tuoi compagni se hanno mai fatto in passato queste cose.

ES *Sei mai andato in America?* — *No, non ci sono mai andato*
Hai mai studiato il cinese? — *No, non l'ho mai studiato*

- andare / in barca
- viaggiare / aereo
- cucinare / un piatto italiano
- frequentare / corso di lingua in Italia
- fare / windsurf
- stare / spiaggia italiana
- fare / lavoro pericoloso
- vivere / in un altro continente
- cucinare / per oltre dieci persone

8 **Attività** *Che vacanza!*

Lavora in coppia con un compagno e racconta una tua esperienza di vacanze.
Scegli se vuoi tra una o più alternative:

- una vacanza disastrosa
- una vacanza eccezionale
- una vacanza da solo/a
- una vacanza con la famiglia
- una vacanza in un luogo molto lontano
- una vacanza in città
- una vacanza regalo

Se vuoi puoi usare alcuni di questi spunti per raccontare la tua vacanza:

- bagagli
- albergo, camera, letto, silenzio, rumore
- ladri, perdita
- ritardo, anticipo
- pioggia, freddo, caldo
- alimentazione, caro, buono, cattivo, piccante
- persone, incontri interessanti, solitudine
- luoghi, belli, straordinari, caotici, affollati, brutti, poveri, ricchi

Le vacanze di Piero

Piero ascolta, durante le sue passeggiate di lavoro su e giù per i corridoi del treno, gente che parla di vacanze.
Lui, in pantaloni lunghi, giacca e berretto invidia un po' il popolo delle vacanze allegro e spensierato, quelle persone che, in canottiera e pantaloncini corti, talvolta rossicce e un po' bruciate dal sole parlano delle loro passate o prossime vacanze.
Piero come sempre è indeciso su dove andare in vacanza. Agosto si avvicina e lui può andare finalmente in ferie. Ma dove?
In verità ha avuto cinque proposte ma non sa scegliere:

1. Un amico svedese lo invita a visitare Stoccolma e il mare del Nord.
2. Un viaggio organizzato a Cuba con un amico sindacalista di Torino.
3. Un'amica che fa il medico e lavora in Sudan lo invita ad andare a trovarla.
4. Un cugino sposato con due figli piccoli lo invita nella sua bellissima casa sul mare a Ischia.
5. Gli amici siciliani lo invitano per due settimane a Stromboli. Hanno affittato una piccola casa per otto persone.

9 **Attività**

Secondo te qual è la vacanza ideale per Piero?
Discuti con altri studenti e motiva le tue scelte.

Stoccolma è una città interessante, ma forse per Piero che viene da Milano ...

10 **Attività** *Agenzia viaggi*

A. *Organizza la vacanza ideale per alcune persone della tua classe. L'insegnante ti darà istruzioni.*
Fa' un programma di viaggio pensando a queste persone e decidi:

- dove
- come
- con chi
- cosa deve portare
- perché deve andare in quel posto.

B. *Verifica se hai indovinato i gusti e le preferenze del tuo cliente immaginario.*

11 *Racconti di vacanze*

Ascolta la conversazione tra alcune persone che parlano delle loro vacanze e completa lo schema sotto

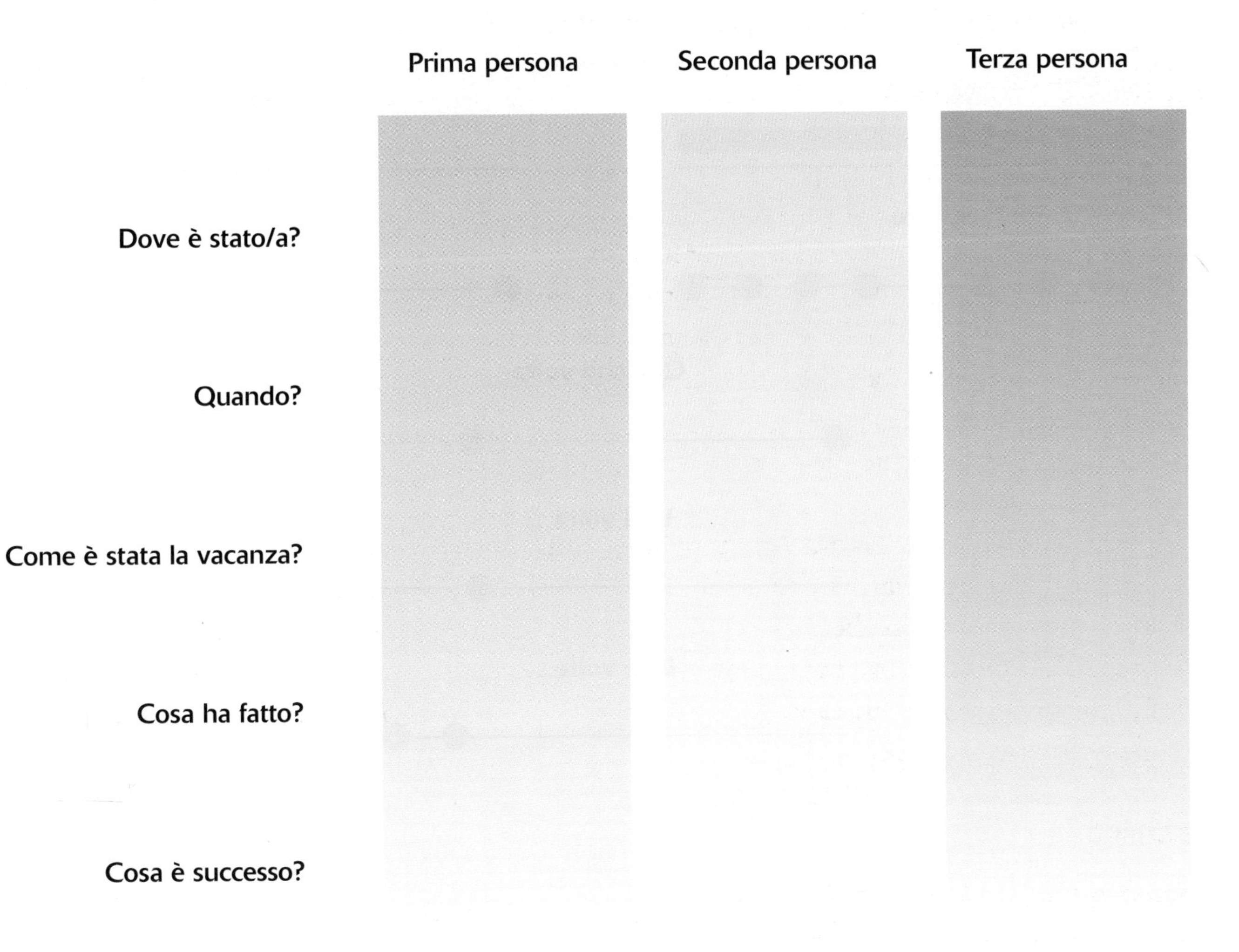

	Prima persona	Seconda persona	Terza persona
Dove è stato/a?			
Quando?			
Come è stata la vacanza?			
Cosa ha fatto?			
Cosa è successo?			

12 Attività *Chi cerca trova*

Trova qualcuno che:

- va spesso al mare da solo/a
- fa vacanze due volte l'anno
- va raramente in vacanza al mare
- va al mare sempre nello stesso posto
- a volte dorme sulla spiaggia
- sta spesso sulla spiaggia senza ombrellone
- è stato almeno una volta in una spiaggia tropicale
- quando va al mare sta sempre in acqua

FACCIAMO GRAMMATICA

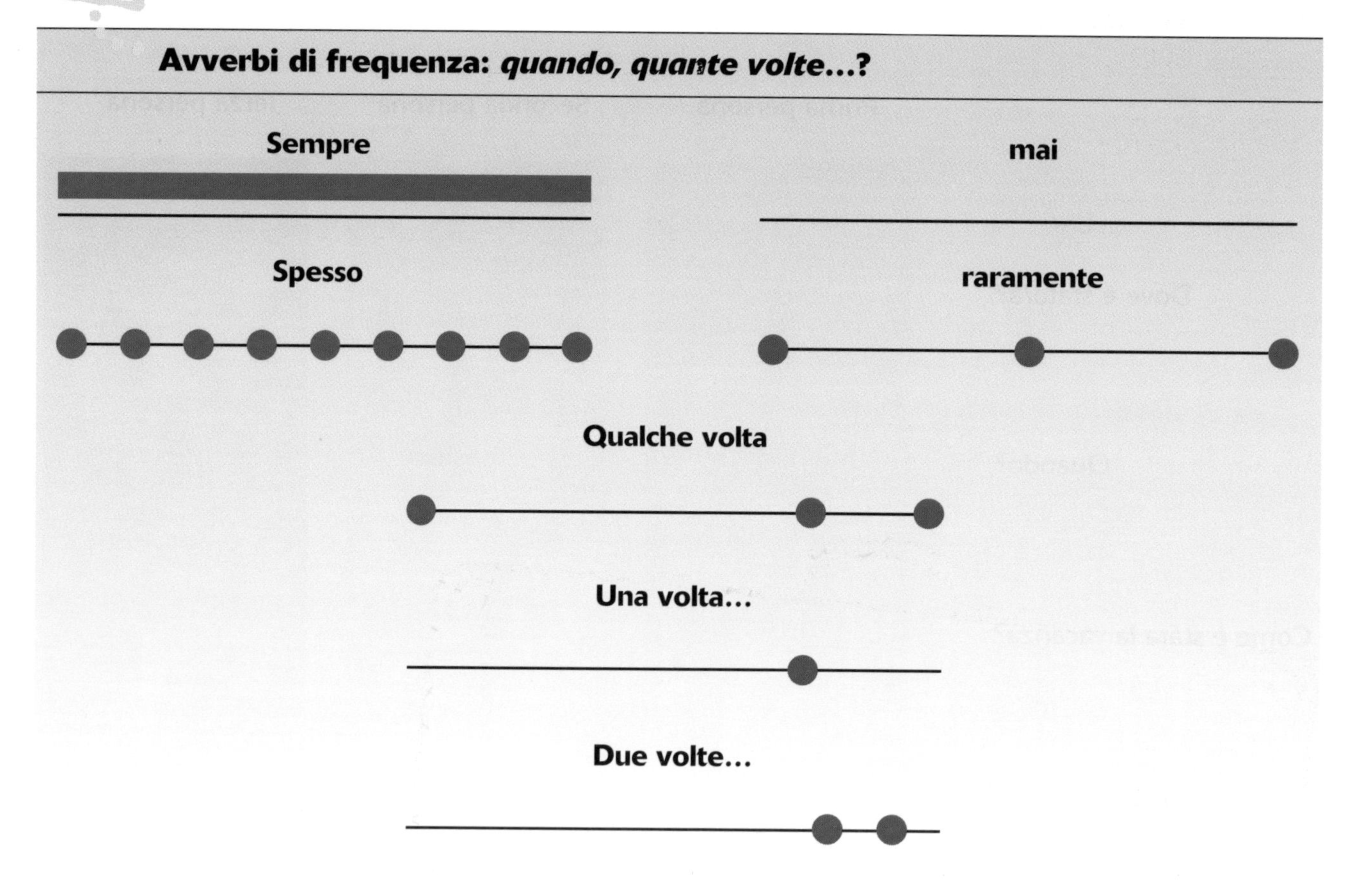

13 Attività

Lavora in coppia con un compagno. Intervistalo e cerca di sapere con quale frequenza fa ognuna di queste cose.

	sempre	spesso	qualche volta	mai
lavare i piatti				
leggere il giornale				
andare al cinema				
mandare e-mail				
uscire con gli amici				
andare a cena fuori				
guardare la TV				
andare all'opera				
fare sport				
andare dal parrucchiere				
scrivere al computer				
navigare in internet				
leggere poesie				
prendere l'aereo				
cucinare				
fare colazione al bar				

La valigia dell'episodio 16

Il treno si è fermato

Il treno si è fermato, ma non in una stazione, siamo in aperta campagna.
La gente sospende le proprie attività, e guarda un attimo fuori.
Dopo cinque minuti passa Piero tutto affannato e dice:
"Siamo fermi perché il treno ha investito una persona".
Tutti domandano qualcosa:
"Come… cosa… investito… dove… quando… adesso… ma dove siamo… cosa è successo… che ha detto???"
Appena il tam tam della gente conferma la notizia si accendono su tutte le carrozze contemporaneamente centinaia di cellulari.
Anche Annarita accende il suo e dapprima manda un messaggio poi chiama il ragazzo, la madre, la zia e poi riceve messaggini e chiamate dal ragazzo, dalla madre, dalla zia.
"Sììììì… ti ho mandato un messaggino… sì, sì mandami un messaggino".
"Senti, sai che siamo fermi… non so, tra Chiusi e non so dove… pare che abbiamo investito qualcuno, sì, il treno è fermo, non si sa quando ripartiamo… sì, ti richiamo quando partiamo… sì ti mando un messaggino".

Circolano voci di attese di un'ora, due ore, minimo tre ore e tutti telefonano per avvisare del ritardo. Solo una ragazza cammina su e giù per il treno. I finestrini sono bloccati e lei non ha sigarette e non ha un cellulare. È così che un essere umano si sente prigioniero ed in questa prigione a volte si può ritrovare un vecchio modello di solidarietà umana.
Lei infatti trova il coraggio di chiedere ad un ragazzo:
"Scusa, posso chiederti una sigaretta?"
"Certo, prego".
"Grazie… per prendere questo treno ho fatto una corsa, ho fatto una sudata, non ho fatto neanche in tempo a comprare le sigarette e adesso guarda, siamo fermi qui…"
Pian piano arrivano altri fumatori nel corridoio con un portacenere che subito si trasforma in un piccolo salotto. Ognuno racconta un pezzo della sua storia, dove deve andare, perché ha preso quel treno.
"Se non arrivo per l'una perdo l'aereo… io ho la coincidenza per… io volevo prendere l'aereo poi invece ho pensato di fare prima… io non ho preso la macchina per non fare la coda in autostrada… avevo un incontro di lavoro…"

Intanto fuori dal treno

È arrivata la polizia. È atterrato un elicottero, hanno cercato per molto tempo la vittima. Qualcuno dice che ha visto due uomini e una donna vicino ai binari.
La polizia ha interrogato alcune persone che abitano nelle case vicino alla ferrovia ed un contadino che lavorava con un trattore lì in campagna.
Lui ha raccontato che ha visto due uomini che correvano lungo la ferrovia, poi ha visto uno di loro correre dalla parte opposta, ha sentito il treno frenare e non ricorda più niente...

1 ***A.** Leggi più volte il testo e segna le risposte corrette.*

1. Il treno si è fermato in un piccolo paese. ⊙ vero ⊙ falso
2. Il treno è fermo per un incidente. ⊙ vero ⊙ falso
3. Nessuno sa esattamente quando ripartirà il treno. ⊙ vero ⊙ falso
4. Dentro questo treno i telefoni cellulari non funzionano. ⊙ vero ⊙ falso
5. Annarita telefona a tutti gli amici. ⊙ vero ⊙ falso
6. C'è una ragazza molto nervosa che non ha il cellulare. ⊙ vero ⊙ falso
7. Un gruppo di persone si ferma a parlare in corridoio. ⊙ vero ⊙ falso
8. Un uomo dice che ha preso il treno per arrivare prima. ⊙ vero ⊙ falso
9. Un altro uomo dice che deve prendere l'aereo. ⊙ vero ⊙ falso
10. La polizia interroga alcuni testimoni. ⊙ vero ⊙ falso

***B.** Ricostruisci cosa è accaduto fuori dal treno combinando le parti dello schema sotto.*

Qualcuno	ha sentito	due uomini che correvano lungo la ferrovia
La polizia	ha visto	il treno frenare
Un contadino	ha visto	due uomini e una donna vicino ai binari
	ha interrogato	alcune persone che abitano vicino alla ferrovia

2 Attività

*Combina le colonne **A** e **B** e definisci se **B** è soggetto o complemento oggetto nella frase.*

A	B	soggetto	c. oggetto
È atterrato	alcune persone		
È arrivata	la vittima		
Hanno cercato	un elicottero		
Hanno interrogato	la polizia		

3 *Rileggi più volte il testo e cerca tutti i verbi al passato prossimo.*
Poi classifica i participi passati in regolari e irregolari e trascrivili negli spazi sotto.

Regolari	**Irregolari**
....	....
....	....
....	....
....	....
....	....
....	....
....	....

FACCIAMO GRAMMATICA

Participi passati irregolari

Combina i participi passati con l'infinito corrispondente.

rimasto	soffrire
compreso	cuocere
scritto	chiudere
rotto	aprire
offerto	perdere
aperto	rimanere
nascosto	comprendere
letto	scrivere
coperto	rompere
chiuso	leggere
chiesto	nascondere
perso	accendere
cotto	chiedere
risposto	spegnere / spengere
acceso	coprire
spento	scendere
sceso	rispondere
sofferto	offrire

4 Attività

Osserva i verbi della lista precedente, poi colloca negli spazi sotto quelli con il participio passato simile.

Come prendere → pre**so**

....

....

....

....

....

Come vedere → vi**sto**

....

....

....

....

....

Come fare → fa**tto**

....

....

....

....

....

Come aprire → ape**rto**

....

....

....

....

....

5 Attività *Cosa è successo?*

Guarda le vignette e prova a dire cosa è successo.

6 **Attività** *Chi cerca trova*

Cerca qualcuno che almeno una volta nella vita:

- ha perso le chiavi di casa
- ha comprato qualcosa con internet
- ha trovato un portafogli con dei soldi
- ha vinto un premio
- ha conosciuto personalmente un personaggio famoso
- ha nuotato in un fiume
- ha lavorato come volontario
- ha fatto un corso di cucina italiana

FACCIAMO GRAMMATICA

Fare e... rifare

Nel testo "Il treno si è fermato" Annarita dice al telefono:
"...non si sa quando **ri**partiamo... Sì, ti **ri**chiamo..."

ripartiamo = partiamo **di nuovo**

richiamo = chiamo **di nuovo**

Come puoi notare, per indicare un'azione che si ripete ancora si fa precedere il verbo dal prefisso **ri-**.

7 **Esercizio**

Crea nuovi verbi con lo stesso prefisso.

 *Partire di nuovo* ripartire

1. Scrivere la stessa cosa di nuovo ....
2. Controllare di nuovo ....
3. Spiegare di nuovo ....
4. Fare di nuovo ....
5. Cominciare di nuovo ....
6. Leggere di nuovo ....
7. Telefonare di nuovo ....

Ora prova ad inserire i verbi dell'attività precedente nelle frasi sotto.

ES *La macchina si è fermata per strada e non vuole* ...ripartire...

1. Se non avete capito bene il testo lo potete ....
2. La prima parte della lezione finisce alle 16.00 e .... dopo mezz'ora di pausa.
3. Con il computer è possibile .... e modificare un testo infinite volte in poco tempo.
4. Adesso non posso parlare, ti .... più tardi.
5. Questo ristorante mi sembra troppo caro, voglio .... il conto, forse hanno sbagliato.
6. Ho sbagliato sportello, devo .... la fila.
7. Non ho capito bene questa regola! Me la .... per favore?

L'altoparlante

Piero intanto è molto affannato, corre su e giù per il treno, tutti gli fanno domande. Piero cerca di essere gentile e di rispondere a tutti, ma è molto difficile spiegare a tutti i passeggeri cosa è successo perché ora Piero ha un altro problema.

8 

A. *Ascolta più volte il dialogo tra Piero e i passeggeri e scegli la situazione che gli corrisponde:*

A. Il treno è fermo perché il semaforo è rosso. Il semaforo è sempre rosso perché non funziona. Piero chiama la stazione per chiedere cosa è successo.

B. Il treno è fermo perché non funziona il motore. Piero fa un annuncio con l'altoparlante, poi prova a riparare da solo il motore.

C. Il treno è fermo perché ha investito qualcuno. L'altoparlante non funziona e Piero non può fare un annuncio. Due passeggeri provano a riparare l'altoparlante.

B. *Ascolta più volte il dialogo e segna le risposte corrette.*

1. Piero dice che il treno deve restare fermo ancora mezz'ora.	○ vero	○ falso
2. I passeggeri non possono avere il rimborso del biglietto.	○ vero	○ falso
3. Le ferrovie rimborsano i ritardi, ma non in caso di incidente.	○ vero	○ falso
4. Piero ha dimenticato di annunciare il ritardo con l'altoparlante.	○ vero	○ falso
5. Due elettricisti vogliono provare a riparare l'altoparlante.	○ vero	○ falso

9 track 29 *Riascolta più volte il dialogo e completa il testo.*

"Ma che è successo?"

"Eh, abbiamo investito una persona."

"E .... dobbiamo restare fermi?"

"Ma credo un'ora almeno, ma non lo so... .... è la prima volta, non lo so,

.... prima".

"Senta, ma ce lo rimborsano questo biglietto?"

"Eh no, ... questo .... dalle Ferrovie,

.... per causa nostra, è un incidente!"

"Ma ...., perché .... con

l'altoparlante, ... che siamo qui fermi, senza ....,

senza ...."

"Guardate, ... ma purtroppo ....

ho provato, non funziona."

Osserva il testo che hai completato.
Quali espressioni usa Piero:

• per scusarsi

• per dare spiegazioni

Quali espressioni usano i passeggeri:

• per lamentarsi e protestare

Dopo mezz'ora

Dopo mezz'ora l'altoparlante funziona e Piero annuncia:
"Avvisiamo i signori viaggiatori che la polizia ha recuperato il corpo della vittima e il treno ripartirà tra circa venti minuti."

10 **Role play** *Mi dispiace!*

Scegli una di queste situazioni e prova a rappresentarla con un compagno.

Stefania aspetta Giulio davanti al cinema. Giulio arriva con mezz'ora di ritardo.

Immagina la conversazione tra di loro quando si incontrano.

Mariella telefona all'ufficio informazioni e trova sempre occupato.
Dopo tre ore qualcuno risponde ma non ha le informazioni che vuole Mariella.

Immagina la conversazione tra Mariella e l'impiegato.

Riccardo ha comprato un giocattolo per suo figlio.
Quando arriva a casa il bambino è felice di aprire il regalo ma... è lo stesso regalo che gli ha comprato la mamma!

Immagina la conversazione in famiglia.

11 **Esercizio**

Completa le frasi con un verbo appropriato al passato prossimo.

ES *Chi* ..ha preso.. *il mio telefonino?*

1. Ieri sera (io) .... al cinema e .... un film interessante.
2. Dove (tu) .... queste scarpe, sono belle!
3. (voi) .... molto per il corso di musica? Sì, è un corso molto caro.
4. Dove (tu) .... il tuo primo amore?
5. Chi .... "La Divina Commedia"? Dante Alighieri.
6. Che (voi) .... ieri sera? Niente, ... a casa.
7. Sono stanca, ... troppo poco, ... a letto alle due.
8. Barbara, ... il gas prima di uscire? Sì, certo!
9. Francesco .... di studiare, adesso lavora in uno studio medico.
10. Alcuni ricercatori .... nuovi tipi di virus.

12 Attività *Dentro la notizia*

Abbina ad ogni articolo un titolo. Poi indica a quale argomento si riferisce.

Metro

Residenti in piazza contro un'antenna

Sale l'inflazione nelle città campione

Due giovani armati rapinano pasticceria

Decine di arresti per spaccio di droga

È il sudore umano ad attirare le zanzare

Con Steven Spielberg il successo è sicuro

Record nella rana per Fioravanti

NUOTO Nel corso del trofeo "Nico Sapio" di Genova, seconda tappa del Gran Prix Arena, l'olimpionico Domenico Fioravanti ha stabilito il primato italiano nei 100 rana in vasca corta, coprendo la distanza in 59"81. Il precedente limite era detenuto dallo stesso Fioravanti, che il 3 aprile 1999 ad Hong Kong aveva nuotato in 59"88. (Metro)

INSETTI La scoperta (in parte una conferma) viene da alcuni entomologi olandesi che ora, riporta il sito Internet Saluteitalia (*www.saluteitalia.it*) stanno lavorando ad un antidoto. In particolare gli scienziati hanno stabilito che le zanzare sono attratte dai batteri contenuti nel sudore, gli stessi fra l'altro responsabili del cattivo odore. (Metro)

PREZZI La stima nazionale sull'inflazione a novembre oscilla tra un tasso tendenziale annuo del 2,6 e del 2,7 per cento sulla scorta dei dati pervenuti dalle prime sei città campione, Milano, Napoli, Perugia, Torino, Trieste e Venezia.
Viene quindi confermata la possibilità di una risalita dei prezzi al massimo dell'anno, già toccato in giugno con il 2,7, sostenuta dal nuovo rincaro dei prezzi petroliferi. (Metro)

CINEMA È Steven Spielberg il Re Mida del cinema. Il regista è stato nominato "the most bankable movie director", ossia quello che più di ogni altro garantisce il successo commerciale di un film. Nella speciale classifica stilata dall'Hollywood Reporter, Spielberg precede George Lucas, Ron Howard, Tim Burton e Martin Scorsese. (*www.cinematografo.it*)

EUR Arrestati nel fine settimana una decina di spacciatori e sequestrati 60 grammi di coca e qualche centinaio tra marijuana e hascisc. I pusher, tutti tra i 16 e i 38 anni, rifornivano le discoteche e i locali notturni e sono stati sorpresi all'Eur, a Spinaceto e Testaccio. (Metro)

LUNGHEZZA Tutti in strada nel Villaggio Prenestino ieri mattina per manifestare contro l'installazione di un'antenna Omnitel che sarebbe troppo vicina alle case e comporterebbe rischi per la salute dei residenti. (Metro)

TOR CARBONE Ieri sera, due giovani con coltello hanno rapinato il titolare della pasticceria di via Aristide Sartorio. Bottino: circa un milione e mezzo. (Metro)

ECONOMIA

CRONACHE

ROMA

SPORT

SPETTACOLI

EPISODIO 18
Un tipo strano

Finalmente il treno riparte.
Oggi è proprio il giorno dei ritardi – pensa Piero – ma questa volta non è colpa mia!
Ricomincia il giro di controllo dei biglietti. Ha una buona memoria e ricorda i passeggeri e a volte anche le loro destinazioni.
Questo passeggero però non lo ha controllato ancora: pantaloni neri, maglietta nera, scarpe nere, calzini gialli. Non parla, non ascolta musica, non legge, disegna su un tovagliolo delle Ferrovie dello Stato. Non si capisce cosa: un vaso? uno sgabello? un accendino? un contenitore?

"Biglietti prego!" Piero osserva il disegno con la coda dell'occhio e pensa: "Ma che roba è?"
Il ragazzo cerca il biglietto dentro una borsa piena di fogli e non lo trova. Comincia a tirare fuori tante cose, ma il biglietto non c'è.
Piero aspetta e intanto guarda. Non è impaziente, non è nervoso, è solo curioso: un foglio con un disegno, un ritaglio di giornale, una copia della rivista "Domus", un fax arrotolato, una banana.
"Mi scusi, è sicuramente qui dentro, ma dov'è finito?"
"Prego, prego, faccia con comodo… non ho fretta" risponde Piero e si siede.
Piero vede sul bagagliaio sopra la testa del ragazzo, un rotolo, come un poster, e dice: "Lassù forse?"
"No, no, non può essere… lì no… poco fa sono andato al bar, ho tirato fuori il portafogli e il biglietto, ho pagato e… un attimo… Ho preso questo tovagliolo di carta e ho cominciato a disegnare… poi sono andato via e forse sì, sì, è possibile che ho lasciato il biglietto sul bancone del bar!"
"Allora vada a vedere… Io ripasso dopo. Dove scende?"
"A Roma".

1 

A. *Nel testo vengono nominati alcuni oggetti che il passeggero tira fuori da una borsa. Quali di questi?*

B. *Leggi più volte il testo e segna le risposte corrette.*

1.	Piero ricomincia il giro di controllo biglietti.	⊙ vero	⊙ falso
2.	Generalmente Piero non ricorda né chi sono, né dove vanno i passeggeri.	⊙ vero	⊙ falso
3.	Piero incontra un passeggero che non ha ancora controllato.	⊙ vero	⊙ falso
4.	Il passeggero disegna un oggetto strano.	⊙ vero	⊙ falso
5.	Piero è incuriosito e vorrebbe sapere cosa disegna.	⊙ vero	⊙ falso
6.	Il ragazzo non trova il suo biglietto.	⊙ vero	⊙ falso
7.	Piero diventa impaziente e dice che ha fretta.	⊙ vero	⊙ falso
8.	Piero dice che forse il biglietto è in un rotolo sul bagagliaio.	⊙ vero	⊙ falso
9.	Il ragazzo dice che forse ha perso il biglietto alla stazione.	⊙ vero	⊙ falso
10.	Il ragazzo scende a Napoli.	⊙ vero	⊙ falso

2 Attività *Ma che lavoro fa il tipo strano con i calzini gialli?*

Lavorate in coppia e fate ipotesi. Vince la coppia che indovina prima.
La soluzione è nel testo "L'ispirazione ferroviaria".

PER COMUNICARE IN ITALIANO

Ma che roba è?

Quando vedo qualcosa che non conosco, non riconosco, dico in modo informale:	**Ma che cos'è?** **Ma che roba è?**
Se ho perso qualcosa, cerco, cerco ma non la trovo, dico in modo informale:	**Ma dov'è?** **Ma dov'è finito/a?**

3 Attività

Combina le frasi di lei poi abbina ad ognuna una risposta di lui.

Lei	Lei	Lui
1. Non trovo le chiavi.	Ma dove sono?	a. Eccole, le ho prese io!
2. È da mezz'ora che cerco gli occhiali.	Ma dove sono finite?	b. Sul tavolo in cucina.
3. Guarda quel tipo che parla con Stefano.	Ma che roba è?	c. È un nuovo motore di ricerca.
4. Capisci questa pubblicità?	Ma chi è?	d. Non lo so, ma lo vedo ogni giorno al bar a quest'ora.

4 **Attività** *Mima una situazione*

Nell'ultima parte del testo il tipo con i calzini gialli racconta quello che ha fatto al bar.
È una sequenza di azioni che accadono una dopo l'altra.
Uno di voi immagina di essere al suo posto ma improvvisamente ha perso la voce e deve mimare la sequenza cioè raccontarla con i gesti.
Il resto della classe invece presta la voce al mimo e cerca di ricostruire le frasi.
L'insegnante segnala gli errori con un gesto.
E si riprova.

Nello stesso scompartimento c'è una donna salita a Milano. Non ha fatto in tempo a comprare il biglietto e Piero le ha fatto il biglietto sul treno.
Porta un paio di occhiali da sole molto scuri e tiene una valigetta sulle ginocchia mentre scrive al cellulare.
Il ragazzo senza biglietto le chiede un favore.
Appena lui esce dallo scompartimento lei chiude la porta e le tendine e fa una telefonata.

5 30 track *Ascolta più volte il testo e segna la risposta corretta.*

1. Il ragazzo senza biglietto chiede un favore alla signora. ○ vero ○ falso
2. La signora deve accompagnarlo al vagone ristorante. ○ vero ○ falso
3. La signora chiede se può leggere la rivista del ragazzo. ○ vero ○ falso
4. La signora parla al telefono con una donna. ○ vero ○ falso
5. La signora parla di cose segrete. ○ vero ○ falso
6. La signora dice che lei tiene d'occhio alcune persone. ○ vero ○ falso
7. La signora dice che ha cambiato colore di capelli. ○ vero ○ falso

Occhio al verbo!

Tenere d'occhio = *controllare, seguire con lo sguardo qualcosa o qualcuno*

Dare un'occhiata = *guardare velocemente*

PER COMUNICARE IN ITALIANO

Chiedere gentilmente

Se vuoi chiedere un favore puoi dire:

Le/ti dispiacerebbe farmi accendere?
(Ha/hai da accendere per favore?)

Se vuoi chiedere un permesso puoi dire:

Può/puoi aprire la finestra?
Posso usare il tuo computer?

6 Attività *Chiedi un favore*

ES Sei in classe. Devi scrivere. Non hai un penna. *Ti dispiacerebbe darmi la penna?*

- Devi comprare un biglietto della metropolitana. Hai solo un biglietto da 20 euro. Chiedi a un passante.
- Sei sola in casa con tuo figlio. Chiedi alla vicina di guardarlo per 10 minuti.
- Sei in treno. Devi fare una telefonata urgente. Non hai il cellulare.
- Sei in ritardo. Stai andando in ufficio. Passa un amico in macchina.
- Sei a casa di un'amica. Hai voglia di un caffè.
- Sei seduto/a al tavolo di un bar. Vuoi fumare, non hai l'accendino.

7 Attività *Chiedi il permesso di fare qualcosa*

Combina le frasi.

Posso fare una telefonata?

	prendere	vicino alla lavagna?
	chiudere	la tua penna?
	accendere	il tuo asciugacapelli?
	sedermi	questo vestito nella tua valigia?
Posso	andare	con la carta di credito?
	usare	l'aria condizionata?
	pagare	il finestrino?
	uscire	al bagno?
	mettere	con i miei amici stasera?

8 Attività *Chiedi il permesso!*

Sei in una stanza molto calda. Vuoi aprire la finestra. Ci sono altre persone.

ES *Posso aprire un po' la finestra?*

Sei in classe, tu non hai il dizionario. La tua vicina di banco sì.

....

Sei in un negozio. Non ti bastano i soldi contanti. Hai una carta di credito.

....

Sei al ristorante, sul tavolo manca l'oliera. Vedi che c'è un'oliera sul tavolo dei vicini.

....

Sei in salumeria. Vuoi comprare del formaggio. Vuoi sapere che gusto ha.

....

Sei ad una lezione. Non hai capito qualcosa. Vuoi fare una domanda.

....

L'ispirazione ferroviaria

Qualche minuto dopo il ragazzo del biglietto torna ed inizia a parlare con la donna che è rimasta nello scompartimento.

9 track 31 **A.** *Ascolta il testo e cerca di capire che lavoro fa il ragazzo:*

- direttore d'orchestra
- dentista
- designer
- disc jokey
- dottore

B. *Ascolta più volte il dialogo e segna le risposte corrette.*

1. La signora domanda al ragazzo se ha trovato il biglietto. ⊙ vero ⊙ falso
2. Lui dice che l'ha messo nella rivista che ha dato a lei. ⊙ vero ⊙ falso
3. La signora ha già letto la rivista. ⊙ vero ⊙ falso
4. Il ragazzo ritrova il biglietto. ⊙ vero ⊙ falso
5. Il ragazzo è un architetto. ⊙ vero ⊙ falso
6. La signora dice che per gli artisti è meglio perdere un biglietto che l'ispirazione. ⊙ vero ⊙ falso
7. Il ragazzo non ama disegnare in treno. ⊙ vero ⊙ falso
8. La signora vuole sapere che cosa ha disegnato. ⊙ vero ⊙ falso
9. Il ragazzo dice che sta disegnando uno scolapasta. ⊙ vero ⊙ falso

10 31 track *Ascolta più volte il dialogo e completa il testo.*

"..."

"No, ma mi sono ricordato .... Dovrebbe essere proprio

....".

"Questa, ah, guardi.., ...

.... e..."

"Dunque , vediamo, sì eccolo, ... come segnalibro... poi

.... e .... completamente".

"Succede... gli artisti, meglio ...., no?"

Dopo aver completato il testo osserva tutti i verbi che formano il passato prossimo con l'ausiliare *avere*. Quali sono preceduti da un **pronome diretto**? A che cosa si riferisce il pronome? Con che cosa è concordato il participio passato in questo caso?

FACCIAMO GRAMMATICA

Accordo del participio passato con i pronomi diretti

Nei verbi al passato prossimo con l'ausiliare *avere* il participio passato è invariabile.

ES *Marta ha preso l'autobus*
Carlo ha preso l'autobus
Marta e Francesca hanno preso l'autobus
Carlo e Giovanni hanno preso l'autobus

Ma attenzione!!
Quando il verbo è preceduto da un pronome diretto, il participio passato concorda con il pronome.

ES *Hai visto Marta? Sì, **l'**ho vist**a** ieri.*
*Hai già comprato il giornale? Sì, **l'**ho comprat**o** stamattina.*
*Hai comprato le sigarette? Sì **le** ho comprat**e**.*
*Hai letto questi libri? Sì, **li** ho lett**i** l'anno scorso.*

11 Esercizio

Inserisci i pronomi e concorda il verbo.

ES *Hai già fatto colazione? Sì, ..l'.. ho già fatt..a..*

1. Hai già comprato il latte? Sì, ... già comprat... .
2. Hai ritirato il biglietto? Sì, ... ritirat... ieri in agenzia.
3. Avete mai mangiato le tagliatelle al tartufo? Sì, ... abbiamo mangiat... .
4. Hai già visto la mia amica canadese? Sì, ... vist... ieri a casa di Marco.
5. Hai visitato i musei Capitolini? Sì, ... visitat... l'anno scorso.
6. Hai invitato Marta e Francesca per la tua festa? Certo che .... invitat... .
7. Dove ha comprato questi strani oggetti? .... comprat... in un negozio di Milano.
8. Chi ha portato queste due bottiglie di vino? .... portat... Carlo.
9. Chi ha lavato l'insalata? .... lavat... io.
10. Hai spedito tutti i fax? Sì, ... spedit... tutti.

12 **Attività** *Controlla la valigia*

Devi partire per un viaggio, hai molte cose da mettere in valigia. Controlla se hai preso tutto. Uno studente legge l'elenco e l'altro risponde senza guardare il testo usando un pronome.

ES il costume da bagno *Sì, l'ho preso!*

- gli asciugamani
- lo spazzolino
- gli occhiali da sole
- la borsa termica
- lo shampoo
- il dentifricio
- i sandali da spiaggia
- le scarpe da tennis
- il bagnoschiuma
- le creme solari
- la crema antizanzare
- le pinne per nuotare

13 **Attività** *Indovina che cos'è*

Lavorate in coppia.
Uno di voi sceglie un oggetto tra quelli qui sotto ma non dice quale.
L'altro fa una serie di domande per indovinare di che oggetto si tratta.
Si può rispondere solo con "sì" o "no".

ES *È un oggetto per la casa?*
Serve per aprire qualcosa?

Roma, lenta e solare, confusa e rumorosa, ricca di colori, di africani, filippini, colombiani, barboni, suore e pellegrini del nuovo millennio, frati e pakistani, cinesi, impiegati ministeriali, pendolari e venditori ambulanti, cineserie[1] e falsi di moda.
Souvenir: Colossei e Fontane di Trevi meteoropatiche[2], lupe[3] che allattano e Pietà[4] di bronzo e finto marmo, papi e colonnati celebri, e sciarpe e magliette giallo-rosse "Forza Roma" o bianco-azzurre "Forza Lazio", le due squadre di calcio rivali.
Una stazione rinnovata con negozi aperti e trasparenti che sembra un aeroporto, un piazzale pieno di autobus arancioni, il 64 è uno degli autobus che porta al Vaticano ed è sempre pieno di turisti e borseggiatori in parti uguali…
La M rossa della metro A e B ed i tassisti logorati[5] dal traffico che chiedono alle turiste se sono sposate.
Qualche rovina sullo sfondo e pini mediterranei sempre meno affollati di storni[6]: siamo davvero a Roma, ma questo è solo l'inizio, è solo la Stazione Termini.
Scendono quasi tutti, o così sembra, scende anche Annarita, la ragazza di Riccione ed i tre ragazzi che viaggiavano con lei. Uno le porta una valigia.
Scende anche Piero perché il treno si ferma venti minuti.
Normalmente Piero si ferma a Roma mezza giornata, oppure riparte subito per Milano e un altro controllore sale sul treno che va a Palermo.
Oggi però Piero sostituisce un collega che sta male e continua il viaggio fino in Sicilia sullo stesso treno.

---

1 Cineserie: oggetti esotici di poco valore.
2 Fontane meteoropatiche: riproduzioni della fontana di Trevi che cambiano colore quando cambia la pressione atmosferica.
3 Lupe: la lupa è il simbolo della città. Secondo una leggenda una lupa trovò ed allattò Romolo e Remo. Romolo fondò Roma.
4 Pietà: famosa statua di Michelangelo.
5 Tassisti logorati: tassisti stanchi, stressati.
6 Storni: tipo di uccelli.

1 **A.** *Alla Stazione Termini si vendono alcuni souvenir locali, quali tra questi?*

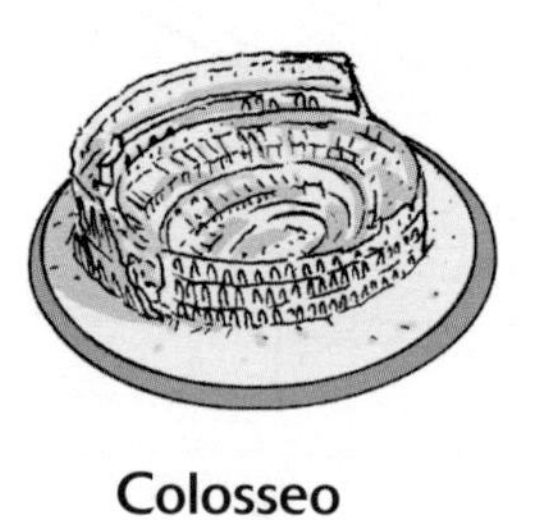

Colosseo

Fontana di Trevi

Lupa con Romolo e Remo

gondola

B. *Leggi più volte il testo e segna le risposte corrette.*

1. Roma è una città solare. ⊙ vero ⊙ falso
2. Roma ha due squadre di calcio importanti. ⊙ vero ⊙ falso
3. I tifosi della Roma portano sciarpe e bandiere bianco-azzurre. ⊙ vero ⊙ falso
4. La Stazione Termini è stata restaurata. ⊙ vero ⊙ falso
5. I negozi della Stazione Termini sono moderni. ⊙ vero ⊙ falso
6. Per andare al Vaticano si può prendere solo l'autobus n. 64. ⊙ vero ⊙ falso
7. Alla Stazione Termini passano due linee della metropolitana. ⊙ vero ⊙ falso
8. Annarita scende a Roma per cambiare treno. ⊙ vero ⊙ falso
9. Piero oggi continua il viaggio sullo stesso treno. ⊙ vero ⊙ falso

2 **A.** *Cerca i sinonimi.*
Leggi il testo e cerca le parole corrispondenti a queste definizioni:

1. persone che non hanno una casa e vivono per strada ....
2. persone che viaggiano per motivi religiosi ....
3. persone che lavorano in uffici statali ....
4. persone che viaggiano tutti i giorni per andare al lavoro ....
5. persone che vendono oggetti per la strada ....
6. persone che rubano portafogli ....

B. *Alla Stazione Termini compaiono molte persone.*
Alcuni sono definiti per nazionalità. Altri per professione o mestiere ed altri ancora in base a caratteristiche diverse. Quali?

Nazionalità	**Mestiere/professione**	**Altro**

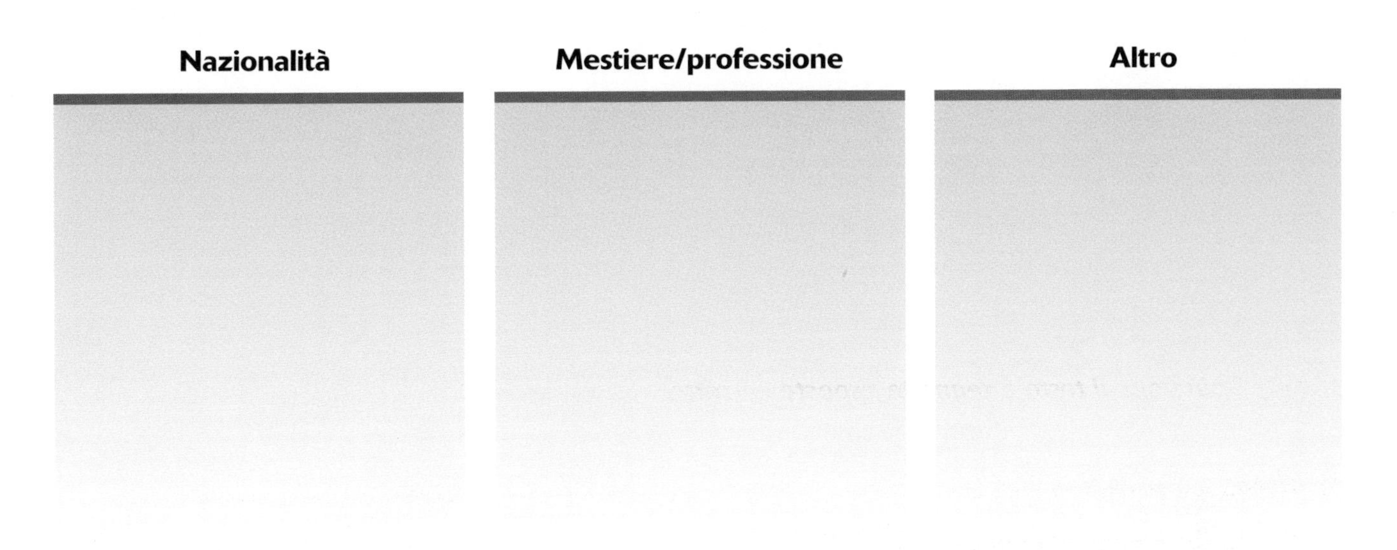

Al mattino presto, nella luce ancora incerta, prima che i bar tirino su le loro serrande per avventori insonnoliti in cerca di un "cornetto" e un cappuccino, pare quasi di veder girare i fantasmi degli imperatori e dei papi che hanno fatto la storia secolare di questa città, mentre si aggirano per le strade sfiorando le macchine parcheggiate e i portoni.

Ottaviano Augusto, Nerone, Tito,
Adriano, Marco Aurelio...
Si sono lasciati dietro le sontuose ville che hanno abitato,
come la Domus Aurea di Nerone che sta vicino al colosseo, si sono lasciati dietro le loro Terme,
come ha fatto Caracalla.

Dodici secoli di storia e di potenza della città fondata da Romolo nel 753 a.C. sono tutti lì, sontuosamente accatastati fra il Campidoglio, il Colle Oppio, i resti del Foro Romano. I turisti di solito li vedi che percorrono questa passeggiata unica al mondo sotto il sole cocente di mezzogiorno.
Ma l'ora migliore è al mattino presto, quando i monumenti sono accarezzati da una dolce luce rosata, e puoi ancora sentire la voce delle fontane prima che venga soffocata dalle macchine.

Michele Tranquillini, Un giorno a Roma

3 *Dopo aver letto il testo ritrova e trascrivi sotto.*

Imperatori romani	Monumenti	Luoghi

Fatti sentire!

Annarita è tutta emozionata, è la prima volta che viene a Roma. I ragazzi che scendono con lei sono molto simpatici, le hanno offerto di andare a bere un caffè insieme ed uno le porta una delle valigie.
Lei però ha detto che non può, c'è qualcuno che l'aspetta ed infatti eccolo lì, con un sigaro in bocca, il giornale in mano che saluta con la mano alla fine del binario: è Romeo Petroni, regista, pare, famoso a Cinecittà.
I ragazzi la salutano. Annarita cerca di rispondere a tutti.

1 Sfiga: sfortuna, iella, termine molto usato nella lingua parlata.

4 *Leggi più volte il testo e il fumetto e segna le risposte corrette.*
Dopo ogni lettura lavorate in coppia e provate a dire quello che avete capito.

1. Annarita è emozionata arrivando a Roma.	⊙ vero	⊙ falso
2. Annarita va al bar con i ragazzi che ha incontrato in treno.	⊙ vero	⊙ falso
3. Alla Stazione Termini c'è qualcuno che aspetta Annarita.	⊙ vero	⊙ falso
4. Romeo Petroni lavora nel cinema.	⊙ vero	⊙ falso
5. I ragazzi salutano Annarita e le chiedono di rimanere in contatto.	⊙ vero	⊙ falso
6. Annarita risponde che lo farà.	⊙ vero	⊙ falso

5 Attività

*Abbina ogni frase dei ragazzi ad una risposta di Annarita collegando le colonne **A** e **B**.*

A	B
"Mi raccomando!"	"No, no, stai tranquillo"
"Fatti sentire!"	"Figurati!"
"Telefonaci!"	"Non ti preoccupare"
"Facci sapere l'indirizzo!"	"Certo, certo"
"Non ti montare la testa!"	"Chiamatemi anche voi!"
"Scrivici una cartolina"	"Sì, come l'Anita Ekberg, peccato che non sono bionda"
"Annarita, Annarita, ma questo regista è davvero famoso, non sarà una fregatura..."	"Col Colosseo o Piazza di Spagna?
"Ehi! Ma il bagno dove te lo fai a Roma nella fontana di Trevi ?"	"Fatevi sentire anche voi"

Molte delle frasi pronunciate da Annarita e dai suoi amici sono formule che ricorrono nella conversazione. Quali espressioni si usano per esprimere:

• richiesta / desiderio • rassicurazione

Prova ad abbinarle ad alcuni significati corrispondenti sotto:

• per favore, non parlare
• rimani in contatto, per telefono, a voce
• non devi essere preoccupato per me
• devi fare attenzione, devi comportarti bene

6 Esercizio

Ricomponi le frasi.

1. non • testa • la • montate • vi

   ....

2. se • da • parti • queste • sentire • torni • fatti

   ....

3. quando • casa • indirizzo • sapere • cambi • facci • nuovo • il

   ....

4. non • mamma • preoccupare • piano • ti • , • guido

   ....

5. raccomando • mi • nessuno • aprite • , • non • a

   ....

7 Esercizio

Inserisci nelle frasi queste espressioni:

non ti preoccupare • sta' zitto • mi raccomando • telefonaci • non ti montare la testa • scrivici

1. Mamma, ..., la Sicilia non è un posto pericoloso!
2. Carlo, ..., cerca di studiare di più!
3. Uffa, adesso .... per favore, e lasciami parlare.
4. Tutti i giornali parlano del tuo libro, adesso però ....!
5. Franco, figlio mio, mi raccomando appena arrivi al Cairo ....
6. Ciao, Nimrod, buon viaggio, e se torni in Italia qualche volta ....!

Qui non siamo a Riccione

Romeo Petroni, il regista, osserva da lontano i ragazzi che salutano Annarita, è un po' geloso…

8 *Ascolta più volte la conversazione tra Romeo Petroni ed Annarita e segna la risposta corretta.*

1. Romeo non vede i ragazzi che salutano Annarita.	⊙ vero	⊙ falso
2. Romeo è molto sorpreso del ritardo del treno.	⊙ vero	⊙ falso
3. Annarita è stanca e vuole andare a dormire.	⊙ vero	⊙ falso
4. Annarita conosce già Roma.	⊙ vero	⊙ falso
5. Annarita non vuole andare al ristorante.	⊙ vero	⊙ falso
6. A Roma fa molto caldo.	⊙ vero	⊙ falso
7. Romeo ha preso una multa perché ha parcheggiato male la macchina.	⊙ vero	⊙ falso
8. Romeo dice che a Roma fanno troppe multe e pochi parcheggi.	⊙ vero	⊙ falso

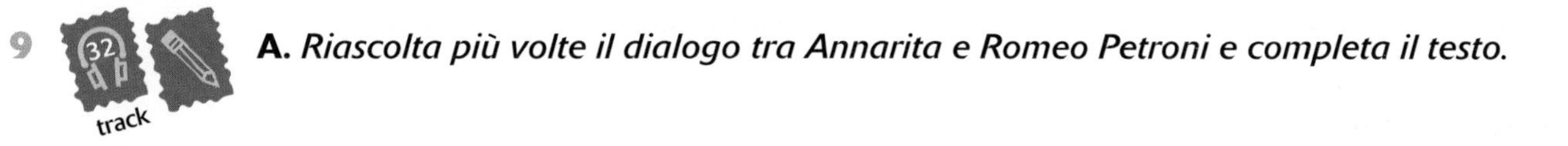

9 **A.** *Riascolta più volte il dialogo tra Annarita e Romeo Petroni e completa il testo.*

"Ma sai cosa è successo?"

"No, che cosa? Ah senti non so, dimmi .... prima

.... , io intanto..."

"No, no, non .... non .... è la prima

volta che ...."

" ...., ... e poi..."

"................................... io .... in treno, possiamo

....................................".

"................................... qui a Roma ....,

qui ...., ... , ho la

macchina qua dietro.

B. Romeo è molto gentile con Annarita.
Lui propone alcune cose, lei rifiuta e propone delle alternative.
Alla fine decidono un programma comune.
Osserva con attenzione le battute del dialogo che hai trascritto.
Evidenzia tutte le parti del discorso che secondo te si usano per fare una proposta e organizzare un programma con qualcuno.

10 Attività

*Abbina le espressioni della colonna **A** con il significato corrispondente nella colonna **B**.*

A	B
ti mangiava con gli occhi	sanno fare solo questa cosa
ci hanno provato	non parliamo di questo, non importa
lascia stare	ti guardava con desiderio
basta che (fanno le multe)	hanno tentato di fare qualcosa

11 Esercizio

Completa i tre dialoghi con le seguenti espressioni.

lascia stare • ti mangiava con gli occhi • basta che • ci ha provato

1. - Non fanno niente tutto il giorno, ... chiedono soldi!
   - .... Mario, non ti arrabbiare, sono ragazzi, anche tu eri così da giovane.
2. - Macché saldi, mi voleva vendere questi pantaloni ad un prezzo esagerato!
   - Eh beh! Lui ...., spesso i negozianti fanno così per vendere.
3. - Secondo me tu piaci a Filippo.
   - Ma che dici, lui ha una ragazza.
   - Sì, ma ieri sera alla festa ....

12 Attività *Sì o no?*

Leggi i mini dialoghi.

Secondo te la risposta significa sì o no?	**sì**	**no**
1. - Alberto, ricordati di portarmi quel libro. - Certo, certo.	⊙	⊙
2. - Gianna, ti va di andare a fare un giro in bici? - Perché no?	⊙	⊙
3. - Vieni qua che è pericoloso allontanarsi. - Ma dai!	⊙	⊙
4. - Credo che lui porti il vino. - Sì, figurati, è così tirchio.	⊙	⊙
5. - Vieni anche tu stasera in pizzeria? - Come no!	⊙	⊙

13 Attività *Organizzate il sabato*

Siete una coppia e volete organizzare il sabato insieme.
Avete idee, proposte e cose da fare ma come tutte le coppie non sempre siete subito d'accordo.
Dovete discutere un po' per organizzare il vostro programma comune.
Costruite un dialogo utilizzando lo schema sotto.

Ecco alcune cose che forse volete fare:

- fare spese
- andare al mare
- pulire la casa
- uscire la sera
- invitare gli amici
- vedere una mostra
- lavorare
- dormire tutto il giorno

A. Dimmi se ....

B. No, no non ....

A. Come vuoi, allora ....

B. Se vuoi, ma .... possiamo ....

A. Ma guarda che .... comunque ....

14 **Role play** *Dove andiamo stasera?*

E tu cosa proponi di fare stasera?
Leggi le locandine degli spettacoli e proponi a un compagno qualcosa da fare insieme.

La valigia dell'episodio 19

Il "famoso" regista Romeo Petroni che ha invitato Annarita a Roma per un provino non è certo un Fellini, e la povera Annarita ancora non sa che non è l'uomo giusto per fare una carriera da attrice... Romeo è stato in vacanza a Riccione e l'ha conosciuta nella gelateria sul lungomare dove lei lavorava. Un giorno lui le ha lasciato il suo biglietto da visita e dietro le ha scritto: "Sei la ragazza ideale per il mio film... ti aspetto a Roma!".
Annarita è arrivata davvero, e adesso Romeo Petroni l'accompagna in macchina per un giro turistico nel centro di Roma.
Vuole fare bella figura!

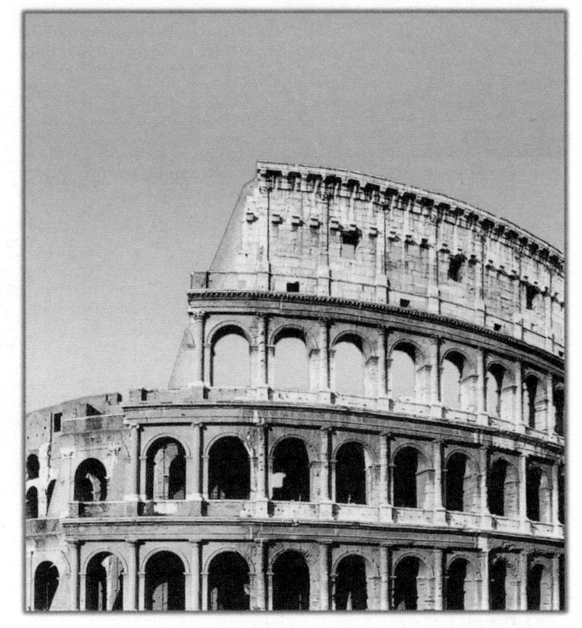

1 33 track **A.** *Romeo porta Annarita in giro per la città. Quali di questi luoghi e monumenti nominano durante la visita guidata?*

- La Basilica di San Pietro
- Il Colosseo
- Castel S. Angelo
- Le Terme di Caracalla
- La Fontana di Trevi
- Via Appia
- Il Teatro di Marcello
- Piazza Venezia
- Il Circo Massimo
- Il Campidoglio
- L'Arco di Tito
- Il Ghetto
- Piazza Navona
- Il Monumento a Vittorio Emanuele

B. *Ascolta e collega luoghi, monumenti e caratteristiche.*

Via Appia
Piazza Venezia
Anita Ekberg
sinagoga
Michelangelo
Fontana di Trevi
Mussolini
Campidoglio
balcone
Ghetto
Portico d'Ottavia

*Guarda le vignette e osserva come vengono usati **questo** e **quello**.*

FACCIAMO GRAMMATICA

Questo o quello?

Generalmente il pronome dimostrativo **questo** si usa per indicare qualcosa che è vicino a chi parla mentre **quello** si usa per indicare qualcosa che è più lontano da chi parla.
Il pronome **codesto** tranne in fiorentino non è più molto usato in italiano. Si usa per indicare qualcosa che è vicino alla persona che ascolta (a cui ci si rivolge).
Tutti e tre i pronomi hanno un maschile e femminile, singolare e plurale.

Questo è anche aggettivo quando si trova davanti ad un nome:

questo tavolo	**questi** tavoli
questa sedia	**queste** sedie

Se il sostantivo singolare inizia per vocale si usa **quest'**:

quest'anno	**quest'**estate

Quello è anche aggettivo quando si trova davanti ad un nome. In questo caso però ha più forme ovvero si declina come un articolo:

quel tavolo	**quei** tavoli
quella sedia	**quelle** sedie
quello studente	**quegli** studenti
quell'albergo	**quegli** alberghi
quell'isola	**quelle** isole

2 Esercizio

Inserisci **quest'/o/a/e/i** *nelle frasi sotto.*

ES *...Questa... è una cartolina per Giuseppe.*

1. .... è il mio spazzolino.
2. .... due studenti sono principianti.
3. .... due esercizi sono per casa.
4. .... scarpe sono troppo strette.
5. .... pizza è enorme.
6. .... problema non è facile da risolvere.
7. .... chiesa di che epoca è?
8. .... estate vado in vacanza in Sardegna.
9. .... acqua minerale è troppo gasata.
10. .... notte ho dormito pochissimo.

3 Esercizio

Inserisci il pronome o l'aggettivo dimostrativo **quello** *nella forma corretta.*

ES *...Quello... è il duomo di Milano.*

1. .... ragazza che parla al telefono è una cantante.
2. .... donna non è per te, mio caro Filippo!
3. .... giorno è stato terribile per me.
4. .... imbecilli non hanno capito proprio niente!
5. .... vigile è molto rigido, fa multe a tutti.
6. .... stupido di Marco ha lasciato il lavoro.
7. .... è il giornale di ieri.
8. .... è una torta al cioccolato.
9. .... sono gli uffici nuovi.
10. .... è il famoso ponte dei Sospiri.

Roma per chi non la conosce

Sabato

Ore 9 Comincia in bellezza: e raggiungi subito piazza S. Pietro (metropolitana A, fermata Ottaviano), il capolavoro del Bernini e visita la basilica, la cui facciata, del Maderna, è stata restaurata di recente. Da non perdere, all'interno, la Pietà di Michelangelo. E poi, la monumentale cupola: sali in cima, da lì potrai godere di una vista spettacolare su tutta Roma.

Ore 11 Poi, percorri via della Conciliazione e raggiungi Castel Sant'Angelo, tuo primo "tuffo" nella Roma antica. È un edificio simile a una fortezza costruito, nel 135 dopo Cristo, come mausoleo dell'imperatore Adriano. Dalla riva sinistra del Tevere, attraversa ponte Sant'Angelo e vai in piazza Navona. Al centro, l'indimenticabile fontana dei Fiumi del Bernini (1651).

Roma per chi la conosce già

Ore 17 Percorri via del Pellegrino, un vicolo tappezzato di specchi che ospita negozi di libri e d'arte. Da qui, sbuca in corso Vittorio Emanuele, dove sorge la Chiesa Nuova: da non perdere l'Oratorio dei Filippini (1640), opera del Borromini. Cammina poi lungo via dei Coronari, tra negozi di antiquari e Lorenzo in Lucina, un'antica chiesa che sorge sui resti della meridiana di Augusto. Da qui, per via Frattina, via Borgognona o via Condotti, arrivi in piazza di Spagna: concludi il percorso con un giro tra i negozi di moda più prestigiosi o con una piacevole sosta da Babington's, una sala da tè situata ai piedi della scalinata di Trinità dei Monti (metropolitana A, fermata Spagna).

Tu Donna

4 *Questi sono pezzi di itinerari romani consigliati dalla rivista "Tu Donna".*
C'è un percorso per chi conosce già Roma ed uno per chi non la conosce.
Questa guida è scritta con tono formale (voi) o informale (tu)?
Leggi il testo e sottolinea tutti i verbi all'imperativo.
Qual è l'infinito corrispondente?

Imperativo	**Infinito**

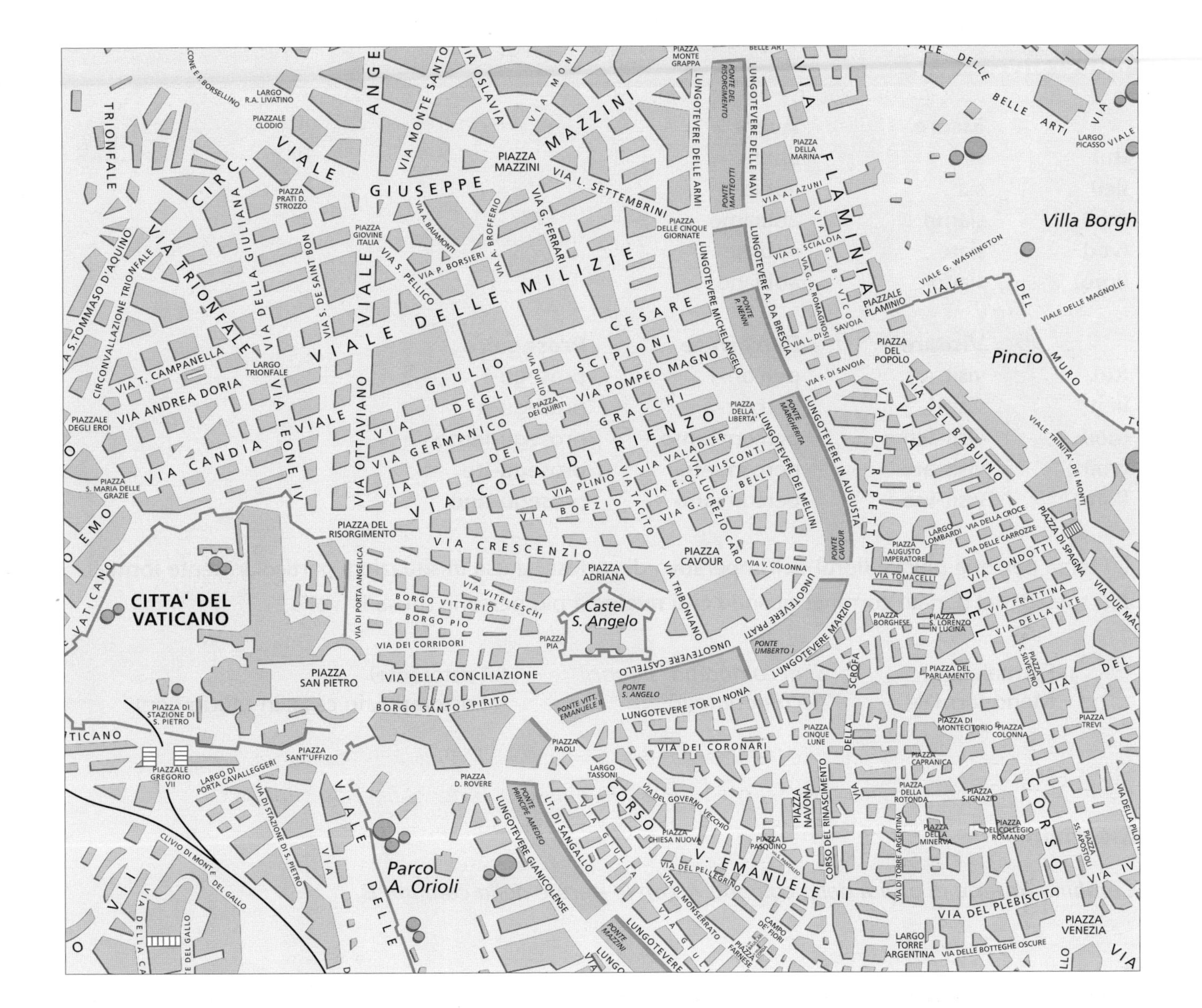

FACCIAMO GRAMMATICA

L'imperativo

L'imperativo si usa per:

• dare ordini	*Spegni la radio, per favore!* *Alzati, è tardi!*
• dare istruzioni (indicazioni stradali, ricette, ecc...)	*Gira a destra, poi continua dritto ...* *Per accendere il computer premi il tasto rosso.*
• dare consigli	*Prendi un'aspirina, se hai mal di testa.* *Aspetta ancora un po' prima di prendere una decisione.*
• invitare a fare qualcosa	*Dai, mangia ancora un po'.* *Vieni anche tu alla festa stasera! Ti divertirai!*

Imperativo

	Essere	**Avere**	
(tu)	sii	abbi	
(lei)	sia	abbia	
(noi)	siamo	abbiamo	
(voi)	siate	abbiate	
(loro)	siano	abbiano	
	Visitare	**Percorrere**	**Proseguire**
(tu)	visit-**a**	percorr-**i**	prosegu-**i**
(lei)	visit-**i**	percorr-**a**	prosegu-**a**
(noi)	visit-**iamo**	percorr-**iamo**	prosegu-**iamo**
(voi)	visit-**ate**	percorr-**ete**	prosegu-**ite**
(loro)	visit-**ino**	percorr-**ano**	prosegu-**ano**

La terza persona plurale (loro) dell'imperativo di cortesia si usa in situazioni particolarmente formali. Più spesso, nel parlato corrente quando ci si rivolge a più persone si usa il "voi".

ES

Formale	*"Si accomodino, signori!"*	(al ristorante)
Meno formale	*"Accomodatevi!"*	(al ristorante, in casa, in ufficio ecc.)

5 Esercizio

*Combina la serie di ordini della colonna **A** con le parole della colonna **B**.*

A	B
annaffia	le finestre
rispondi	la cena
rileggi	la radio
spegni	gli errori
apparecchia	il testo
prepara	al telefono
correggi	la stanza d'albergo
prenota	la tavola
prestami	il temperamatite
chiudi	le piante

Imperativo negativo

L'imperativo negativo alla seconda persona singolare si forma con **"Non + infinito"**

(tu)	*Non gridare, per favore* *Non mangiare troppo!*	*Non dire queste cose!* *Non piangere!*

ma:

(lei) *Non gridi, per favore*
(noi) *Non gridiamo, per favore*
(voi) *Non gridate, per favore*
(loro) *Non gridino, per favore*

6 Esercizio

Completa le frasi con i verbi all'imperativo.

1. Bambini, (spegnere) ....spegnete.... la TV, e (cominciare) .... a fare i compiti.
2. Marco, non (accendere) .... la luce, altrimenti entrano le zanzare.
3. Signorina, (firmare) .... qui per favore.
4. Francesca, (telefonare) .... se non torni per cena.
5. Dottore, (guardare) ....: ho questo dente che mi fa male.
6. Presto ragazzi, (uscire – noi) ....: è tardi.
7. Non (entrare – voi) ....: il pavimento è bagnato.
8. Non (spegnere-tu) .... la radio, questo programma mi interessa.
9. Roberto, (rallentare) .... per favore, non vedi che c'è il limite di 50 km?
10. Scusi, per Piazza Dante?
    (Lei – girare) .... qui a destra e (continuare) .... sempre dritto.

Imperativo dei verbi riflessivi

Osserva la posizione del pronome nei verbi riflessivi:

	Alzarsi
(tu)	alza**ti**
(lei)	**si** alzi
(noi)	alziamo**ci**
(voi)	alzate**vi**
(loro)	**si** alzino

7 Esercizio

Completa le frasi con i verbi all'imperativo.

ES *Su, bambini (alzarsi) alzatevi, sono già le 7.30.*

1. Signora, (ricordarsi) .... di annaffiare le piante ogni giorno.
2. Bene, (noi – incontrarsi) .... davanti al cinema alle 8.15.
3. Marco (non – sporcarsi) .... i pantaloni per favore.
4. Ragazzi, (prepararsi) .... bene, sarà una gara impegnativa.
5. Prego, (voi – entrare) .... e (sedersi) .... dove volete.
6. Anna, (reggersi) .... bene, se l'autobus frena è pericoloso.
7. Per favore (voi – pulirsi) .... le scarpe sul tappeto prima di entrare.
8. Signori, per favore (allontanarsi) .... , non c'è niente da guardare.
9. Signor Panelli (non – preoccuparsi) .... , l'agenzia penserà a tutta l'organizzazione del viaggio.

8 Gioco *Come arrivarci?*

Uno studente ha gli occhi bendati.

Sistemate un oggetto in un certo punto della classe.
Date istruzioni oralmente al vostro compagno bendato per ritrovare l'oggetto.

La classe si può dividere in due o più gruppi.
Una persona della squadra opposta decide dove mettere l'oggetto.
I compagni della propria squadra danno istruzioni al proprio rappresentante che non deve vedere dove è stato nascosto l'oggetto.
Vince la squadra che riesce a far trovare l'oggetto in meno tempo.

ES *Continua dritto!*
Va un po' più avanti!
Girati!

9 Attività *Scrivi un itinerario turistico*

Organizza un itinerario nella tua città o in una città che conosci bene.
Usa il modello dell'itinerario romano:

a. Per chi la conosce già

b. Per chi non la conosce

10 Attività

A. *Prova a fare delle richieste:*

ES *Un tuo amico va a fare la spesa.*
A casa manca il latte.

Compra il latte, per favore.

- L'acqua è in tavola ma è troppo lontana da te.
- Un tuo amico parte per un viaggio. Vuoi che ti mandi una cartolina.
- Il bambino è ancora sveglio. Deve andare a letto.
- Tuo fratello ha lasciato tutte le sue cose in giro per la casa.
- Hai sonno ma la luce è accesa e non puoi dormire. Tuo marito/tua moglie legge.
- Squilla il telefono, tu sei in bagno, in casa c'è un amico.
- Qualcuno in casa guarda la TV. Il volume è troppo alto, non riesci a studiare.
- La finestra è aperta. Hai freddo, Mario invece ha sempre caldo.

B. *Lavorate in coppia ed immaginate le risposte possibili per ogni situazione.*

Una cenetta romantica

È sera ormai a Roma, anche se c'è ancora una bellissima luce rossastra che illumina e rende ancora più belli chiese, ruderi e palazzi della città.

Annarita proprio non vuole andare a casa di Romeo, preferisce passare la serata all'aperto, e godersi ancora la città.

Lui allora propone una cena in uno dei ristoranti più famosi per la cucina romana tradizionale: *da Checchino al mattatoio* nel quartiere Testaccio, cuore della vecchia Roma popolare, e della nuova Roma dei giovani, degli artisti, dove locali e discoteche restano aperti fino alle prime ore del mattino e ci sono concerti e manifestazioni culturali di ogni tipo.

Per Annarita la cucina romana è una sorpresa, i rigatoni con la pajata un piatto esotico.

"Da noi, certo, non si mangia leggero – pensa Annarita – ma anche i romani non scherzano davvero!"

La scelta è difficile, Romeo insiste per i rigatoni ma su consiglio dello chef alla fine Annarita prende un classico piatto romano. "Bucatini all'amatriciana".

Ecco la vera ricetta!

Bucatini all'amatriciana

Dosi per 4 persone:
400 gr. di bucatini
100 gr. di guanciale di maiale
1 cipolla piccola
5 pomodori da sugo maturi
1/2 peperoncino piccante
1/2 bicchiere di vino bianco secco
pecorino grattugiato
olio
sale

Questo piatto, che proviene, (come dice il nome stesso), da Amatrice, cittadina in provincia di Rieti, è uno dei piatti più famosi della cucina romana ed anche italiana in generale.
Cominciate innanzi tutto col preparare il sugo, che richiederà una cottura un po' più lunga degli spaghetti. Tagliate il guanciale a dadini e fatelo soffriggere con poco olio assieme alla cipolla affettata. Quando avrà soffritto per una decina di minuti, senza però bruciare, spruzzatelo con un po' di vino bianco e fatelo evaporare subito a fuoco vivace. Poi lavate i pomodori e ricavatene dei filetti che verserete nella pentola dove già sta cuocendo il guanciale. A questo punto salate il sugo e aggiungete il peperoncino, poi coprite e fate cuocere. Intanto che il sugo si cuocerà, portate l'acqua al bollore e gettate quindi i bucatini, che sono dei grossi spaghetti col buco.Scolateli piuttosto al dente, poi conditeli col sugo e serviteli fumanti con il pecorino grattugiato.

La vera cucina di Roma e del Lazio a cura di Alda Vicenzone

11 Attività

*Ricostruisci la sequenza della preparazione dei bucatini all'amatriciana combinando le parti **A** e **B**.*

A	B
tagliare	vino bianco
soffriggerlo	i bucatini
aggiungere	col sugo
lavare	il guanciale
tagliarli	con il pecorino grattugiato
unirli	con olio e cipolla
aggiungere	l'acqua
far bollire	i pomodori
gettare nell'acqua	al dente
scolarli	al guanciale soffritto
condirli	sale e peperoncino
servirli	a filetti

Riscrivi la ricetta per darla ad un amico:
*usa l'imperativo con il **tu**.*

Decalogo per il viaggiatore

Il decalogo è fatto di dieci regole o principi da rispettare.
Il decalogo più famoso è quello delle tavole con le dieci leggi date da Dio a Mosè.
*Spesso oltre al vero e proprio imperativo nei decaloghi si usa il **verbo all'infinito**, che ha un **valore di imperativo**.*

Leggi il decalogo per il viaggiatore.

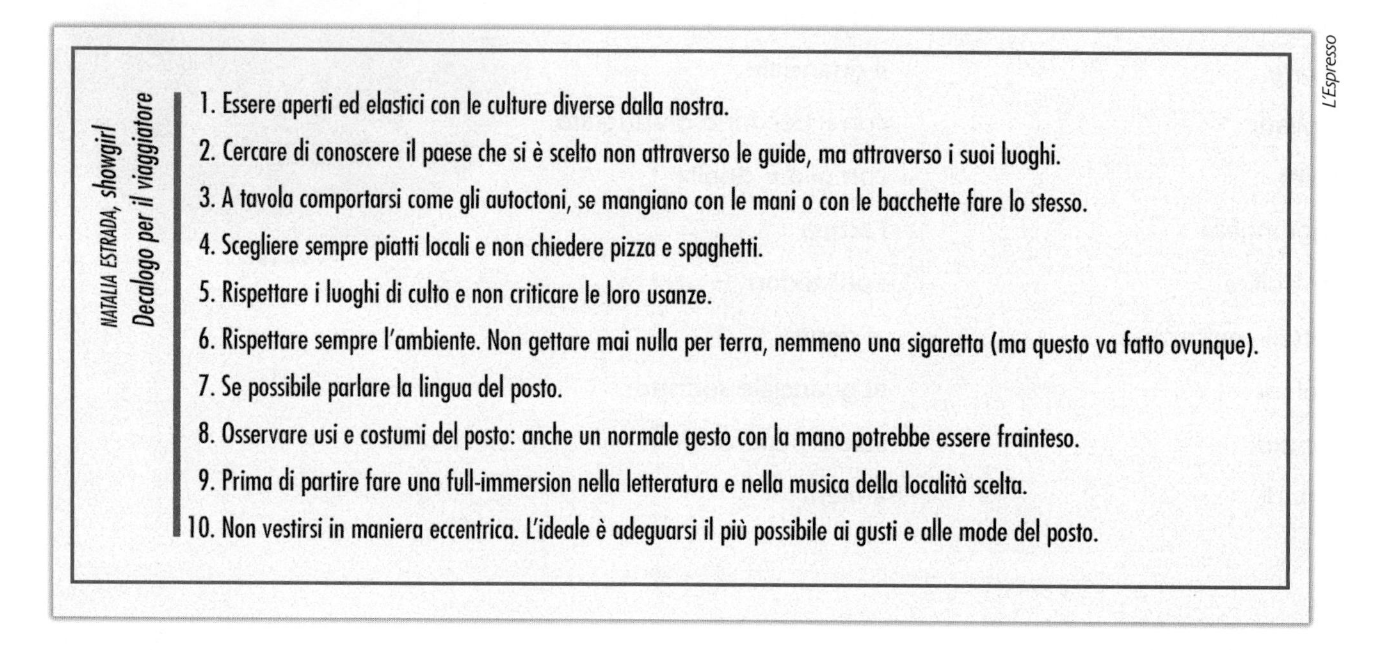

NATALIA ESTRADA, *showgirl*
Decalogo per il viaggiatore

1. Essere aperti ed elastici con le culture diverse dalla nostra.
2. Cercare di conoscere il paese che si è scelto non attraverso le guide, ma attraverso i suoi luoghi.
3. A tavola comportarsi come gli autoctoni, se mangiano con le mani o con le bacchette fare lo stesso.
4. Scegliere sempre piatti locali e non chiedere pizza e spaghetti.
5. Rispettare i luoghi di culto e non criticare le loro usanze.
6. Rispettare sempre l'ambiente. Non gettare mai nulla per terra, nemmeno una sigaretta (ma questo va fatto ovunque).
7. Se possibile parlare la lingua del posto.
8. Osservare usi e costumi del posto: anche un normale gesto con la mano potrebbe essere frainteso.
9. Prima di partire fare una full-immersion nella letteratura e nella musica della località scelta.
10. Non vestirsi in maniera eccentrica. L'ideale è adeguarsi il più possibile ai gusti e alle mode del posto.

L'Espresso

12 Attività

Prova a riscrivere il "decalogo per il viaggiatore" con l'imperativo (voi).

1. ....
2. ....
3. ....
4. ....
5. ....
6. ....
7. ....
8. ....
9. ....
10. ....

13 Attività *Scrivere un decalogo*

La classe è divisa in due gruppi.
Gruppo A: scrivete un decalogo per l'insegnante.
Gruppo B: scrivete un decalogo per lo studente.

un giorno in italia

EPISODIO 21

Il pomodoro, il basilico, l'origano

Dopo la partenza da Roma il treno riprende la sua corsa: direzione Napoli.
Piero, sempre più accaldato e anche un po' annoiato, cerca tra i passeggeri qualche viso che gli ispiri simpatia.
Ah! Certo, eccoli: i due signori siciliani che parlavano tanto. Sono un'immagine d'altri tempi e un po' gli ricordano la mamma e anche Caterina, la portiera chiacchierona…
E come Caterina eccoli che parlano di cibo seduti ad un tavolo del vagone ristorante.
"Lei che prende?"
"Mah, non so, un primo..."
"Anch'io credo, un bel piatto di pasta".
"Eh, da noi senza pasta…"
"Dopo una settimana a Milano non vedo l'ora di tornare a casa… per il mangiare".
"È inutile, i sapori sono diversi, il pomodoro, il basilico, l'origano..."
"Ma anche l'olio e sa, anche il clima, l'acqua…"
"Come no… lo dice a me? Noi abbiamo un piccolo ristorante in Sicilia, una cosa familiare, ma solo roba fresca, pesce appena pescato, la pasta all'uovo la faccio io…"
"Lo so, lo so, è un'altra cosa, ma sa, a Milano adesso tutti con questa mania di Pastalife... anche mio figlio".
"E che sarebbe questa Pastalife?"
"Ma come, non ha visto la pubblicità alla TV?"
"Veramente no. La guardo poco."
"Allora, si tratta di un tipo di pasta istantanea che…"

1  *Leggi più volte il testo e segna la risposta corretta.*

1. I due signori siciliani prendono la pasta. ⊙ vero ⊙ falso
2. La signora è stata un mese a Milano. ⊙ vero ⊙ falso
3. Secondo loro i sapori in Sicilia sono diversi per alcuni motivi, quali tra i seguenti?
   ⊙ l'olio ⊙ la farina ⊙ le uova ⊙ il clima ⊙ il pomodoro ⊙ l'origano ⊙ il basilico
4. La signora ha un piccolo ristorante in Sicilia. ⊙ vero ⊙ falso
5. La signora dice che nel suo ristorante ci sono solo cose fresche e genuine. ⊙ vero ⊙ falso
6. Il signore dice che a Milano molti mangiano "Pastalife". ⊙ vero ⊙ falso
7. La signora guarda spesso la TV. ⊙ vero ⊙ falso
8. Pastalife è un prodotto istantaneo. ⊙ vero ⊙ falso

2 Attività

*Abbina le colonne **A** e **B**.*

Nel dialogo tra i due signori siciliani puoi notare molte espressioni colloquiali. Quali di queste espressioni si usano per:

A	B
1. confermare, accentuare quello che dice l'altra persona	non vedo l'ora
2. esprimere impazienza, desiderio urgente	è inutile
3. esprimere stupore, meraviglia rispetto a ciò che dice l'altro	ma come!
4. giustificarsi o chiedere comprensione	come no!
	lo dice a me
	ma sa
	veramente?

3 Esercizio

Completa le frasi sotto con alcune delle seguenti espressioni:

veramente • ma come • non vedo l'ora • è inutile • come no • lo dici a me

1. Sono stanco morto, ... di andare a letto.
2. ▲ ...., non ti ricordi di me? ■ .... no, come ti chiami?
3. ....! Il caffè come a Napoli non lo fa nessuno.
4. In questi ultimi mesi ho lavorato troppo, ... di andare in vacanza.
5. ▲ Ti piacciono gli spaghetti con le vongole? ■ ...., li adoro.
6. ▲ Che liquore è? ■ ...., non conosci il "Limoncello"?
7. ▲ I trasporti in questa città sono un disastro! ■ ....! Io prendo la metro tutti i giorni e non ce la faccio più!
8. ▲ Conosci il "Caffè Latino"? ■ ...., è il mio locale preferito.
9. .... di cambiare casa, qui non c'è proprio spazio per tre.
10. ▲ Com'è questo ristorante? ■ .... non ci sono mai stato.

Buongiorno signori, volete ordinare?

Mentre i due signori siciliani parlano seduti al ristorante arriva il cameriere.

4 track 34 *Ascolta il dialogo tra i due signori siciliani e il cameriere e segna i piatti che vengono nominati.*

Primi

- ⊙ Risotto ai funghi
- ⊙ Risotto allo zafferano
- ⊙ Tagliatelle ai funghi
- ⊙ Tortellini alla panna
- ⊙ Penne al pomodoro

Secondi

- ⊙ Filetto ai ferri
- ⊙ Petto di pollo
- ⊙ Caprese
- ⊙ Vitello tonnato
- ⊙ Cotoletta alla milanese

5 track 34 *Ascolta più volte il dialogo e completa il testo.*

"Buongiorno signori volete ordinare?"

"Sì, cosa ....?"

"Di primo abbiamo: ...., ...,

.... sono tutti ottimi".

"Per me ....".

" ...., sì".

"E di secondo?"

"Io ....".

"Io .... dopo".

"Va bene, e ....?"

"... o un pinot".

"Lei lo beve ....?"

"Meglio di no, ...".

"Allora neanch'io, facciamo ....".

"Non abbiamo ...., se vuole ...."

"E va bene , allora ....".

"Per me no, ...".

Una ricetta *Spaghetti al pomodoro e basilico*

Gli spaghetti al pomodoro e basilico sono una delle ricette più semplici e più apprezzate in Italia. Ecco la versione di Gianfranco Vissani, un grande "chef" italiano.

Spaghetti al pomodoro e basilico

ingredienti

aglio	*2 spicchi*
basilico	*15 g*
pomodori San Marzano	*150 g*
spaghetti	*480 g*
grana	*100 g*
olio, sale, pepe bianco	*q.b.*

Mettete l'olio in una padella di ferro. Quando è ben caldo aggiungete gli spicchi d'aglio pelati; non appena questi assumono un colore dorato toglieteli dalla padella

e aggiungete prima il basilico e subito dopo la polpa dei pomodori San Marzano pelati e tagliati a dadini.

Condite con sale e pepe bianco e tenete la salsa sul fuoco per 2 o 3 minuti, non di più.

Il pomodoro non deve cuocere ma deve appena sentire il calore.

Cuocete al dente gli spaghetti, scolateli e fateli saltare per pochi secondi in padella con la salsa, aggiungendo una spolverata di grana grattugiato. Servite con olio crudo e foglioline di basilico.

Se volete una presentazione più importante potete utilizzare degli stampini individuali. Foderatene il fondo con foglie di basilico e le pareti con filetti di polpa di pomodoro.

Riempiteli con gli spaghetti e girateli nei piatti su cui avrete disposto a specchio una salsa di aglio fresco e basilico. Completate con scaglie di grana e un filo d'olio.

10 LA GRANDE CUCINA

La grande cucina di Gianfranco Vissani

6 Attività

Combina le tre colonne formando dei piatti tipici italiani.

Linguine	allo	vongole
Penne	al	funghi
Tagliatelle	ai	amatriciana
Risotto	al	pesto
Bucatini	alla	milanese
Cotoletta	all'	pomodoro
Spaghetti	alle	zafferano

7 Esercizio

Completa con una preposizione.

1. Pizza .... quattro formaggi
2. Spaghetti .... tonno
3. Petto di pollo .... limone
4. Scaloppine .... marsala
5. Spinaci.............. burro
6. Patate .... forno
7. Melanzane .... parmigiana
8. Gelato .... frutti di bosco

Una faccia conosciuta

Qualche minuto dopo arriva il cameriere con i primi.

8 track 35 *Ascolta più volte il dialogo e segna le risposte corrette.*

1. Il cameriere si chiama Franco. ⊙ vero ⊙ falso
2. La signora conosce il cameriere. ⊙ vero ⊙ falso
3. Il signore dice che Franco assomiglia a suo nonno. ⊙ vero ⊙ falso
4. Franco ricorda molto bene i suoi nonni. ⊙ vero ⊙ falso
5. Franco abita in Germania con sua madre. ⊙ vero ⊙ falso
6. Il signore dice a Franco che il cibo ed il clima sono migliori in Italia. ⊙ vero ⊙ falso
7. Il cameriere dice che la pasta che viene servita in treno è "Pastalife". ⊙ vero ⊙ falso

9 track 35 *Ascolta più volte il dialogo e completa il testo.*

"Sì, certo ma lei... veramente ....".

"Eh, ci credo bene, ... quando .... i nonni, ma guarda che .... nonno... che uomo ...., eh sì, bei tempi, ... in paese, ma .... un gran ...."

"Eh, lo so, lo so, lo diceva anche mio padre, ma io lo ricordo poco".

"Eh già, ma dimmi ....?"

"Adesso sono a Francoforte con mia madre, ma .... e allora... eccomi qui."

"Ma tu guarda, come è strano il mondo noi .... e questi ragazzi adesso .... Ma bravo, bravo, vuoi mettere il clima e il mangiare qui in Italia, eh... dimmi la verità".

"Eh sì ....!

Dopo aver completato il dialogo nota come il signore siciliano parla dei suoi ricordi e del passato.
Che tempo usa?
Il signore siciliano fa un confronto tra il passato ed il presente.
Elenca le espressioni che si riferiscono:

al presente	al passato

FACCIAMO GRAMMATICA

Uso dell'imperfetto

L'imperfetto esprime sempre un'azione passata che non ha un inizio e una fine, ma che è continua; una condizione e non un fatto, descrive una situazione o uno scenario dove ci siamo trovati.
Alcune tipiche occasioni per l'uso dell'imperfetto sono:

- il racconto di un sogno

ES
- Dai, raccontami il tuo sogno!
- Ero su una spiaggia tropicale, faceva molto caldo, ma stavo bene, …

- il racconto di un ricordo o di un'esperienza emotiva legata al passato

- Cosa ricordi del tuo primo giorno di scuola?
- Avevo un grembiule bianco col fiocco rosa, non conoscevo nessuno, piangevo perché volevo la mamma.

- la descrizione di una situazione del passato

- Com'era la festa?
- Bella, c'era molta gente, la musica era buona, eravamo su un terrazzo panoramico.

Imperfetto

	Essere	**Avere**
(io)	ero	avevo
(tu)	eri	avevi
(lui/lei)	era	aveva
(noi)	eravamo	avevamo
(voi)	eravate	avevate
(loro)	erano	avevano

	Am-are	**Prend-ere**	**Parti-re**
(io)	am-**avo**	prend-**evo**	part-**ivo**
(tu)	am-**avi**	prend-**evi**	part-**ivi**
(lui/lei)	am-**ava**	prend-**eva**	part-**iva**
(noi)	am-**avamo**	prend-**evamo**	part-**ivamo**
(voi)	am-**avate**	prend-**evate**	part-**ivate**
(loro)	am-**avano**	prend-**evano**	part-**ivano**

10 Esercizio

Completa le frasi con i verbi **essere** *o* **avere** *coniugati all'imperfetto.*

ES *Da bambino (io)...ero... biondo. Ora sono molto bruno.*

1. Due anni fa questo quartiere .... molto diverso.
2. Marco prima .... molto grasso e .... la barba.
3. I miei genitori .... una piccola casa in campagna.
4. Sono passato sotto casa tua e ho visto che la luce .... spenta.
5. Dove (voi) .... ieri sera alle 8.00? Ho telefonato ma non rispondeva nessuno.
6. A quell'ora (noi) .... a casa dei vicini.
7. Negli anni '60 non tutti .... un televisore in Italia.
8. Giuliana non è venuta a scuola ieri perché .... la febbre.
9. (voi) .... solo soldi o anche documenti nella borsa che vi hanno rubato?
10. Hai trovato le chiavi? - Sì, le .... nei pantaloni che portavo ieri.

11 Esercizio

Completa le frasi con un verbo all'imperfetto.

1. Quando (vivere-io) .... a Londra (andare) .... al lavoro in metro. (lavorare) .... vicino alla City e (scendere) .... alla fermata di "Bank".
2. Il Irlanda anche ad agosto (piovere) .... e (fare) ....freddo.
3. In questo quartiere fino a pochi anni fa non (esserci) .... la metropolitana.
4. Marco e Anna (abitare) .... in un monolocale vicino al Colosseo.
5. Quando (frequentare-io) .... l'università (conoscere) .... moltissimi ragazzi da tutta l'Italia.
6. Da bambini io e Francesco (giocare) .... tutto il giorno davanti alla mia casa.
7. Ricordo che quando (stare-io) .... male mia nonna (venire) .... sempre a trovarmi e (portarmi) .... sempre un regalino.
8. Quando (essere-io) .... adolescente (scrivere) .... stupide poesie d'amore.
9. Mia madre mi (rimproverare) .... sempre, perché (essere-io) .... troppo disordinata.
10. Al liceo Federica (portare) .... solo vestiti neri.

PER COMUNICARE IN ITALIANO

A proposito – ci credo bene! – ma tu guarda!

Hai notato l'uso di queste espressioni nel dialogo?

A proposito si usa quando si ricorda qualcosa che si vuole collegare al discorso.

Devo preparare la cena, è tardi... a proposito, hai comprato il vino?

Ci credo bene si usa per dire che la cosa appena detta è ovvia, non è strana.

Anna è molto contenta del suo lavoro. Ci credo bene, guadagna moltissimo.

Ma tu guarda si usa per esprimere meraviglia, quando qualcosa ci fa arrabbiare.

È mezz'ora che aspetto l'autobus, ma tu guarda… ogni giorno così.

12 Esercizio

Prova a inserire le espressioni **a proposito, ci credo bene, ma tu guarda** *nei dialoghi sotto.*

1. a. Renata, verso che ora usciamo per andare al ristorante?
   b. Verso le sette e mezzo. ...., hai telefonato per prenotare il tavolo?

---

2. a. Angela non ha intenzione di tornare a Roma.
   b. ...., abita in una casa stupenda nel centro di Parigi e si diverte.
   a. ...., tu sai chi abita nel suo appartamento di Roma?
   b. No, chi?
   a. Martina!

---

3. a. .... è la persona più disonesta di questo ufficio, eppure il direttore lo tratta meglio di tutti.
   b. .... è un raccomandato, nessuno lo può toccare.
   a. .... , è vero che il direttore non si vede quasi mai ultimamente?

13 Cloze

Ricordi la storia del nonno di Franco? Completa il testo con i verbi appropriati all'imperfetto.

Il nonno di Franco.....*era*..... siciliano.
Per questo ogni anno quando Franco .... piccolo i suoi genitori .... in vacanza in Sicilia.
Il nonno .... un dongiovanni e .... molti amici.
La famiglia di Franco .... in Germania.
Franco ha deciso di lavorare come cameriere sul treno perché .... provare a vivere in Italia per un po'.

14 **Attività** *Piero ricorda la sua classe*

Piero ripensa alla sua classe della scuola superiore.
In camera sua ha ancora una foto di gruppo, erano tutti veramente molto legati.
Completa le descrizioni dei suoi compagni di classe coi verbi **essere**, **avere** o **portare** *coniugati all'imperfetto.*
Poi abbina ad ogni persona nell'immagine un nome.

ANNA: *aveva* .... i capelli lunghi, ... sempre gli orecchini, ... spesso triste e parlava poco.

GINA: .... altissima e .... sempre jeans e scarpe da tennis.

MARIELLA: .... bassa ma .... sempre i tacchi a spillo.

ROSSELLA: .... la più atletica, ... la più ammirata per il suo fisico.

GUSTAVO: .... occhiali da vista ed .... un tatuaggio sul braccio.

AMBROGIO: .... un po' stempiato ed .... un naso grande.

MARTINO: .... grasso e allegro, ... capelli lunghi e neri.

CLAUDIA: .... bionda, ... spesso le minigonne.

15 Attività *Descrivi i cambiamenti*

Guarda le immagini sotto e descrivi i cambiamenti.

16 **Attività** *Chi era, com'era?*

Prova tu a parlare di alcuni cambiamenti (chi, dove, come, cosa).

Marcello Mastroianni era un attore italiano, era bellissimo e molto famoso.
È morto alcuni anni fa.

- Federico Fellini
- La vita nel medioevo
- La condizione della donna 100 anni fa
- La tua prima insegnante a scuola
- Il tuo quartiere 10 anni fa
- I mezzi di comunicazione 50 anni fa

Foto di famiglia: mio figlio, mia figlia...

La conversazione tra i due signori siciliani che sono saliti a Milano continua ininterrottamente.

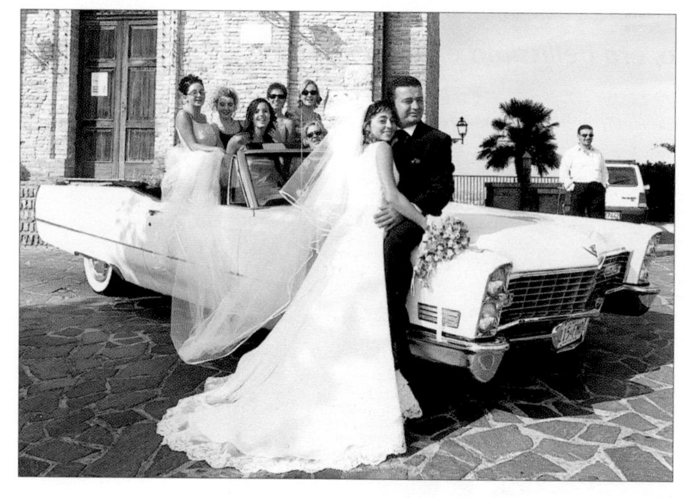

Parlano di tutto: del cibo, del clima ma dopo un po' finiscono per parlare della famiglia, in particolare dei figli. Ancora non si sono presentati, cioè nessuno dei due conosce il nome dell'altro, ma lui ha detto, tra una cosa e l'altra che è un maresciallo della Guardia di Finanza in pensione. La signora, invece ha un piccolo ristorante a gestione familiare.
Parlando di figli, il maresciallo mostra alla signora le foto del matrimonio di suo figlio.

1 (36 track) **A.** *Ascolta più volte il dialogo e cerca di capire che lavoro fanno i figli dei due signori siciliani.*

il figlio di lui (il maresciallo)
- ⊙ lavora nel cinema
- ⊙ lavora nella pubblicità
- ⊙ lavora nell'informatica

il figlio di lei (la signora)
- ⊙ lavora alle poste
- ⊙ lavora in un ministero
- ⊙ lavora nel campo della moda

B. *Ascolta più volte il dialogo e segna le risposte corrette.*

1. Il figlio del maresciallo è un bravo ragazzo.	⊙ vero	⊙ falso
2. Il figlio del maresciallo è disoccupato.	⊙ vero	⊙ falso
3. Il figlio del maresciallo ha una laurea.	⊙ vero	⊙ falso
4. Sua moglie fa la casalinga.	⊙ vero	⊙ falso
5. La signora dice che le donne devono stare in casa.	⊙ vero	⊙ falso
6. Il maresciallo dice che la società di oggi è problematica.	⊙ vero	⊙ falso
7. Il problema è che i figli tornando a casa non trovano i genitori.	⊙ vero	⊙ falso
8. Il figlio della signora ha sposato una ragazza di Milano.	⊙ vero	⊙ falso
9. La signora è molto orgogliosa del matrimonio di suo figlio.	⊙ vero	⊙ falso

2 Attività *Luoghi comuni e modi di dire*

Quando parlano i due signori siciliani usano molti luoghi comuni e modi di dire tipici italiani. Abbina ciascuno di essi al significato corrispondente.

A	B
vi assomigliate come due gocce d'acqua	attualmente
è un ragazzo d'oro	non è stato fortunato
si è sistemato subito	siamo molto esigenti
al giorno d'oggi...	noi abbiamo lavorato per lo sviluppo economico italiano
di brave ragazze se ne trovano poche	non è facile trovare una brava ragazza
abbiamo ricostruito l'Italia del dopoguerra	si è sposato, ha trovato un buon lavoro
poteva avere più fortuna	è un ragazzo bravo in tutti i campi
non ci accontentiamo mai	siete molto simili

3 Attività *Proverbi italiani*

Conosci un proverbio italiano? Questo proverbio esiste anche nel tuo paese, nella tua lingua? Prova a ricomporre questi proverbi:

1. uovo • meglio • un • oggi • gallina • che • domani • una

   ....

2. abbaia • morde • non • can • che

   ....

3. vicino • del • verde • è • l' • sempre • erba • più

   ....

4. pesci • dorme • non • chi • piglia

   ....

5. chi • zoppo • impara • va • con • zoppicare • lo • a

   ....

Ancora foto!

"Ancora foto di matrimonio! Noo!" pensa Piero mentre passa e vede la scena.
Come la signora Caterina, la portiera del suo palazzo, che ogni tanto lo chiama per mostrargli le foto di qualche parente che si è sposato, nipotini delle sue sorelle, cugini di Milena, sua figlia, che hanno già avuto uno o più bambini...
E tutto poi per dire che anche lei non vede l'ora di sistemare la sua Milena e che i bambini sono una gioia. E poi comincia anche sua madre a parlare di matrimoni, anche lei con la stessa storia.
Ma anche i suoi migliori amici, tutti, anche i più alternativi quando si sposano si fanno foto, video, film a colori come in una telenovela.
E poi, quel che è peggio, in tutti i matrimoni c'è sempre qualcuno che gli chiede:
"E tu Piero... quando ci farai conoscere la tua ragazza?"

4 *Leggi piu volte il testo "Ancora foto" e segna le risposte corrette.*

1. Piero vede i due signori siciliani che guardano le foto di un matrimonio.	⊙ vero	⊙ falso
2. Piero ama guardare foto di matrimoni.	⊙ vero	⊙ falso
3. Milena, la figlia di Caterina, ha già avuto un bambino.	⊙ vero	⊙ falso
4. La madre di Piero non vuole che Piero si sposi.	⊙ vero	⊙ falso
5. Gli amici di Piero sono alternativi e non amano le foto di matrimoni.	⊙ vero	⊙ falso
6. Per Piero è noioso andare ai matrimoni.	⊙ vero	⊙ falso
7. Tutti conoscono la fidanzata di Piero.	⊙ vero	⊙ falso

5 *Rileggi il testo e sottolinea tutti gli aggettivi possessivi.*
Nota quando si usa l'articolo davanti ai possessivi e quando no, poi prova a formulare una regola d'uso.

L'articolo davanti all'aggettivo possessivo si usa con

	Sì	**No**	**Esempio**
Nomi in genere	⊙	⊙	....
Nomi di famiglia al singolare	⊙	⊙	....
Nomi di famiglia al plurale	⊙	⊙	....

FACCIAMO GRAMMATICA

Aggettivi possessivi

L'aggettivo possessivo in italiano si accorda col genere dell'oggetto posseduto e non con il possessore.

il libro di Maria — il **suo** libro

il libro di Paolo — il **suo** libro

i libri di Maria — i **suoi** libri

i libri di Paolo — i **suoi** libri

il mio amico	la mia amica	i miei amici	le mie amiche
il tuo	la tua	i tuoi	le tue
il suo	la sua	i suoi	le sue
il nostro	la nostra	i nostri	le nostre
il vostro	la vostra	i vostri	le vostre
il loro	la loro	i loro	le loro

NOTA: con i nomi di **famiglia al singolare** non si usa l'articolo davanti al possessivo:

mio padre, tua madre, suo fratello **ma:** i tuoi genitori, i miei nonni

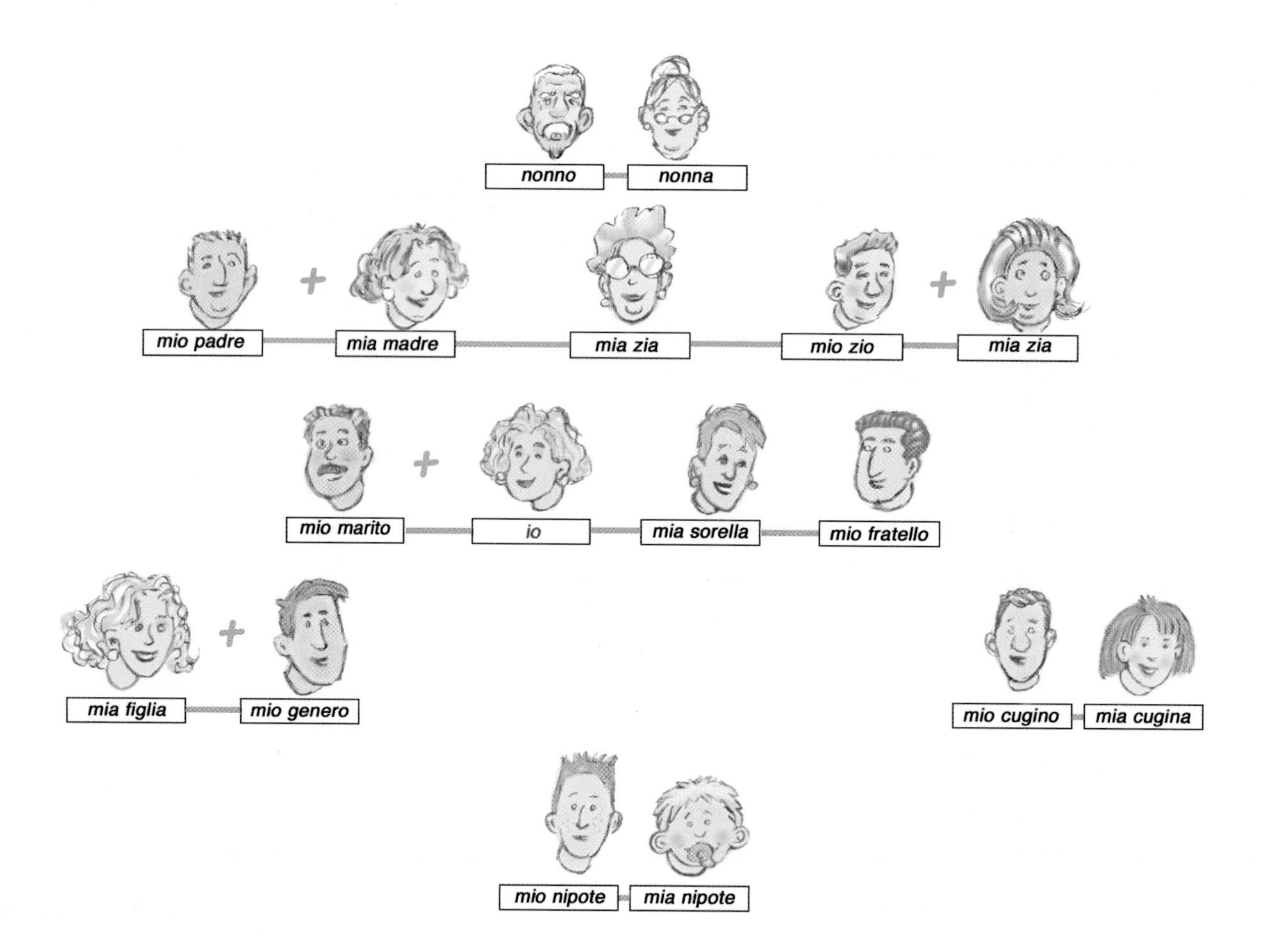

6 **Attività** *Chi invitiamo?*

Caterina, la madre di Milena, da tempo pensa al matrimonio di sua figlia e già ha deciso chi invitare.

I parenti di Caterina:

1. (di lei) .... madre.
2. (di lei) .... fratelli con (di loro) .... mogli e (di loro) .... figli.
3. (di lei) .... nipoti.
4. (di lei) .... cugino Franco e (di lui) .... moglie Rosaria.
5. (di lei) .... cugina Vera e (di lei) .... figlio Salvatore.

I parenti del marito di Caterina:

6. (di lui) .... genitori.
7. (di lui) .... fratelli e .... sorelle.
8. (di lui) .... zia Arianna e (di lei) .... figlia Rita.
9. (di lui) .... cugini.
10. (di lui) .... colleghi di lavoro.

Amici:

11. Piero e .... madre.
12. (di loro) .... vicini di casa.
13. (di lui) .... colleghi di lavoro.

7 Esercizio

Completa questa lista di nozze con le preposizioni **di** *o* **da**.

1. un servizio .... tazze .... tè
2. sei bicchieri .... vino e sei .... acqua
3. un vaso .... cristallo
4. una lampada .... plastica
5. un vassoio .... argento
6. dodici tazzine .... caffè
7. un set .... coltelli .... cucina
8. un ferro .... stiro a vapore

Lista di nozze

Molte persone quando si sposano ricevono regali da amici e parenti. Spesso oggi si regalano soldi ma si può comprare un regalo in un negozio dove gli sposi hanno scelto le cose che vogliono ricevere e hanno fatto la lista di nozze!

8 Attività *Chi cerca trova*

Trova qualcuno che ha queste caratteristiche:

- la sua stanza è molto piccola
- vive lontano dalla sua famiglia
- uno dei suoi nonni era italiano
- le sue scarpe sono italiane
- i suoi vicini sono molto rumorosi
- vicino alla sua casa c'è un centro commerciale
- il suo gelato preferito è quello alla fragola
- la sua bevanda calda preferita è l'espresso

9 Esercizio

Inserisci nelle seguenti frasi gli aggettivi possessivi.

Di chi è questa maglietta sporca? È (io) ...mia... .

1. Di chi sono quelle scarpe? Sono (lei) ....
2. Di chi è questo ombrello? È (lui) ....
3. Di chi sono queste fotocopie? Sono (noi) ....
4. Di chi è questo bicchiere? È (tu) ....
5. Di chi sono queste chiavi? Sono (voi) ....
6. Di chi è questa borsa? È (lui) ....
7. Di chi è questo telefonino? È (lei) ....
8. Di chi sono quelle bottiglie? Sono (noi) ....
9. Di chi sono questi occhiali? Sono (io) ....
10. Di chi è quel libro? È (io) ....

10 Attività *Descrivi le foto*

Immagina che le foto di questa pubblicità siano quelle di un collega del tuo ufficio che è scomparso. Arriva la polizia per fare delle indagini, vede sul suo tavolo queste foto e ti chiede di spiegare che cosa sono. Descrivi ogni immagine.

Queste sono le sue penne

11 Attività *Cosa hai in tasca?*

Di solito porti con te le cose più importanti per la tua giornata: le porti in tasca o nella borsa.
Svuota le tue tasche e la tua borsa e nomina le cose che possiedi.

Ecco ***le mie chiavi****!*

L'importante è l'igiene!

Una donna arriva al ristorante e si siede ad un tavolo. Piero che è lì per un caffè la nota: è la stessa persona che gli aveva detto "Non sono sicura di scendere a Roma, aspetto una telefonata, eventualmente posso prolungare il biglietto fino a Napoli o oltre?"
Adesso la donna parla col cameriere.

1 37 track *Ascolta più volte la conversazione e segna la risposta corretta.*

1. La signora vuole prenotare un tavolo.	⊙ vero	⊙ falso
2. Tutti i tavoli al ristorante sono prenotati.	⊙ vero	⊙ falso
3. Il cameriere è gentile.	⊙ vero	⊙ falso
4. La signora è una fumatrice.	⊙ vero	⊙ falso
5. Il signore che ha prenotato il tavolo invita la signora a rimanere seduta al suo tavolo.	⊙ vero	⊙ falso
6. La signora accetta l'invito.	⊙ vero	⊙ falso

2  *Riascolta la conversazione e completa il testo.*

"Scusi signora, ...?"

"No, ..., perché ....?!

"Normalmente sì, vede questo tavolo ...., se vuole però ci sarebbe

.... … ecco vede è arrivato il signore che

...., mi dispiace".

"Ah guardi che ...., sono da solo".

"Ah ...., perché questo ....".

".. , ... , ci mancherebbe, anzi .... , sa

con questi viaggi si fa di tutto, si viene al ristorante più che altro ....".

Ma cosa dicono?

Nel tavolo a fianco alla signora sono seduti due uomini, uno molto più giovane dell'altro, entrambi in giacca e cravatta nonostante il caldo.
La donna sembra molto interessata ai loro discorsi ma non riesce a capire tutto.
Ma cosa dicono?

3 Cloze *Completa tu*

Prova a completare il dialogo tra i due uomini che ha ascoltato la signora con le seguenti parole:

multisala • regali • rosso • bianco • getta • contenitori • concorrenza • ambiente • omaggi • genitori • pubblicitaria

a. La mangiano, la mangiano, è chiaro c'è ancora troppa .... ma per ora va bene. Il problema è se fanno come hanno fatto contro Mc Donalds quei soliti fanatici.

b. Sì però con una buona campagna .... e tanti .... attraenti per i bambini.

a. Giusto, il punto forte sono i bambini. Sono loro che convincono anche i ....

b. L'importante è garantire l'igiene, tutto in cellophane, usa e .... , ... da portar via ed anche .... alle scuole.

a. È vero è importante creare un .... riconoscibile, con simboli e colori, ... , ... e verde, sì, mediterranei.

b. No, non solo per turisti, anche nelle periferie, dove non c'è niente, portiamo luci, un po' di vita, vicino a una ....

4 Attività

Riordina le battute dei due dialoghi.

1

.... Sì, prego.
.... Buongiorno, vorrei un'informazione.
.... Verso le otto, otto e mezza.
.... Buongiorno.
.... C'è un treno per Milano che arriva in mattinata?
.... È necessario prenotare?
.... Beh sì, venerdì sabato e domenica è obbligatoria la prenotazione
.... Sì, dunque, c'è l'Eurostar che parte da Termini.
.... Sì, e a che ora vuole partire?

2

.... Marini.
.... Ecco, qui va bene?
.... Un attimo che chiedo all'altro cameriere.
.... Buonasera.
.... A che nome?
.... Ah, la ringrazio molto, per me è triste una cena senza una sigaretta.
.... Buonasera, prego.
.... Alberto, un tavolo per quattro a nome Marini.
.... Sì, benissimo, ma si può fumare?
.... Avevo prenotato un tavolo per quattro persone.
.... Eh no! Mi dispiace questo è il reparto non fumatori.
.... Se volete vi posso dare quel tavolo laggiù.
.... Sì, è quello lì vicino alla porta?

5 Esercizio

Ecco un elenco di parole ed espressioni usate nel campo commerciale. Reinseriscile nelle frasi sotto.

consumatori • omaggio • concorrenza • confezioni • offerte • regalo • saldi • marca • campagna pubblicitaria • messaggi • insegne pubblicitarie

1. Compro sempre la stessa .... di dentifricio, ma oggi voglio provarne una nuova perché c'è uno spazzolino in .... Se ne compro due ....
2. Questa nuova catena di negozi ha fatto una grande .... e questo preoccupa molto la ....
3. Per tutti i bambini che comprano in questo negozio ci sarà un bellissimo .... !
4. Durante i .... di fine stagione ci sono molte .... al 50%.
5. I pubblicitari analizzano i gusti dei .... per trovare .... adatti e convincenti.
6. Per i negozi del centro storico è vietato avere .... troppo grandi, in contrasto con l'architettura del posto.

Non è male questo risotto!

La signora non riesce bene a sentire cosa dicono i due uomini del tavolo accanto, un po' perché i due parlano piano ma anche perché il signore che la ospita al tavolo vuole fare un po' di conversazione e lei non vuole essere scortese.
Ma quando i due signori del tavolo accanto pagano il conto e se ne vanno, anche lei cerca di interrompere la conversazione, chiede di pagare il conto, si alza e frettolosamente e li segue con lo sguardo.

6 track 38 **A.** *Nel dialogo vengono nominati alcuni animali e prodotti alimentari quali?*

- galline
- gatti
- topi
- mucche
- uva
- uova
- pomodori
- latte
- pesce
- vino

B. *Ascolta più volte il dialogo tra la signora e l'uomo seduto al tavolo con lei e segna le risposte corrette.*

1. Secondo il signore il risotto è ottimo. ⊙ vero ⊙ falso
2. Secondo la signora il risotto non è speciale. ⊙ vero ⊙ falso
3. Il signore dice che lei è troppo esigente. ⊙ vero ⊙ falso
4. Il signore dice che alcuni ristoranti di classe non sono molto puliti in cucina. ⊙ vero ⊙ falso
5. Secondo la signora l'igiene è una nuova mania pericolosa. ⊙ vero ⊙ falso
6. La signora parla del figlio di una sua amica. ⊙ vero ⊙ falso
7. Il bambino aveva sette anni. ⊙ vero ⊙ falso
8. Il bambino era andato a casa di alcuni contadini. ⊙ vero ⊙ falso
9. I contadini facevano il vino con macchine moderne. ⊙ vero ⊙ falso
10. Il bambino voleva raccogliere le uova della gallina. ⊙ vero ⊙ falso
11. L'uomo dice che da bambino adorava il latte. ⊙ vero ⊙ falso

PER COMUNICARE IN ITALIANO

Accordo e disaccordo

Per esprimere accordo e disaccordo spesso si usano alcune di queste espressioni.

Dopotutto: comprendo ma in fondo...

Non è male: esprimo un giudizio positivo

Vede: inizio una nuova spiegazione o chiarimento

Da questo lato sì: esprimo un accordo parziale

Le dirò: voglio dire che...

Dobbiamo pur...: è necessario anche...

Sono d'accordo con lei però...: esprimo accordo solo parziale

7 Esercizio

Reinserite nelle frasi le seguenti espressioni.

dopotutto • non è male • le dirò • dobbiamo pur • sono d'accordo con lei • da questo lato sì

1. - Come le sembra questo ristorante?
   - .... (positivo)

2. - Enrico non studia più di un ora al giorno, è pigro.
   - .... (in fondo) è solo un bambino di 6 anni!
   - .... (accordo parziale) però io da bambina studiavo molto di più.
   - .... (è necessario anche) capirli, loro hanno più stimoli e più distrazioni di noi.

3. - Cosa pensa delle donne soldato?
   - ...., (voglio dire che) per me uomo e donna non fa differenza ma io non sono interessata a fare il soldato.
   - Ma non crede che sia una conquista nel campo dei diritti delle donne?
   - ...., (accordo parziale) ma ci sono cose più importanti da ottenere.

8 **Attività** *Che ne pensi?*

Discutete dei pro e contro su questi punti. Cercate di includere alcune delle espressioni sopra.

- viaggiare con i mezzi pubblici / viaggiare con mezzi privati (auto, bici, moto ecc.)
- piccoli negozi / centri commerciali
- slow food / fast food
- lavoro a tempo pieno / lavoro part time

9 

Ascolta più volte il dialogo tra la signora e l'uomo seduto al tavolo con lei e completa il testo.

"Ah sì, da questo lato sì, ma vede questa è una nuova mania pericolosa, ora le racconto una cosa. Un anno fa una mia amica .... a suo figlio, un bambino di sei anni, come si fa il vino e così .... insieme un giorno in una casa di contadini, e questi .... il vino come una volta, cioè .... l'uva coi piedi... una cosa bella no? Beh, questo bambino .... schifato, scandalizzato, ... a dire a sua madre che .... il vino perché ....
E quando la signora gli .... l'uovo della gallina appena fatto, ... proprio ...., per lo stesso motivo... lei capisce".
"Ah, ah, come no, pensi che anche se ...., io .... in campagna, da genitori contadini, e .... e tutto il resto, ma il latte, sarà perché lo vedevo mungere .... per niente ... . anche l'odore...

FACCIAMO GRAMMATICA

Uso dell'imperfetto e del passato prossimo

La differenza tra imperfetto e passato prossimo è che:

l'imperfetto esprime un'azione non compiuta vista nella sua durata e continuità

mentre

il passato prossimo esprime un'azione definita che avviene in un momento preciso del passato. L'azione non è presentata nella durata ma come un fatto preciso.

L'imperfetto si usa per esprimere una situazione, una condizione e **il passato prossimo** per esprimere un fatto.

situazione		**fatto**
pioveva	e	*ho preso l'ombrello*
avevo mal di denti	e	*sono andato dal dentista*

Il passato prossimo si usa:

• quando si vogliono esprimere azioni precise che accadono in sequenza una dopo l'altra;

ieri sono tornato a casa, ho pranzato e poi sono uscito di nuovo.

ieri sono tornato a casa ho pranzato e poi sono uscito di nuovo.

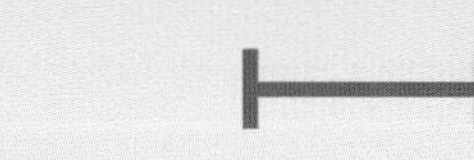

L'imperfetto si usa:

• per esprimere azioni passate che si ripetono per abitudine.

L'anno scorso andavo in palestra ogni settimana

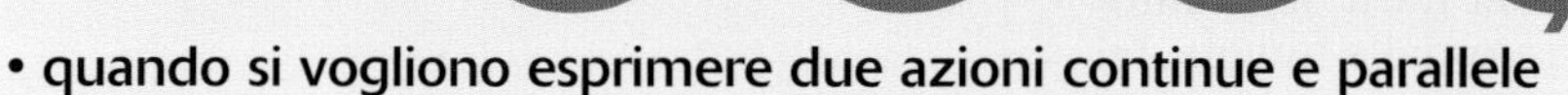
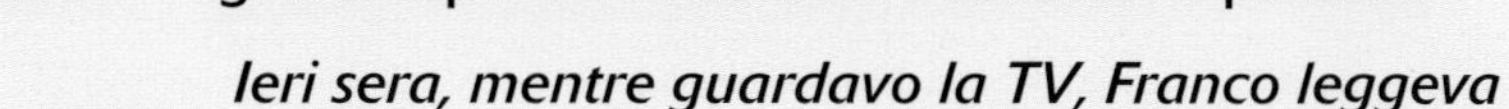

• quando si vogliono esprimere due azioni continue e parallele

Ieri sera, mentre guardavo la TV, Franco leggeva

• quando si vuole esprimere l'incontro di un'azione precisa (passato prossimo) con un'azione continua

Ieri sera mentre guardavo la TV è arrivato Sandro.

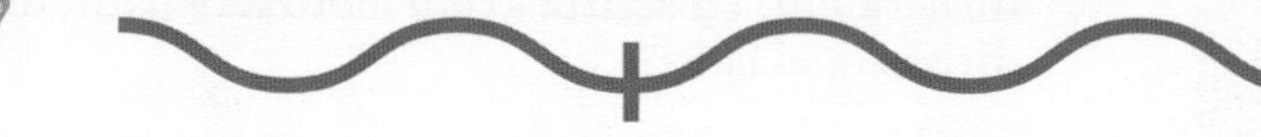

• per descrivere una situazione, uno scenario passato

Eravamo su una spiaggia bellissima, non c'era quasi più nessuno, il sole tramontava e noi ci sentivamo felici e rilassati

10 *Leggi questi brevi brani di Natalia Ginzburg ("L'intervista") e Andrea De Carlo ("Treno di panna").*
Osserva l'uso dell'imperfetto e del passato prossimo: prova a spiegare perché vengono usati questi due tempi.
Confronta le tue ipotesi con quelle di un altro studente. Poi verificate con l'insegnante.

Ho guidato fino a un altro supermarket, a Santa Monica. Ho preso due bottiglie di champagne francese, le ho messe nel carrello, ho fatto un paio di giri a vuoto. Sono tornato nel reparto vini; ho guardato le bottiglie disposte a file, con aria di non saper decidere. Ho staccato le etichette a due confezioni di chablis californiano, le ho pressate sul dorso delle bottiglie di champagne. Ho scelto una cassiera giovane e distratta, nella linea di cassiere frenetiche. Ho pagato tre dollari, ritirato il sacco con le bottiglie. Nemmeno Ron avrebbe potuto farlo meglio.

A. De Carlo, Treno di panna

. Erano le sette e mezza, e cominciavo a diventare nervoso. Lei a un certo punto è entrata in casa, è tornata fuori con una lampada a pinza da meccanico. L'ha fissata a una gamba del tavolo, in modo da rivolgere il fascio di luce verso il gatto di granito. Ha detto «Va bene, va bene». Ha detto «Buona cena». Si è fermata un attimo sulla porta, a osservarmi con sguardo ironico.

A. De Carlo, Treno di panna

Lavoravo al ristorante cinque giorni alla settimana. Andavo a prendere l'autobus a due isolati da casa; facevo dieci minuti di strada e poi scendevo ad aspettare la coincidenza per Westwood in Van Nuys Boulevard. Passava un autobus ogni mezz'ora, così stavo attento a prendere quello giusto. Riuscivo a distinguerlo quando era ancora lontanissimo; quando l'altra gente aspettava ancora ignara sulla panchina gialla. Vedevo il frontale dell'autobus più alto dei musi delle automobili: schiacciato in prospettiva, filtrato dalle nuvole dei gas di scarico.

A. De Carlo, Treno di panna

MARCO Ma com'è che c'è scritto «cani mordaci» sul vostro cancello, visto che poi non si vede l'ombra di un cane?

ILARIA Prima avevamo un cane, ma è scappato. È scappato circa dieci giorni fa. Gianni non vuole togliere la scritta perché spera sempre che ritorni. Veramente non era affatto un cane mordace. Era un cane piccolo e piuttosto tranquillo. Ne parlo all'imperfetto perché ormai non credo che tornerà piú. La scritta «cani mordaci» naturalmente è indirizzata ai ladri.

N. Ginzburg, L'intervista

Quella casa dove stavo era nuova e non avevano ancora messo il telefono. Per andare a telefonare bisognava camminare una ventina di minuti fra sentieri e vigne. Il telefono pubblico era in un bar sulla strada. La teleselezione non c'era e per telefonare a Roma bisognava prendere un appuntamento telefonico e aspettare diverse ore.

N. Ginzburg, L'intervista

11 **Attività scritta**

Riassumi la conversazione "Non è male questo risotto!"

Secondo il signore il risotto è ....

Secondo la signora invece ....

Lui dice che lei è .... perché ormai tutto è .... ma questo non è sempre negativo perché ....

La signora è in parte d'accordo ma dice che è pericoloso.

Completa l'episodio raccontato dalla signorina Lorenzetti.

Un giorno una sua amica .... perché voleva far vedere al bambino come ....

I contadini facevano il vino come una volta, cioè ....

Il bambino era .... e ha cominciato a dire a sua madre che ....

Poi la signora gli voleva far raccogliere .... ma lui ....

12 **Attività** *Chi cerca trova*

Cerca qualcuno che da bambino:

- aveva i capelli biondi
- giocava con le costruzioni Lego
- beveva latte freddo
- andava a letto con l'orsacchiotto
- parlava due lingue

- aveva un cane
- amava la matematica
- andava al mare in Italia
- abitava in un grattacielo

13 Cloze

Completa il testo "Dal lato della strada" di Francesco Piccolo con i verbi all'imperfetto.

essere • andare • dire • sembrare • capire • dire • fare • fare• essere • significare • rendere • chiedere • dire • essere • essere

DAL LATO DELLA STRADA

Quando…… piccolo, e ……… a scuola insieme a mio fratello, mia madre mi……… di tenerlo per mano, e questo mi…………… giusto e anche responsabile. Quello che non ……… è perché mi ……… sempre: "mi raccomando, quando passate per quella strada dove non c'è il marciapiede, mettiti sempre tu dal lato della strada, dove passano le automobili". Io lo………, e lo ……… con diligenza, ma……molto dispiaciuto. Per me……………: "io spero che nessuna auto vi butti sotto, ma se proprio dovesse succedere, preferisco che muoia tu piuttosto che lui".

La cosa mi ………… abbastanza agitato. Anche perché, ogni volta che le ………… un po' più di nutella nel panino, lei ……… che non … giusto, e che ………… tutti uguali; e a quel punto non ho mai avuto il coraggio di risponderle: "e allora se siamo tutti uguali, la mattina dal lato della strada si mette chi capita, o facciamo una mattina per uno, così le possibilità di essere investiti sono alla pari".

F. Piccolo, *Storie di primogeniti e figli unici*

FACCIAMO GRAMMATICA

Perciò, perché

Perciò introduce la conseguenza
Perché introduce la causa

*Ho bevuto troppo, **perciò** ho mal di testa.*
*Ho mal di testa **perché** ho bevuto troppo.*

14 Esercizio

Forma delle frasi usando elementi della prima e della seconda colonna.

ieri	
situazione	**fatto**
piovere	prendere l'ombrello
ES *Ieri pioveva, **perciò** ho preso l'ombrello.*	*Ieri ho preso l'ombrello **perché** pioveva.*
essere in ritardo	chiamare un taxi
avere paura	telefonare a un amico
avere sonno	andare a letto presto
avere la febbre	rimanere a casa
dovere studiare	non uscire con gli amici
dovere pulire la casa	non andare al mare
fare molto freddo	non andare al parco
essere compleanno Marco	comprargli un regalo
frigorifero essere vuoto	fare la spesa e comprare molte cose

15 Esercizio

Completa le frasi seguenti con i verbi all'imperfetto o al passato prossimo.

ES *Quando (essere) ...ero... piccolo, (andare) ...andavo... sempre in vacanza in un paese della costa amalfitana.*

1. Domenica scorsa (andare) .... a Bracciano per visitare il castello: (esserci) .... molta gente e la guida (essere) .... molto brava.
2. Da bambino (giocare) .... sempre nel giardino dei vicini di casa che mi (piacere) .... più del nostro.
3. Ieri (io stancarsi) .... proprio .... (fare) .... la spesa, (tornare) .... a casa con delle buste pesantissime e (salire) .... a piedi perché l'ascensore (essere) .... rotto.
4. Ieri sera mentre Carlo (lavare) .... l'insalata io (preparare) .... una macedonia di frutta.
5. Ti ricordi di Carla? Sì, certo (essere) .... la più bella del gruppo, (avere) .... due occhi splendidi e tutti (essere) .... innamorati di lei!
6. Ieri Marco mi (telefonare) .... proprio mentre (fare) .... la doccia.
7. Mentre (io tornare) .... a casa, (incontrare) .... Fabio che (andare) .... al cinema con un suo amico.
8. Marco e Lucia (tornare) .... ieri mattina da Londra ed (essere) .... molto contenti.
9. Non (io avere) .... soldi e così non (comprare) .... tutto quello che (io volere) ....
10. Mentre Claudio (parlare) .... tutti lo (ascoltare) .... con molto interesse.

16 *Leggi i fumetti e prova a immaginare il finale della storia.*

un giorno in italia

EPISODIO 24

Treno e nostalgia

Fabio è salito a Bologna, per tutto il viaggio è rimasto in silenzio, senza parlare con nessuno. Ha provato a leggere un libro, ma niente, ha provato a leggere fumetti, ma senza gusto, ogni tanto apre un quaderno scrive qualcosa, poi lo chiude. Accende il walkman e guarda fuori. La campagna scorre dal finestrino come un ricordo, il walkman fa da colonna sonora: Fabio è dentro il suo film e pensa a Giulia...

Due anni fa... Bologna... DAMS... indirizzo spettacolo... lezione di storia del teatro, lezione di Dario Fo (il Nobel), lei arriva in ritardo... c'è un posto vuoto vicino a lui:

Ti amo, detto la prima volta con una canzone dei Radiohead "No surprise".
Poi tante canzoni, tanti messaggi in musica "ti piace questo gruppo, conosci il nuovo album di...", una scusa per stare insieme.

Due anni di alti e bassi, passione e disperazione: Fabio, Giulia, l'altro.
Adesso Fabio ascolta quella canzone tante volte, ripetutamente, ossessivamente.

Poi prende un quaderno ed inizia a scrivere:

Cara Giulia,
non scappo da te... scappo da Bologna... che è piena di te.
A Napoli c'è il mare... c'è il Vesuvio, c'è San Gennaro...
e ci sono Sergio e Lucia che mi hanno invitato a lavorare
con loro per un mese: farò il burattinaio nelle piazze, la sera.

"Passeranno gli anni, ti sposerai
dimenticherai i disordini.
Essere una donna è un grande passo,
fare impazzire è un'eroica impresa."
da " il dottor Zivago " (B. Pasternak)

Addio
Fabio

1  *Leggi più volte il testo "Treno e nostalgia " poi prova a ricostruire la storia di Fabio inserendo le parole appropriate.*

Fabio e Giulia si sono conosciuti ....

Lei .... alla lezione di .... e .... vicino a Fabio.

Dopo la lezione lei gli .... il quaderno per vedere i suoi ....

Fabio ha risposto di sì e .... una sigaretta.

Per lui è stato .... a prima vista.

Poi hanno cominciato a ...., a lezione, alla mensa e alle assemblee.

Purtroppo però Giulia aveva un altro ....

È stato un amore difficile, fatto di .... e ....

Fabio ha deciso di .... da Bologna per andare a .... a lavorare con .... e .... come .... nelle piazze.

In treno Fabio .... una lettera d' .... a Giulia.

Poesia

Penso che a forza di pensarti
potrò dimenticarti amore mio.

Patrizia Cavalli, "Poesie 1974-1992"

2 Attività

Ricordi la lettera d'addio che Fabio ha scritto a Giulia?
Immagina di essere Giulia e scrivi una risposta per Fabio.

Caro Fabio,

3 Attività *Storie d'amore...*

Leggi i testi sotto in cui si parla di film d'amore.
Poi scegli una storia che ti piace particolarmente e raccontala agli altri studenti che devono cercare di indovinare di quale storia si tratta.

AL CINEMA QUATTRO FONTANE, DA VENERDÌ 20
THE GOLDEN BOWL
di James Ivory; con Nick Nolte, Uma Thurman, Kate Beckinsale.
Si amano, ma hanno problemi finanziari. Amerigo, un principe pieno di debiti, e Charlotte, la sua amante. Il giovanotto tenta di rimettersi in sesto sposando la figlia di un ricco collezionista americano. La ragazza va per la sua strada, ma incontra il collezionista e si sposano. Si ritrovano tutti e quattro nella stessa casa. Un giorno Amerigo e Charlotte riprendono la relazione. Quanto durerà?
AI CINEMA ANDROMEDA, DELLE MIMOSE, GIULIO CESARE, KING. DA VENERDÌ 20.

CO **PANE E TULIPANI** Italia 2000. Dur. 1h 55'. Regia: Silvio Soldini. Con: Bruno Ganz, Licia Maglietta, Giuseppe Battiston, Antonio Catania.
Casalinga di Pescara viene dimenticata in autogrill. Offesa e stupita, invece di aspettare marito e figli, decide di tornare a casa. Ma si ritrova a Venezia dove conosce un cameriere dottissimo. Il marito furioso spedisce alla ricerca della donna un idraulico appassionato di gialli. Ma lei ha trovato già una nuova vita.
Il Labirinto▸91, Centro sociale La Torre▸98

CO **STORIA DI NOI DUE** USA 2000. Dur. 1h 35'. Regia: Rob Reiner. Con: Michelle Pfeiffer, Bruce Willis, Colleen Rennison.
Analisi realistica ma divertente del matrimonio tra Ben, scrittore e romantico e Katie, enigmista e perfezionista. Dopo 15 anni la coppia è alle prese con l'eterno paradosso: come mai proprio le qualità che li hanno fatti innamorare sono quelle che ora li stanno allontanando? I due tentano una separazione mentre i figli sono in vacanza. Ma...
Andromeda▸8, Jolly▸42, Madison▸46, Tizia-

DR **MALENA** Italia 2000. Dur. 108. Regia: Giuseppe Tornatore. Con: Giuseppe Sulfaro, Monica Bellucci.
Storia di un'amore impossibile tra Renato, un ragazzino di 14, e Malena, una donna molto più grande di lui, bellissima e chiacchieratissima. Sullo sfondo della seconda guerra mondiale, Renato diventa un uomo e Malena inizia la sua discesa da moglie, a vedova, fino a prostituta per i tedeschi.
Andromeda▸9, Barberini▸15, Eurcine▸30, Giulio Cesare▸38, Intrastevere▸43, Jolly▸44, King▸45, Maestoso▸49, Warner Village Cinemas Parco de' Medici▸77, Ariston▸115, Supercinema▸118, Alfellini▸119, Cineland▸121

SI FA PRESTO A DIRE AMORE
di Enrico Brignano; con Enrico Brignano, Vittoria Belvedere.
Vive con i genitori, ha 30 anni e una bella ragazza, ma quando Silvana lo lascia, Enrico si mette con Elvira. Silvana, però, ritorna. E lo vuole per sé, ma quando Elvira se ne va, Silvana lo lascia di nuovo. Allora Enrico s'innamora di una bella straniera. Quanto durerà?
AI CINEMA ANDROMEDA (16.30; 18.30; 20.30; 22.30) **CINELAND** (20.30; 22.30) **DELLE MIMOSE** (15.40; 18.00; 20.20; 22.30) **GIULIO CESARE** (16.00; 18.10; 20.20; 22.30) **LUX** (15.10; 17.00; 19.00; 20.45; 22.40) **WARNER VILLAGE.**

Trovaroma, Roma c'è

4 track *Ascolta più volte la canzone "Io vivrò senza te" (di Mogol - Battisti) e scegli il testo che corrisponde al suo significato.*

a. Lei ha lasciato lui.
Lui soffre molto perché è sicuro che lei non tornerà.

b. Lui ha lasciato lei perché ha un'altra donna. Però è ancora un po' innamorato di lei.
La ricorda e piange.

5  *Ascolta più volte la canzone e completa il testo.*

Che non si muore per amore
è una gran bella verità
perciò dolcissimo mio amore
ecco quello, quello che da domani ....
io ....
anche se ancora non so ....
...., io .... solo ....
e ...., ..., ..., ...
qualche cosa ...., qualche cosa ....
sì qualche cosa ...., qualche cosa ....
...., io ....

E se ritorni nella mente
basta pensare che non ci sei
che sto soffrendo inutilmente
perché so, io lo so, io so che ....
...., io .... solo ....
e ...., ..., ..., ...
qualche cosa ...., qualche cosa ....
sì qualche cosa ...., qualche cosa ....
...., io ....

Dimenticare Giulia...

Fabio vuole proprio dimenticare Giulia. Sa che sarà difficile ma forse Napoli, un posto completamente nuovo e sconosciuto, il suo impegno nei teatri di strada, e i suoi amici lo aiuteranno a dimenticare.
Ora però è ancora molto triste, la parola "addio" scritta sulla lettera non basta e Fabio sa che dovrà fare molte cose, cambiare molte abitudini e forse prima o poi riuscirà davvero a dimenticarla.
Fabio pensa dentro di sé, ecco:
non la chiamerò
non risponderò alle sue lettere
non ascolterò più le nostre canzoni
non metterò più questa maglietta (quella di Che Guevara che mi ha regalato lei)
non andrò più al caffè "Zani"
non prenderò l'autobus n.68
non tornerò al DAMS per un po'
non... non le manderò neanche questa lettera
e così, con quest'ultimo pensiero Fabio chiude il quaderno, spegne il walkman e sente che il treno sta rallentando, è già arrivato alla stazione di Napoli.

6 *Leggi più volte il testo e cerca tutti i verbi al futuro.*
Dividili in regolari e irregolari e trascrivili negli spazi sotto:

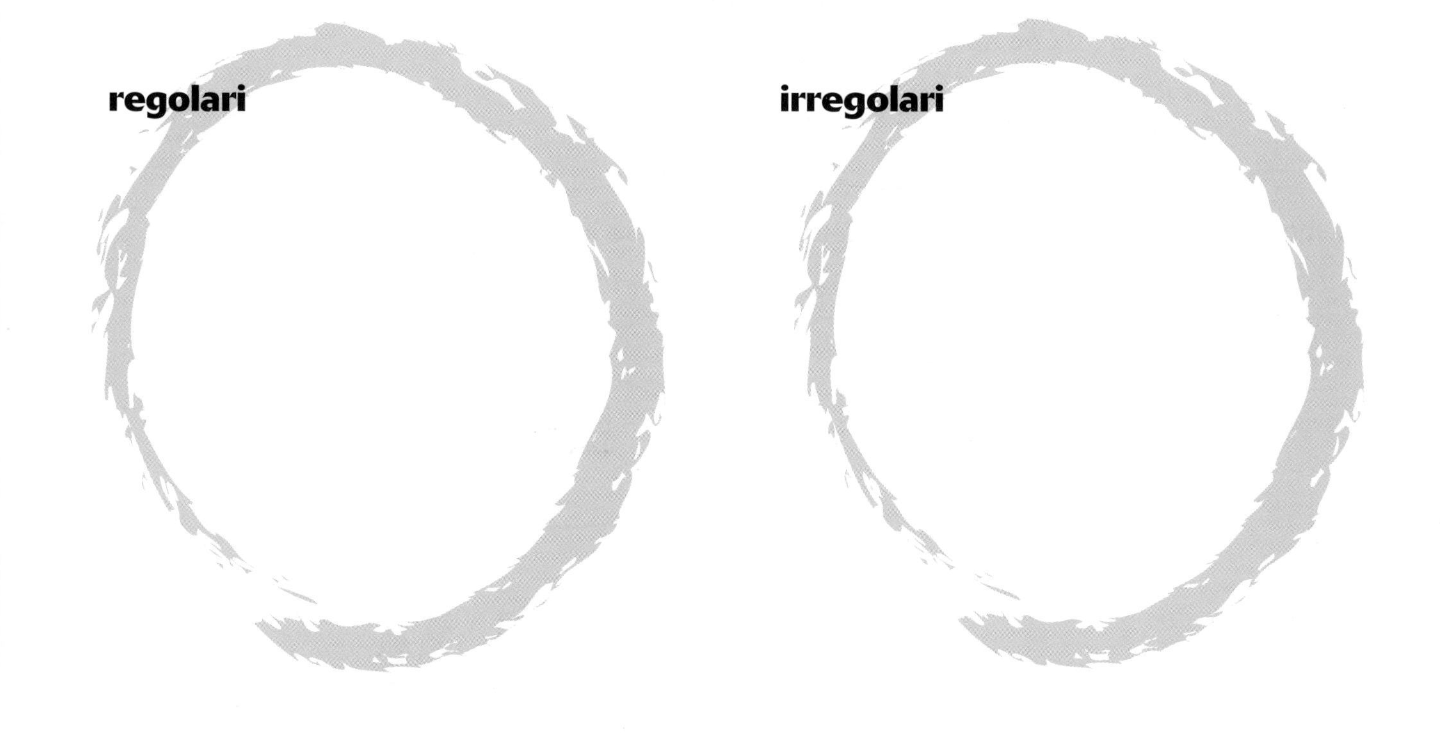

Ora osserva i verbi regolari e classificali nello schema sotto. Poi osserva le differenze:

verbi in *-are*	verbi in *-ere*	verbi in *-ire*

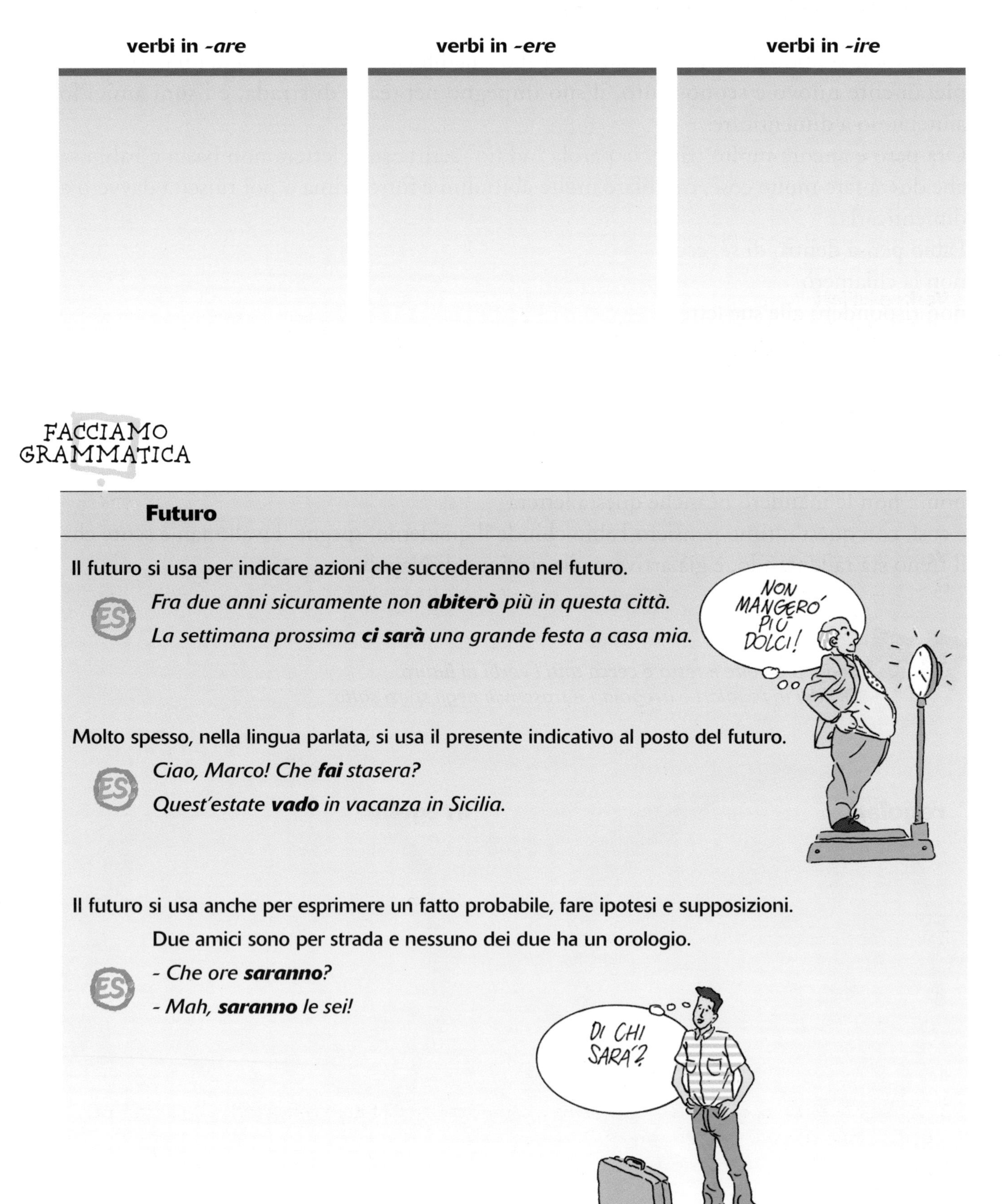

FACCIAMO GRAMMATICA

Futuro

Il futuro si usa per indicare azioni che succederanno nel futuro.

ES *Fra due anni sicuramente non **abiterò** più in questa città.*
*La settimana prossima **ci sarà** una grande festa a casa mia.*

Molto spesso, nella lingua parlata, si usa il presente indicativo al posto del futuro.

ES *Ciao, Marco! Che **fai** stasera?*
*Quest'estate **vado** in vacanza in Sicilia.*

Il futuro si usa anche per esprimere un fatto probabile, fare ipotesi e supposizioni.

Due amici sono per strada e nessuno dei due ha un orologio.

ES *- Che ore **saranno**?*
*- Mah, **saranno** le sei!*

Ascolt-are	**Rispond-ere**	**Riusc-ire**
ascolt**e-rò**	rispond**e-rò**	riusc**i-rò**
ascolt**e-rai**	rispond**e-rai**	riusc**i-rai**
ascolt**e-rà**	rispond**e-rà**	riusc**i-rà**
ascolt**e-remo**	rispond**e-remo**	riusc**i-remo**
ascolt**e-rete**	rispond**e-rete**	riusc**i-rete**
ascolt**e-ranno**	rispond**e-ranno**	riusc**i-ranno**

La desinenza è uguale per tutti i verbi, regolari ed irregolari.

Verbi ausiliari

Essere	**Avere**
sarò	avrò
sarai	avrai
sarà	avrà
saremo	avremo
sarete	avrete
saranno	avranno

Verbi irregolari

I verbi che al futuro sono irregolari si possono dividere in tre gruppi principali.

1. Verbi che non hanno la **-e-** nella desinenza:

ES

vivere	*vivrò*
andare	*andrò*
dovere	*dovrò*
potere	*potrò*
sapere	*saprò*
vedere	*vedrò*
cadere	*cadrò*

2. Verbi che inseriscono **-rr-** all'interno del tema:

ES

volere	*vorrò*
tenere	*terrò*
venire	*verrò*

3. Verbi della seconda coniugazione in **-orre** e **-urre** formano il futuro con la forma contratta, per questo sono simili a quelli del gruppo 2.

ES

tradurre	*tradurrò*
porre	*porrò*
condurre	*condurrò*

7 Esercizio

Completa le frasi con il verbo dato al futuro.

ES *La prossima settimana (iniziare) ....iniziarà.... il corso di Yoga.*

1. Ho sentito alla radio che domani (piovere) ....
2. Venerdì prossimo (esserci) .... lo sciopero dei trasporti.
3. Non so se (riuscire) .... a finire questo lavoro per le 18.00.
4. Quando (venire-tu) .... a Roma ti (portare-io) .... in un ristorante carino.
5. Ora parto per un viaggio ma quando (tornare) .... (dovere) .... cominciare a cercare un lavoro.
6. Vengono quasi tutti alla cena di stasera ma credo che Paolo (arrivare) .... un po' più tardi.
7. Ed ecco a voi Eros Ramazzotti che (cantare) .... la sua ultima canzone.
8. È meglio che gli racconti la verità, sono sicuro che lui ti (capire) ....
9. Susanna ha finito il corso ma ha detto che qualche volta (passare) .... a trovarci.
10. Chissà se Fabio (incontrare) .... ancora Giulia?

8 Attività scritta *Progetti per il futuro*

Fa' un programma per risolvere uno dei tuoi problemi o per realizzare uno dei tuoi desideri. Scrivi una lista di buoni propositi da appendere al muro per leggerla tutti i giorni.

Se non hai un problema o un desiderio puoi immaginare di averne uno dei seguenti:

- sei troppo grasso/magro
- non riesci a trovare lavoro
- vuoi imparare una lingua straniera
- vuoi cambiare casa/città/paese
- vuoi trovare un amore
- altro...

Ad esempio, se sei troppo grasso, potresti fare una lista così:

- MI METTERÒ A DIETA
- NON MANGERÒ DOLCI
- NON COMPRERÒ BISCOTTI O CIOCCOLATINI
- NON ANDRÒ A FESTE DI COMPLEANNO
- BERRÒ TUTTO SENZA ZUCCHERO
- MA A VOLTE... MI CONCEDERÒ UN GELATO, IL FINE SETTIMANA

9 Attività *Chi cerca trova*

Cerca qualcuno che l'anno prossimo:

- continuerà a studiare l'italiano
- inizierà a studiare una lingua straniera
- si sposerà
- finirà l'università
- andrà in vacanza in Italia
- cercherà un nuovo lavoro
- cambierà casa
- aprirà un'attività commerciale
- comprerà un motorino
- andrà a vivere da solo/a

Jacques Attali e il Terzo Millennio: lavoreremo 100 giorni l'anno e ci porteremo dietro la casa

«Un mondo di nomadi nel secolo degli eccessi»

«Non sarà, come molti credono, il secolo dell'hamburger, ma quello della pizza: una base comune, che permette a ciascuno di completarla e guarnirla a piacimento. È un alimento così mondiale, che negli Usa e in Argentina, ad esempio, pensano perfino si tratti di una loro invenzione»; «diverremo nomadi: ci porteremo dietro "la casa", e la cambieremo spesso; già ora, negli Stati Uniti, uno su cinque trasloca ogni anno; ed entro il 2030, un decimo dell'umanità sarà nomade: per il lusso, o la miseria»; «cento giorni all'anno saranno lavoro, cento studi, cento viaggi; gli altri dedicati al piacere»; «verso il 2040, l'uomo arriverà su Marte; e forse dal 2100, vi si installerà il primo abitante umano»; «a cambiare meno in fretta, sarà invece il vestiario»; «anche il matrimonio subirà profonde mutazioni; verrà concepito come provvisorio: ve ne saranno più di uno, e simultanei; la fedeltà cesserà di essere un dovere, l'infedeltà una colpa»: chi prevede tutto ciò, pur non potendolo affatto garantire, è Jacques Attali, uno dei "padri" dell'Europa, già consigliere di Mitterrand, algerino, 56 anni, trenta libri dal '72 a oggi».

Il Messaggero

10 *Leggi più volte il testo e segna le risposte corrette.*

1. L'alimento più importante del futuro sarà l'hamburger.	⊙ vero	⊙ falso
2. Nel futuro saremo più nomadi.	⊙ vero	⊙ falso
3. Si cambierà raramente casa.	⊙ vero	⊙ falso
4. Nel 2040 l'uomo arriverà su Marte.	⊙ vero	⊙ falso
5. Il modo di vestire cambierà molto velocemente.	⊙ vero	⊙ falso
6. Le coppie saranno più fedeli.	⊙ vero	⊙ falso

11 Attività *Il terzo millennio!*

Siete d'accordo con le previsioni dello storico Jacques Attali?

Discutete in gruppo queste affermazioni:

- l'alimento più importante sarà la pizza
- diventeremo più nomadi
- cambieremo spesso casa
- nel 2100 il primo uomo abiterà su Marte
- il modo di vestire cambierà meno in fretta
- il matrimonio sarà considerato più provvisorio
- l'infedeltà non sarà più una colpa

Credo di sì, perché...
È difficile prevedere, ma...
Non sono d'accordo, perché...

12 Attività *Immagina il tuo futuro*

Immagina la tua vita tra vent'anni.
Come sarà? Cosa sarà uguale e cosa sarà diverso per te e intorno a te?
Pensa a queste cose e parlane con un altro studente.

La tua casa: uguale ad oggi / diversa / nella stessa zona o città / con nuovi mobili / mobili gonfiabili / mobili usa e getta ecc.

I tuoi amici: gli stessi / nuovi e diversi / cambiati / di altri paesi / più numerosi / solo colleghi e meno amici ecc.

La tua famiglia: con figli / nipoti / aperta / chiusa / numerosa ecc.

Il tuo quartiere: verde / tutto cemento / atmosfera internazionale / con centri commerciali / senza negozi / con piccoli negozi / pieno di ambulanti / con più servizi / meno traffico ecc.

Il tuo lavoro: telematico / a distanza / poche ore al giorno / saltuario / col computer / manuale / con molti viaggi / sedentario / faticoso / soddisfacente / da solo / in un grande ufficio / ditta / in proprio ecc.

Ma che ore saranno?

Fabio non ha un orologio, e quando vede che il treno è arrivato a Napoli si chiede:
Ma che ora sarà? Dove mi aspetteranno i miei amici, al binario o davanti alla stazione?
Intanto un pensiero attraversa per un attimo la sua mente (e Giulia dove sarà a quest'ora... magari mi avrà già dimenticato).
Anche Piero, il controllore, ogni tanto guardando i passeggeri che scendono e salgono con pacchi e valigie si chiede: ma dove andranno?
E mentre va su e giù per i corridoi, e guarda e ascolta frammenti di conversazioni senza poter mai parlare tranquillamente come un normale viaggiatore si domanda: che lavoro farà quella donna che parla sempre al cellulare, e quanti anni avrà quella vecchia signora che ancora viaggia tutta sola in treno?
Eh sì, il treno è un grande contenitore di misteri ambulanti!

13 *Leggi il testo più volte e sottolinea tutti i verbi al futuro.*
Poi prova a dire che funzione hanno:

- parlare del futuro
- domandarsi qualcosa
- fare ipotesi
- fare previsioni

14 **Attività** *Chissà…*

Prova a esprimere con il futuro quello che di solito dici o pensi in queste situazioni:

- vedi un bel vestito in una vetrina ma non c 'è il prezzo
- squilla il telefono. È mezzanotte.
- pensi ad un amico che non vedi da tanto tempo
- la tua macchina si ferma improvvisamente in mezzo alla strada
- un aereo attraversa il cielo sopra le case
- aspetti da mezz'ora in mezzo alla strada un amico che non arriva

La valigia dell'episodio 24

un giorno in italia

EPISODIO 25

Vedi Napoli e poi muori!

"Vedi Napoli e poi muori!" pensa Fabio mentre attraversa la stazione in cerca dei suoi amici.
Ma dove saranno Sergio e Lucia? Non si vede nessuno, eppure avevano detto davanti al binario, se ricordo bene. Ma si sa, i napoletani non sono sempre puntuali! Almeno così si dice… o forse è solo uno stereotipo del tipo Napoli, pizza, camorra, spaghetti, mandolino e caos e… attenzione alle borse e ai gioielli!
Ma dai!
Però questo Sergio ancora non arriva!!
Fabio incomincia a camminare verso l'uscita, risponde "no grazie" a due o tre persone che gli offrono servizi "serve un taxi, un albergo, una pensione" e mentre già si sente perso vede un tipo che parcheggia la vespa e corre verso di lui: finalmente, eccolo, è Sergio!

1 

Ascolta più volte il dialogo tra Fabio e Sergio e segna le risposte corrette.

1. Fabio è arrabbiato con Sergio per il ritardo.	⊙ vero	⊙ falso
2. Fabio dice che sta cercando di dimenticare la sua ragazza Giulia.	⊙ vero	⊙ falso
3. Sergio dice che sta organizzando cose divertenti da fare insieme a Fabio.	⊙ vero	⊙ falso
4. Il mare è molto lontano dalla stazione.	⊙ vero	⊙ falso
5. Sergio va in moto senza casco.	⊙ vero	⊙ falso
6. A Napoli stanno facendo compagne pubblicitarie per l'uso del casco.	⊙ vero	⊙ falso
7. Sergio entra con la moto in una strada a senso vietato.	⊙ vero	⊙ falso
8. Andare contromano fa parte delle trasgressioni locali della città.	⊙ vero	⊙ falso

2 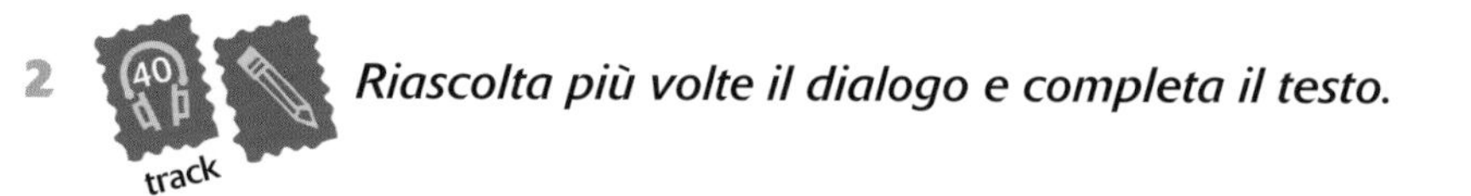

Riascolta più volte il dialogo e completa il testo.

S.: Fabio, ciao, benarrivato, ...!

F.: No, ... , sono così contento di rivederti… ....?

S.: Bene, bene, e ....?

F.: Eh, io .... Giulia… ma è difficile sai!

S.: Ti capisco, ma adesso vedrai, ... di spettacoli e serate … vedrai che ci divertiremo!

F.: Ah, che aria! .... mare.

S.: Ah sì? Beh .... ma è vero,
il mare è vicino, ... che
....
.... sul lungomare.

F.: Sì, ma ...., e neanche per te...

S.: Ma guarda che sei a Napoli, eh, ...? No, dai... scherzavo,
è vero che adesso .... per far mettere il casco,
e ...., ma sai... qui l'abitudine vale più
....

F.: Vedo, vedo..., ma Sergio, guarda un po' laggiù quei due vigili,
.... tutti quei motorini...

3 Attività

Abbina le parole alle immagini:.

casco • segnale stradale • incrocio • semaforo • zona pedonale • senso vietato • strisce pedonali • strade • multa

....

....

....

4 Esercizio

Completa le frasi scegliendo parole dell'attività precedente.

1. Quando il .... è rosso non si può passare.
2. Nel centro storico hanno chiuso le .... al traffico ed hanno creato una .... dove si può passeggiare tranquillamente.
3. In Francia ho preso una .... perché ho attraversato la strada fuori dalle ....
4. C'è stato in incidente perché una macchina non ha rispettato il .... dello "stop".
5. È molto pericoloso andare in motorino senza ....
6. Vada fino all'...................... , poi giri alla seconda a destra, alla prima non si può perché è ....

FACCIAMO GRAMMATICA

Stare + gerundio

Per esprimere un'azione progressiva si usa il verbo **stare + gerundio**

	stare		**gerundio**	
(io)	sto			
(tu)	stai	mangi-are	legg-ere	part-ire
(lui)	sta	↓	↓	↓
(noi)	stiamo	mangi-**ando**	legg-**endo**	part-**endo**
(voi)	state			
(loro)	stanno			

Sto mangiando, sto leggendo, sto partendo.

5 Esercizio

*Completa le frasi con la forma **stare + gerundio** al presente.*

ES *Marco, cosa (leggere) ...stai leggendo...? Un libro di poesie.*

1. Che fai? (cucinare) ....
2. Apri la porta! Non posso, (fare) .... il bagno al bambino.
3. Dov'è Giulio? (parlare) .... con due clienti.
4. Fate piano, i bambini (dormire) ....
5. Pronto, ciao Paolo come stai? Ah, scusa Gianni, (uscire) .... Ti richiamo.
6. Sbrigati Gino, il treno (partire) ....
7. Guarda che cielo scuro! (arrivare) .... un temporale.
8. Marco (organizzare) .... una festa di fine corso.
9. Devo mangiare qualcosa. (morire) .... di fame!
10. Il museo è chiuso al pubblico. (Loro ristrutturare) .... alcune sale.

Adesso leggerai un articolo che parla di Napoli, "Mille volti ma veraci". Ecco alcune informazioni per facilitarti la lettura e la comprensione:

Piazza Plebiscito:	grande e importante piazza del centro di Napoli
Centro Direzionale:	polo di uffici e strutture commerciali
Acciaierie di Bagnoli:	grande industria nella periferia di Napoli. È stata chiusa negli anni '80
La Smorfia:	libro per l'interpretazione dei sogni. Ad ogni sogno corrisponde un numero che si può giocare al Lotto, grande passione dei napoletani

6 Attività *Conosci queste parole?*

Scegli la soluzione corretta

vicolo
- ⊙ piccola strada stretta
- ⊙ piccola piazza

rione
- ⊙ grande fiume
- ⊙ quartiere

amuleto
- ⊙ romanzo d'amore
- ⊙ oggetto portafortuna

scorcio.
- ⊙ immagine di un paesaggio in prospettiva
- ⊙ topolino di campagna

MILLE VOLTI MA VERACI

Sotto: dipinto di Giacinto Gigante nel Museo di San Martino che ritrae un'ottocentesca *Napoli dalla Riviera di Chiaia*. Gigante (1806-1876) fu pittore prediletto di Ferdinando II e pittore di corte di Francesco I.

Cogliere Napoli, darne una sola esaustiva immagine: non è possibile. Città da vivere, atmosfere da accarezzare, sa farsi amare, e può essere odiata. Si mostra con mille diversi volti, ma è sempre sincera, è sempre una Napoli vera. Sono stati riscoperti gli scrigni di rari tesori d'arte lasciati per anni all'abbandono nei vicoli di antichi rioni dimenticati. Risplende piazza Plebiscito, simbolo della rinascita: per anni non è stata altro che un caotico parcheggio. Quanto è cambiata Napoli? Non è perfetta, il disordine è nella sua natura, ma nettissimi passi avanti hanno il sapore di un'autentica rivoluzione.

Non nasconde la vita sincera dei rioni popolari, realtà difficili. Eccola povera, modesta. Ed eccola improvvisamente elegante nel porgere il fascino classico di piazze, castelli, nobili palazzi, monasteri e chiostri, chiese suggestive. Arte di tremila anni di storia. Il mare, le piccole barche dei pescatori, le reti stese ad asciugare. Antichi borghi intatti. Culti e tradizioni popolari difesi da secoli con raro attaccamento, forte partecipazione. La grande vivacità culturale, inarrestabile. Metropoli del Duemila, con le torri di vetro e acciaio dell'avveniristico Centro direzionale, e l'addio alle acciaierie di Bagnoli per riscoprire angoli persi in una costa che incanta.

Napoli guarda lontano, ma non dimentica mai di voltarsi indietro.

Racconta storie di re e regine, di guerre e di un popolo da sempre dominato e che da sempre ha sofferto e lottato.

Non è una città-museo che mette freddamente in vetrina i suoi capolavori, quella di ogni monumento è storia che si intreccia con la vita di un rione, di un vicolo, e della sua gente, tra piccole cose, piccoli protagonisti, sapori e aromi inconfondibili. La smorfia, Pulcinella, il presepe, gli amuleti contro la cattiva sorte, la pizza e le sfogliatelle, la tradizione di una cucina mai tradita per un panino. Scorci diversi, contraddizioni, stimoli di città da cogliere così come colpisce, così come piace.

Parco archeologico con grotta di Seiano

Palazzo Donn'Anna

Posillipo

Marechiaro

La strada San Carlo in un dipinto di Gennaro D'Aloisio (collezione privata).

7 **A.** *Leggi il testo e segna quali di queste cose appartengono alla cultura napoletana?*

- ⊙ il panettone
- ⊙ la gondola
- ⊙ la pizza
- ⊙ il presepe
- ⊙ Arlecchino
- ⊙ i tortellini
- ⊙ la sfogliatella
- ⊙ Pulcinella

B. *Leggi più volte il testo e segna le risposte corrette.*

1. Napoli si può amare e odiare.	⊙ vero	⊙ falso
2. Napoli non è una città d'arte.	⊙ vero	⊙ falso
3. A Napoli ci sono antichi quartieri.	⊙ vero	⊙ falso
4. Napoli è una città disordinata, ma sta cambiando.	⊙ vero	⊙ falso
5. Napoli è una città con 4000 anni di storia.	⊙ vero	⊙ falso
6. Napoli è molto legata alle tradizioni popolari.	⊙ vero	⊙ falso
7. Napoli non è una metropoli moderna.	⊙ vero	⊙ falso
8. L'arte a Napoli si intreccia con la vita.	⊙ vero	⊙ falso

C. *Abbina le espressioni della colonna* ***A*** *con quelle della colonna* ***B****.*

A	**B**
antichi rioni dimenticati	zona di uffici e strutture, realizzati in uno stile molto moderno
antichi borghi intatti	quartieri storici abbandonati, non curati
avveniristico centro direzionale	zone isolate di una costa bellissima
angoli persi di una costa che incanta	vita culturale molto attiva
la grande vivacità culturale	quartieri che non sono cambiati negli anni

Se vuoi scoprire di più sulla Napoli sotterranea leggi l'articolo "Napoli".

NAPOLI

C'è la Napoli del Golfo, di via Caracciolo, dei bassi, del traffico, del colore, delle sfogliatelle, delle lacrime, del sangue, di San Gennaro. Quella Napoli sfavillante e contraddittoria di cui sappiamo. Ma nel sottosuolo ne esiste un'altra simmetrica. Un intreccio di gallerie antiche che occupano 10.000 metri quadrati. Cave di pozzolana sottopassano il traffico infernale in direzione di piazza del Plebiscito e incrociano tratti dell'antico acquedotto, ancora visitabile. E poi nel sottosuolo di Capodimonte c'è la tomba di S. Gennaro: vuota, le sue ossa sparite da secoli. Ma si può vedere l'enorme catacomba nata attorno a essa nel IV secolo. Tutti volevano essere seppelliti vicino al santo, vescovi compresi, perciò vediamo centinaia di loculi di fedeli defunti che speravano, già allora, nella grazia di S. Gennaro. C'era chi spendeva capitali, pur di essere tumulato lì. E c'era chi vendeva la stessa tomba a più persone: ne seppelliva una per poi spostarne i resti altrove all'arrivo dell'altra.

1

note:
bassi: case dei quartieri popolari al pianterreno che danno direttamente sulla strada e spesso non hanno finestre.
Catacombe: tombe sotterranee scavate in lunghi corridoi a più piani.
San Gennaro: santo patrono di Napoli. Ogni anno a settembre molte persone assistono a quello che chiamano "il miracolo del sangue di San Gennaro". In questa occasione il sangue del santo contenuto in una reliquia diventa liquido.

8 Cloze

Completa il testo con le preposizioni mancanti

alle • di • tra • su • della • del • nel • del • nel • all' • di • tra • da • dei

Bell'Italia

Mangiare, leggere, dormire bere, comprare: tutto e di tutto

Alberghi, ristoranti e pizzerie, ritrovi da "ore piccole", ma anche caffè letterari e librerie. Ecco qualche informazione ...quanto di meglio offre la Napoli del Duemila, ... i vicoli e le piazze ... centro antico e ... ...zona monumentale di piazza del Plebiscito; in riva al mare, a Borgo Marinari, e sui viali ... lungomare; e infine......quartiere "riscoperto" di Chiaia.

......**Centro Antico**
Il "museo all'aperto" che è il centro antico, crogiolo di tesori, era fino a pochi anni fa una città fantasma abbandonata al degrado. Ed ecco ora invece piazzette riscoperte, affollate da tavolini :.. aperto. Come piazza Bellini, dove ... i primi ad aprire è stato **Intra Moenia** (piazza Bellini 70, 081/29.07.20), caffè letterario, piccola casa editrice, laboratorio di ricerca sulla cultura, la storia, la vita di Napoli, con libri (interessanti ed economici) che rispolverano tradizioni e leggende. Belle anche le raccolte... fotografie: "Minori di città", per esempio, ragazzini e vita ... vicoli visti dal fotoreporter Sergio Siano. Accanto, il **Café 1799** (piazza Bellini 71, senza telefono), ed **Evaluna**, singolare "libreria delle donne", (piazza Bellini 72, 081/29.23.72). Bella atmosfera... sera: giovani e cultura, è la zona universitaria. ...qui, ogni sabato mattina ... 10, parte la passeggiata tra cardini e decumani alla scoperta della Napoli greco-romana organizzata da Legambiente (081/2.51.41.97).

Fotografie di Luciano Romano

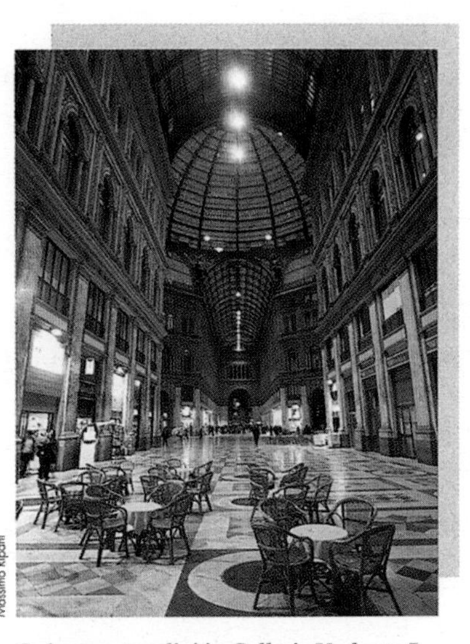
Massimo Ripani

Qui sopra: tavolini in Galleria Umberto I. A sinistra: il Caffè letterario Intra Moenia accanto alle antiche mura greche.

9 Esercizio

Completa le frasi con una preposizione semplice o articolata.

ES *Vorrei un gelato ..al.. limone.*

1. Facciamo colazione .... sacco.
2. Ho ricevuto un e-mail .... Giovanni.
3. La tovaglia è .... primo cassetto.
4. Filippo e Bruno sono .... Bologna.
5. Il tiramisù è un tipo .... dolce.
6. Il programma inizia .... pochi minuti.
7. Il film è iniziato .... dieci minuti.
8. Sabato esco .... Franco e Lidia.
9. Vado .... vacanza .... Australia.

FACCIAMO GRAMMATICA

Verbi con preposizioni

I verbi che indicano l'inizio o la continuazione di un'azione di solito sono seguiti dalla preposizione **a**

iniziare a
cominciare a **+ infinito**
continuare a

*La prossima settimana **inizio a** lavorare.*

I verbi che indicano la fine di un'azione di solito sono seguiti dalla preposizione **di**

finire di
smettere di **+ infinito**
terminare di

*Se **smette di** piovere esco.*

Ecco altri verbi seguiti di solito dalla preposizione **a**

andare a
costringere a **+ infinito**
convincere a
provare a

***Vado a** prendere un caffè al bar.*

Ecco altri verbi seguiti di solito dalla preposizione **di**

proporre di **+ infinito**
cercare di

***Cerca di** essere puntuale all'appuntamento.*

10 **Cloze** *A cena da mamma*

Completa il testo inserendo la preposizione **di** *o* **a**.

Devo telefonare a mia madre per vedere se è pronta per uscire.
Da quando mia madre ha smesso ...... lavorare passa tutto il giorno ad organizzare cene e pranzi con parenti e amici.
Comincia ...... preparare sughi, dolci, arrosti, e quando finisce ...... cucinare inizia ...... preparare la tavola con piatti di porcellana, bicchieri di cristallo e fiori.
Oggi però ho cercato ...... cambiare la sua routine domestica.
Le ho proposto ...... andare ...... vedere un concerto di musica contemporanea.
Dapprima ha iniziato ...... dire che lei non è il tipo per questo genere di musica poi ha continuato per mezz'ora ...... inventare scuse per non uscire.
Alla fine ho detto: "Se non vieni al concerto stasera, non verrò più a cena da te!"
Così l'ho costretta ...... accettare!

Parlanapoli

Si parla molto di Napoli ma è meglio lasciar parlare i napoletani per capire cosa significa questa città per i suoi abitanti.
Ecco due napoletani che non abitano a Napoli ma ci tornano spesso: Valentina e Sergio.

11  **Valentina** *Ascolta più volte questa intervista e rispondi.*

1. Valentina abita a Napoli?
2. Quali sono, secondo Valentina, tre buoni motivi per amare Napoli?
3. Ricordi qualche caratteristica della gente di Napoli?
4. Com'è la vera pizza napoletana?
5. Qual è la cosa che manca di più a Valentina?
6. Quali sono, per Valentina, i simboli di Napoli?
7. Prova a ricordare cosa dice Valentina a proposito del caffè.

Quali aggettivi usa per...

i napoletani:

- affettuosi
- chiassosi
- disponibili
- esagerati
- grassottelli
- scherzosi
- eleganti
- puntuali
- riservati
- invadenti
- aggressivi
- eccessivi

la pizza:

- buona
- buonissima
- squisita
- croccante
- bicolore
- gommosa
- tricolore
- classica

12 track 42 **Sergio** *Ascolta più volte l'intervista e segna le risposte corrette.*

1. Il teatro e la musica sono molto importanti per i napoletani. ⊙ vero ⊙ falso
2. Il dialetto è poco usato nella musica napoletana. ⊙ vero ⊙ falso
3. A Napoli non ci sono musica e teatro d'avanguardia. ⊙ vero ⊙ falso
4. Mario Martone e Toni Servillo fanno teatro d'avanguardia. ⊙ vero ⊙ falso
5. Il Teatro Nuovo si trova nella periferia della città. ⊙ vero ⊙ falso
6. Non ci sono contatti fra i cantanti della tradizione melodica e quelli che fanno musica d'avanguardia. ⊙ vero ⊙ falso
7. A Piazza Bellini ci sono
   ⊙ caffè letterari ⊙ negozi di lusso ⊙ locali dove si fa musica
   ⊙ musicisti di strada ⊙ ristoranti internazionali ⊙ artisti di strada
8. Officina '99 è un luogo dove si ritrovano i giovani della Napoli popolare. ⊙ vero ⊙ falso
9. Officina '99 si trova nel centro della città. ⊙ vero ⊙ falso

13 track 42 *Riascolta più volte l'intervista e completa il testo.*

D.: Senti, parliamo un po' di luoghi della cultura, dell'arte per i giovani.
Quali sono i luoghi dove si possono ritrovare i giovani, o fare cultura, o sentire musica, o vedere teatro, eccetera insomma.

R.: Ci sono alcuni luoghi molto importanti in questo senso negli ultimi anni. Una piazza .... vicina alla .... Si chiama .... vicina a un ...., molto bello.
Oggi è diventato una .... dove ci sono alcuni........................, ci sono alcuni ...., si suona in estate .... e c'è spazio per .... Questo in una forma forse più "borghese" ma molto giovanile.
Se pensiamo a un .... esiste Officina '99 che è un luogo di estrazione sociale più popolare, proletaria, di protesta come origine. Che si trova nella .... e dove sono nati i .... come Almamegretta e 99 Posse.

14 Esercizio

Forma il superlativo di questi aggettivi.

ES *importante* *importantissimo*

1. famoso ....
2. centrale ....
3. ricco ....
4. antico ....
5. vicino ....
6. giovane ....

15 Esercizio

Trasforma le frasi con un superlativo.

ES *Una cosa molto importante è* ....importantissima........

1. Due scrittori molto famosi sono ....
2. Una piazza molto centrale è ....
3. Un paese molto ricco è ....
4. Una strada molto vicina è ....
5. Un monumento molto antico è ....
6. Una persona molto giovane è ....

Ora, utilizzando gli aggettivi sopra, prova a costruire frasi di questo tipo:

ES *Una cosa importantissima è fare gli auguri a Silvia.*

16 Attività scritta *Un'intervista*

Dovete intervistare il/la vostro/a insegnante su:

- un aspetto della cultura italiana che vi interessa conoscere
- il suo lavoro, i suoi interessi
- un tema scelto da voi

Lavorate in gruppo e organizzate una serie di domande.
Se possibile registrate l'intervista poi trascrivete il testo.

Dopo Napoli la ferrovia inizia a lasciare la costa ed entra nel caldo immobile del sud.
Le stazioni diventano sempre più piccole e quasi non ci sono passeggeri locali ma solo turisti già bruciati dal sole o che vanno a bruciarsi ed immigrati che rientrano per l'estate.
Il sud aspetta l'estate per i rientri della sua gente sparsa nel mondo e per gli arrivi dei turisti.
E gli uni e gli altri una volta arrivati e superato lo choc della differenza di ritmo e di clima si dicono come sarebbe bello rimanere a vivere per sempre in quei posti incantati, lontano dalla metropolitana, dal traffico, dagli uffici con le code.
E nelle calde notti d'estate o di fronte a un paesaggio italiano, giovani bellezze nordiche si innamorano di luoghi e persone e spesso la passione supera le differenze di lingua, costumi e cultura: "Come sono romantici gli uomini italiani!"

1  *Leggi più volte il testo e segna le risposte corrette.*

1. Il treno dopo Napoli non passa vicino alla costa. ⊙ vero ⊙ falso
2. Nelle stazioni del sud d'estate si incontrano pochi turisti. ⊙ vero ⊙ falso
3. Gli emigranti d'estate tornano nei loro paesi d'origine per le vacanze. ⊙ vero ⊙ falso
4. Al sud fa molto caldo e il ritmo di vita è più lento. ⊙ vero ⊙ falso
5. Per i turisti e gli emigranti il ritmo lento del sud è piacevole. ⊙ vero ⊙ falso
6. D'estate nascono molti amori. ⊙ vero ⊙ falso
7. Alle ragazze nordiche non piace lo stile degli uomini italiani. ⊙ vero ⊙ falso

2 **Attività** *Come sarebbe bello!*

Elenca le prime tre o quattro cose che ti vengono in mente.
Non devi pensare alla realtà. In questo spazio tutto è possibile, costruisci la tua utopia personale!

Come sarebbe bello + infinito

Come sarebbe bello rimanere a vivere per sempre a ...

Militari in licenza

I militari di un tempo viaggiavano in divisa a gruppi nei treni verso sud e verso nord, in tutte le stagioni.
Ormai si riconoscono solo perché quando passa il controllore mostrano il tesserino per il biglietto scontato.
Si danno pugni e manate sulle spalle e parlano una lingua settoriale: dicono la 36, la 48 che sono le ore di libertà o licenza premio che gli hanno dato. Si raggruppano per provenienza e parlano dialetti di cui spesso non si capisce una parola. Spesso parlano di un altro soldato, o di un caporale e lo chiamano per cognome, "Mastrandrea", "Di Francesco", "Carapelli".
Piero li guarda a volte con un po' d'invidia. Chissà perché?
Forse perché sono ancora giovani.
Gli ricordano il passato.
Gli ricordano i suoi viaggi in treno da bambino quando andava in vacanza al sud con i genitori.
Li invidia perché loro sono sempre insieme, in piccoli gruppi come i tifosi di calcio, e lui bene o male vive e lavora tra la gente, ma solo come un controllore... appunto che va su e giù per i corridoi ed è fuori dal microcosmo di ogni scompartimento del treno.
Ma forse oggi Piero li guarda e s'interroga seriamente sul suo passato, sulle sue scelte, sul suo essere sempre così serio, così impegnato, così attento a fare scelte coerenti col suo modo di pensare.
L'obiettore di coscienza per esempio!
Eh già, le armi no, così aveva deciso a 18 anni, prima ancora di iniziare l'università.
E suo padre che gli diceva che era uno stupido, che un po' di militare ci voleva per tutti, per diventare uomini... che poi per trovare un lavoro serio, un lavoro statale lo avrebbero guardato male se non aveva fatto il servizio militare.

3  *Leggi più volte il testo e segna le risposte corrette.*

1. I militari viaggiano sempre in divisa.	⊙ vero	⊙ falso
2. I militari parlano tra loro e comunicano con un linguaggio settoriale.	⊙ vero	⊙ falso
3. Alcuni dialetti che parlano i militari sono difficili da capire.	⊙ vero	⊙ falso
4. Piero invidia un po' questi militari.	⊙ vero	⊙ falso
5. Piero li invidia perché vanno sempre in gruppo.	⊙ vero	⊙ falso
6. Piero da bambino andava in vacanza al sud.	⊙ vero	⊙ falso
7. Piero non si sente mai solo.	⊙ vero	⊙ falso
8. Piero ripensa al suo passato e alle sue scelte.	⊙ vero	⊙ falso
9. Il padre di Piero gli diceva di fare il servizio militare.	⊙ vero	⊙ falso
10. Piero ha fatto il servizio militare per 18 mesi.	⊙ vero	⊙ falso

FACCIAMO GRAMMATICA

Pronomi diretti (accusativo)

Si riferiscono a cose o persone:

compro **il pane**	→ **lo** compro	chiamo **Marco**	→ **lo** chiamo
compro **la carne**	→ **la** compro	chiamo **Luisa**	→ **la** chiamo
compro **i formaggi**	→ **li** compro	chiamo **Marco e Gianni**	→ **li** chiamo
compro **le patate**	→ **le** compro	chiamo **Marina e Luisa**	→ **le** chiamo

Pronomi indiretti (dativo)

Si riferiscono a cose o persone:

telefono **a Giulia**	→ **le** telefono
telefono **a Marco**	→ **gli** telefono
telefono **ai miei amici**	→ **gli** telefono
telefono **alle mie amiche**	→ **gli** telefono

4 **A.** *Rileggi il testo "militari in licenza" e cerca tutti i pronomi diretti e indiretti. Nota anche la loro posizione nella frase.*

....

....

....

B. *Nota nel testo i primi verbi della lista sotto. Reggono l'accusativo (pronome diretto) o il dativo (pronome indiretto)? Continua poi con gli altri verbi.*

	qualcuno	a qualcuno
guardare	⊙	⊙
dire	⊙	⊙
invidiare	⊙	⊙
chiamare	⊙	⊙
mostrare	⊙	⊙
telefonare	⊙	⊙
aspettare	⊙	⊙
dare	⊙	⊙
rispondere	⊙	⊙
conoscere	⊙	⊙

5 Esercizio

Inserisci nel testo un pronome diretto o indiretto.

lo • la • li • le • gli • le

ES *Quando incontri Giorgio, ..gli.. dici che ..lo.. voglio vedere?*

1. Se vedi Tonino, ... dici per favore che io .... aspetto al bar?
2. Mara sta telefonando al comune da mezz'ora ma non .... risponde nessuno.
3. Dov'è Giuseppe? Non .... vedo da molti giorni!
4. Barbara, dobbiamo invitare i miei genitori . ... telefoni tu?
5. Signor Gigli, se passa nel mio ufficio .... mostro il mio progetto.
6. Marco è partito per il Brasile. Nel suo ufficio tutti .... invidiano.
7. Chi sono quelle due ragazze che aspettano la direttrice? Non ...... so, non .... conosco.
8. Il bambino piange, Sandra, perché non .... dai un po' di latte?
9. Quando vedi Rita per favore .... dai questa lettera?
10. Si chiama Giuseppe, ma tutti .... chiamano Pino.

6 Esercizio

Sostituisci la parola evidenziata con un pronome.

ES *Tutti amano **Franca*** *Tutti ..la.. amano*

1. Tutti scrivono **a Franca** ....
2. Tutti telefonano **a Claudia** ....
3. Tutti capiscono **l'inglese** ....
4. Tutti aspettano **le elezioni** ....
5. Tutti cercano **Figaro** ....
6. Tutti vogliono **le fragole** ....
7. Tutti danno fastidio **a Marcella** ....
8. Tutti vogliono bene **ai figli** ....
9. Tutti guardano **Giulia** ....
10. Tutti chiamano **il cameriere** ....

7 Esercizio

Inserite nelle frasi sotto i pronomi diretti e indiretti.

ES *Se vedi i miei amici ..gli.. dici per favore che ..li.. sto cercando?*

1. Se vedi Giulio .... dici che .... sto cercando?
2. Se vedi Lucia .... dici che .... sto cercando?
3. Se vedi Anna e Valentina .... dici che .... sto cercando?
4. Se vedi Giulio e Bruno .... dici che .... sto cercando?

8 Esercizio

Completa con i pronomi diretti o indiretti.

ES *Se vuoi parlare con Daniele, perché non ..gli.. telefoni?*

1. Se tuo padre ti chiama, perché non .... rispondi?
2. Se incontri Francesco, perché non .... saluti?
3. Se non guardi più la TV, perché non .... spegni?
4. Se ti piace quel vestito, perché non .... compri?
5. Se hai comprato quelle scarpe, perché non .... metti mai?
6. Se hai tutti quei dischi, perché non .... ascolti mai?
7. Se non ti piacciono quei ragazzi, perché .... frequenti ancora?
8. Se non ami più Anna, perché non .... dici la verità?
9. Se hai preso quel libro, perché non .... leggi?
10. Se scrivi un testo, perché non .... rileggi?

Come quella sera

Piero, guarda fuori dal finestrino, e sente le voci dei ragazzi così ripensa... alle sue liti con i genitori, alle sue scelte, come quella sera, che suo padre rientrando a casa...

9 *Ascolta più volte la discussione tra il padre e la madre di Piero e segna le risposte corrette.*

1. Il padre di Piero dice che suo figlio perde troppo tempo. ⊙ vero ⊙ falso
2. La madre di Piero dice che Piero sta passando un periodo difficile. ⊙ vero ⊙ falso
3. Piero ha superato un esame difficile. ⊙ vero ⊙ falso
4. La fidanzata di Piero lo ha lasciato. ⊙ vero ⊙ falso
5. Secondo suo padre la ragazza ha fatto bene a lasciare Piero. ⊙ vero ⊙ falso
6. La madre non difende mai Piero. ⊙ vero ⊙ falso
7. Il padre dice che per colpa della madre Piero è incapace e mammone. ⊙ vero ⊙ falso
8. È la prima volta che il padre si lamenta di Piero. ⊙ vero ⊙ falso
9. La madre di Piero è contenta del fatto che Piero vuole andare via di casa. ⊙ vero ⊙ falso

10 

Riascolta più volte la discussione tra il padre e la mamma di Piero e completa il testo.

"Olga, dov'è Piero?"
"È in camera sua".
"Bella vita, tutto il giorno con lo stereo, a perdere tempo... ....".
"... sta preparando un esame difficile, ogni tanto fa una pausa con la musica, dai Mario non ricominciamo con questa storia..."
"Ah l'esame, sì l'esame, ma .... sei .... che deve dare .... di esame".
"Sì ma cerca di capirlo sta passando un momento difficile, con quella disgraziata della sua ragazza che proprio adesso lo ha lasciato..."

" ...., con .... che non gli piace il lavoro".
"Mario ...., ... di accusare tuo figlio solo perché non viene a lavorare in ditta, lui si vuole laureare, ... e devi rispettare la sua scelta".
".. lo devo mantenere".
".. tra quella disgraziata e tu alla fine .... non si laurea più..."
".. eh, povero Piero, Piero, ... lo hai fatto venire su incapace e mammone perché tu lo hai sempre difeso e lo hai messo contro di me".
" ...., io .... di queste prediche, e neanche Piero ...., lo sai che mi ha detto oggi? Che se ne va di casa... ....?"
".. gli paga l'affitto che non guadagna una lira?"

PER COMUNICARE IN ITALIANO

Parole per litigare

E io che...
Ma lo sai che...
Basta...
Smettila...
Solo perché...
Capito!
Sì, e intanto...
Guarda...
Vuoi vedere che...
Ah, sì?
Sei tu che...
Non ricominciamo con questa storia...

11 Attività scritta

Ricostruisci la discussione tra la madre e il padre di Piero completando le frasi sotto.

1. Il padre di Piero torna a casa e ....
2. La madre risponde che Piero ....
3. Il padre si arrabbia perché dice che ....
4. La madre è preoccupata per Piero perché ....
5. Secondo il padre invece Piero è un mammone e ....
6. Piero ha detto a sua madre che vuole ....
7. Ma suo padre pensa che questo sarà difficile perché Piero ....

In quel momento arriva Piero!

Piero sente i genitori che discutono in cucina. Da alcuni giorni a casa c'è molta tensione. La sua ragazza lo ha lasciato perché dice che lui non sa cosa vuole dalla vita, perché non fa niente per laurearsi, per finire gli studi, trovarsi un lavoro e pensare a metter su casa. Ma anche un po' perché la signora Olga, la madre, interferiva troppo nel loro rapporto. E Piero, come molti ragazzi italiani è molto legato a sua madre. Ma Piero non pensa di rimanere a casa fino a quarant'anni.
E per questo ha preso una decisione e la vuole comunicare ai suoi genitori.

12  *Ascolta più volte il dialogo tra Piero ed i suoi genitori e segna la risposta corretta.*

1. Piero ha fatto un concorso per lavorare in una banca. ⊙ vero ⊙ falso
2. Piero dice che non gli piace Economia e Commercio. ⊙ vero ⊙ falso
3. Piero vuole lasciare l'università. ⊙ vero ⊙ falso
4. Il padre di Piero è d'accordo con la scelta di suo figlio. ⊙ vero ⊙ falso
5. Piero vuole fare la stessa attività di suo padre. ⊙ vero ⊙ falso
6. Piero vuole fare il ferroviere per viaggiare ed andarsene di casa. ⊙ vero ⊙ falso

13 **Attività**

*Combina le espressioni della colonna **A** con i significati equivalenti della colonna **B**.*

A	B
tolgo il disturbo	basta, per favore non continuare
non me la sento	vado via da questo posto
non ce la faccio più	non dipendo da te economicamente
lascia stare	non ho la forza o la capacità di fare qualcosa
non sto più sulle tue spalle	scusate se disturbo, vado via subito
me ne vado	sono stanco di questa situazione, basta!
non ne posso più	sono stanco di questa situazione
non ce la faccio	non ho il coraggio o l'energia per fare una cosa

14 *Ascolta più volte il dialogo tra Piero e i genitori e completa le frasi nei fumetti.*

15 Esercizio

Completa lo schema dei verbi.

	andarsene	sentirsela	farcela
io	....	me la sento	....
tu	te ne vai	....	....
lui/lei	se ne va	....	....
noi	....	....	ce la facciamo
voi	....	ve la sentite	....
loro	....	se la sentono	....

16 Esercizio

Inserisci nelle frasi uno dei seguenti verbi coniugati al presente indicativo:

farcela • andarsene • poterne • sentirsela

ES *Io non* ..ne posso.. *più del traffico in questa città!*

1. Vedi Enzo, io non .... di continuare a lavorare in questo ufficio.
2. È da questa mattina che lavoro al computer senza una pausa, non .... più!
3. Maurizio .... da casa perché non va d'accordo con i suoi genitori.
4. Perché (voi) .... così presto, la festa è appena cominciata.
5. Uffa! Non .... più di questo rumore, non riesco a lavorare!
6. Luisa non .... di dire a Sergio che non lo ama più.
7. Bambini, se non .... a fare i compiti da soli vi aiuto io.
8. Adesso (io) .... Ci vediamo domani.
9. Tutte le mattine la metro è strapiena. Non .... più.
10. Io non .... di studiare medicina, sono sei anni di università!

17 Role play *Litigate!*

Un padre, un figlio, una madre
Il figlio vuole le chiavi della macchina.
Tutti i suoi amici hanno la macchina.
Il padre non vuole.
La madre cerca di convincerlo ma dice al figlio di non fare tardi.
Il figlio torna alle due di notte.
I genitori sono ancora svegli e preoccupati.

Vicini di casa
Uno ha lo stereo a tutto volume.
L'altro ha il bambino che piange.
Un altro cucina con odori molto forti alle 7 di mattina.
Un altro stende i panni bagnati.
Tutti si affacciano dai balconi o vanno a suonare alla porta per lamentarsi e litigare.

Riunione di condominio – l'orario del riscaldamento nel condominio
Si deve decidere a che ora accendere il riscaldamento.
Le signore casalinghe dalle 10 alle 20.
Chi lavora fuori casa al mattino presto e dopo le 16.00.
Chi abita ai piani bassi vuole accendere il riscaldamento per poche ore ma ai piani alti fa più freddo.

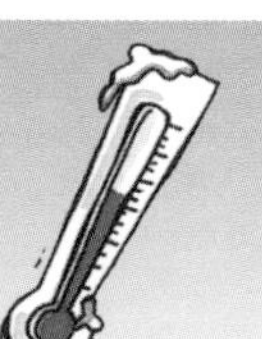

Leggi il testo sotto per capire un po' meglio il sogno di Piero e di tanti bambini.
E tu cosa sognavi di fare da piccolo?

Miti e mestieri

Capostazione. Era uno di quei mestieri che si sognavano da bambini, come il pompiere e l'astronauta. Perché aveva una promessa di onnipotenza: una paletta con la luce nel mezzo, e si fermavano treni lunghi come mostri.
E c'era poesia.
C'è una casa accanto ai binari, lì vive il capostazione: quando sfreccia il rapido, traballa il vasellame. Il capostazione abita il luogo dei mille viaggi desiderati ma lui non viaggia mai, lui sta fermo e lascia partire gli altri, oppure blocca con quel gesto definitivo. Anzi, li bloccava. Poi sono arrivati i computer, i terminali, le "connessioni in rete per globalizzare il traffico merci e passeggeri" e l'uomo con la paletta è diventato un funzionario addetto alla circolazione, mentre prima si occupava un po' di tutto, dalla biglietteria alle informazioni. Adesso osserva i puntini colorati che tremolano su un video, e forse ha nostalgia.
Il capostazione è un bimbo imprigionato nel corpo di un gigante in divisa, muove la paletta e si mette il fischietto in bocca, oggetti da giochi sulla spiaggia, se avesse anche il secchiello sarebbe perfetto. Invece ha vasi di gerani rossi, nelle piccole stazioni ci sono sempre, ingentiliscono i davanzali e talvolta gli orinatoi. Vicino alla casa del capostazione c'è una sala d'aspetto con le sedie di legno graffiate dai temperini, e c'è il deposito delle biciclette: si appendono al gancio con le ruote davanti e si lasciano lì, come quarti di bue nelle macellerie. Il capostazione sfiora le bici appese e non le guarda, lui ama soltanto i treni, il rumore e l'odore ferroso dei treni che arrivano, ma di più di quelli che vanno. Dove, lui lo sa o forse no. Le città sono nomi immaginati.

Il Venerdì di Repubblica

18 *Leggi più volte il testo e rispondi.*

1. Perché i bambini sognavano il mestiere di capostazione?
2. Perché oggi il mestiere di capostazione è meno poetico?
3. Perché il capostazione è paragonato a un bambino?
4. Prova a descrivere l'ambiente delle piccole stazioni.
5. Tra le immagini presentate nel testo che hai letto, qual è quella che ti è piaciuta di più?
6. Confronta la tua scelta con quella degli altri.

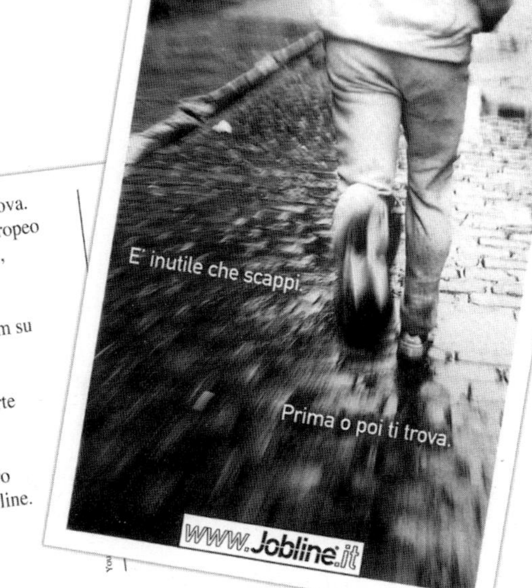

19 **Attività** *Come sono cambiati!*

Pensa ad alcuni mestieri e professioni. Quali sono cambiati e in che modo. Ci sono mestieri nuovi che prima non esistevano? Ci sono mestieri che non esistono più?

20 **Attività scritta**

Prova a scrivere un breve testo sui mestieri che sono cambiati nel tempo. Usa la scaletta sotto:

- quale mestiere
- com'era
- perché piaceva
- perché / e quando è cambiato
- com'è diventato
- com'è oggi

Un gruppo di ragazzi con delle cartelle tutte uguali torna a casa da una conferenza.
Sono giovani impiegati di una ditta di telecomunicazioni.
Sulla cartella c'è scritto: "Elettrosmog e telefonia cellulare".
Cercano posti vicini in un vagone non prenotato
e cominciano subito a fare chiasso.

1 

A. *I ragazzi parlano di alcune sensazioni, quali?*

⊙ stanchezza	⊙ interesse	⊙ paura
⊙ fame	⊙ noia	⊙ freddo

B. *Ascolta più volte il dialogo e segna le risposte corrette.*

1. Le persone che parlano sono stanche e hanno dormito poco.	⊙ vero	⊙ falso
2. Tutta la conferenza era interessante.	⊙ vero	⊙ falso
3. Qualcuno ha già partecipato ad altre conferenze.	⊙ vero	⊙ falso
4. Tutti hanno trovato un po' difficile seguire la conferenza.	⊙ vero	⊙ falso
5. Uno dei relatori era noioso e troppo accademico.	⊙ vero	⊙ falso
6. Qualcuno dice che l'ultimo relatore è stato il più interessante.	⊙ vero	⊙ falso
7. Barbara si mette a giocare col telefonino.	⊙ vero	⊙ falso
8. Nessuno ha una caramella.	⊙ vero	⊙ falso
9. "La figlia del Corsaro Nero" è un libro.	⊙ vero	⊙ falso
10. Salgari è uno scrittore.	⊙ vero	⊙ falso

2 *Ascolta più volte il testo e completa.*

"Però ...., no? Il secondo relatore ....
...."
"Mah, ... che hai già fatto esperienza, ..., io
...., ... un po' difficile."
"...?"
".., lui era un tipo un po' ...., ...,
...."
"... l'ultimo .... era il più preparato,
...., sai, ... anche ....

3 **Attività** *Che stanchezza!*

Prova ad esprimere emozioni con esclamazioni adatte a queste situazioni:

ES In classe tutti parlano — *Che caos!*

1. Hai molto caldo
2. Hai molto freddo
3. Sei molto disgustato
4. Non hai bevuto tutto il giorno
5. Non hai mangiato niente, è ora di pranzo
6. È molto tardi e vuoi andare al letto
7. Hai dimenticato le chiavi in casa
8. Hai un forte mal di testa
9. Le strade sono piene di carte, bottiglie e rifiuti
10. In città c'è molto traffico

4 **Esercizio**

Completa le frasi con **e** *o* **ma**.

ES *È un bel film* ...*ma*... *un po' lungo.*

1. Capisce .... parla bene l'italiano.
2. È suo fratello .... non gli somiglia affatto.
3. La casa è grande .... molto luminosa.
4. Ha cinquant'anni, ... non li dimostra.
5. Giorgio studia all'università .... lavora in un bar la sera.
6. Ho comprato questo vestito .... non lo metto mai.
7. Abbiamo la macchina .... andiamo al lavoro in metro.
8. Lavoro troppo .... non ho tempo di vedere gli amici.

5 Esercizio

*Combina le parti della colonna **A** con quelle della colonna **B** per formare delle frasi secondo il modello:*

ES *Non solo è simpatico* ma anche *intelligente.*

A	B
Non solo la trama...	...l'attore protagonista di quel film.
Non solo la borsa...	...la camera da letto è molto grande.
Non solo la cucina...	...molto umido.
Non solo è il regista...	...la fotografia è eccezionale.
Non solo è caldo...	...le scarpe sono italiane.

6 Attività *Allora ti è piaciuto?*

*Avete appena visto un film, partecipato ad una visita guidata o ad una lezione di lingua. Formate delle coppie e scegliete il ruolo di **A** o di **B**.*

film

A	B
storia interessante	film noioso
attore protagonista bravo	attore protagonista antipatico
altri attori non bravi	attori non principali bravi

visita guidata

A	B
itinerario interessante	itinerario interessante ma troppo faticoso
guida preparata ma non simpatica	guida noiosa
luoghi bellissimi	luoghi bellissimi

lezione di lingua

A	B
troppa grammatica	la grammatica non mi piace
insegnante noioso ma bello	insegnante noioso ma molto preparato
poca comunicazione	parlare è difficile

7 Attività *Mi è piaciuto moltissimo...!!!*

Pensa ai tuoi interessi culturali, alle cose che ti piace fare.
Cerca di ricordare l'esperienza più bella che hai fatto recentemente nel campo culturale.
Parlane con un compagno.
Ecco una lista per aiutarti a ricordare:

- un bel libro
- un concerto
- uno spettacolo teatrale
- un film
- un museo
- un balletto
- una conferenza
- una lezione universitaria
- uno spettacolo di danza moderna

8 Cruciverba 1

Orizzontali

1. Il caffè più comune in Italia
8. Confusione, disordine
9. Desinenza dei verbi della 2° coniugazione
11. A lei
12. Sigla di Ancona
13. La ragazza di Riccione che va a Roma
16. Il nome della persona che va a Firenze per un convegno
18. Così inizia un'ipotesi
19. Dove sorge il sole
21. Sigla della città da cui parte il treno
22. Preposizione
24. Le foto sono "di lei"
25. Mezzo di trasporto più veloce del treno
26. Il contrario di sì

Verticali

2. Il contrario di salire
3. Sigla della città dove arriva il treno
4. Due ragazze di Roma
5. Esempio abbreviato
6. Si dice per attrarre l'attenzione (informale)
7. Il centro del foro
10. Le vocali in nero
11. Articolo femminile
12. A con un articolo plurale
14. Treni senza tre
15. Uno dei colori della bandiera italiana
17. Il saluto tipico italiano
18. La terza persona singolare di "stare"
20. Pronome personale
23. Sigla di Arezzo

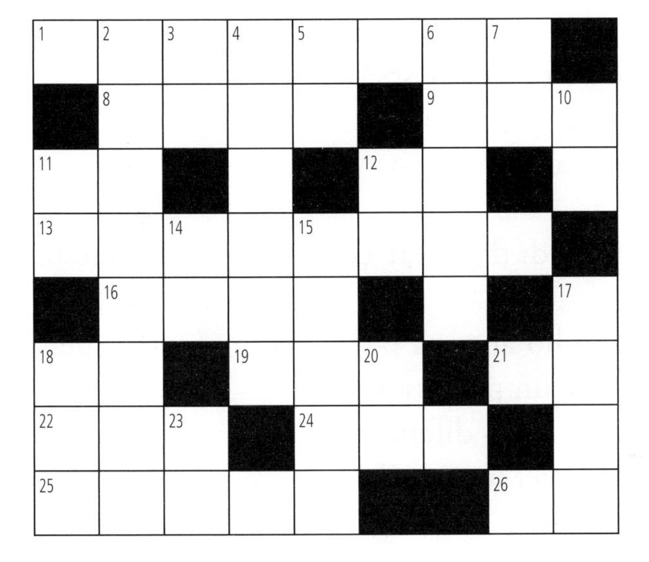

9 Cruciverba 2

Orizzontali

1. La città dove arriva il treno
7. Articolo maschile
8. Alcuni sono seduti, altri stanno in...
10. Cento grammi
13. Sigla di Arezzo
14. Contrario di spesso
15. Esempio abbreviato
16. Sigla di Ancona
17. Sinonimo di spirito
19. Il primo numero
20. Preposizione articolata
21. Sigla di Pescara
22. Il canadese che torna in Sicilia (Ep.29)
24. A Palazzo Pitti c'è una sfilata di ....
25. Finale dei verbi della 3° coniugazione

Verticali

1. Nome del controllore
2. Contrario di bassa
3. Romeo Petroni
4. Un tipo di acqua
5. Vocali di dove
6. La città con Ponte Vecchio
9. Il giorno, il mese e l'anno
11. Luogo dove lavora Piero Ferrari
12. Acqua e alberi nel deserto
17. Ha dodici mesi
18. Davanti ad Adriatico
21. Preposizione
22. Sigla della città dove arriva il treno
23. A te

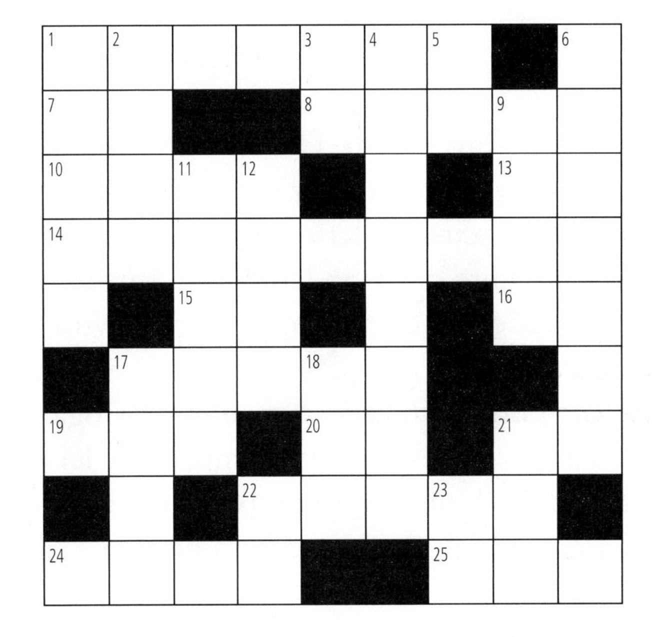

10 Attività

Indovina che cosa:

- può essere dolce o salata
- è un piatto famoso o una cosa noiosa
- è costoso o molto amato
- è un numero e a volte soffiano
- è una parte del corpo o di una camicia

Combina:

un manico	di una camicia
una manica	della porta
una manciata	di scopa
una maniglia	di sale

Trova l'estraneo.

- *Cosa non serve per apparecchiare la tavola?*

bicchieri	lenzuola
tovaglia	forchette
coltelli	matite
occhiali	piatti
salviette	cucchiai

- *Cosa non può essere verde?*

insalata	gelato
kiwi	marmo
albero	cane
mela	coccodrillo

- *Cosa non ha le ali?*

rondine	pipistrello
aereo	gabbiano
angelo	vespa
alligatore	

Un tipo un po' accademico

Nello stesso vagone sono seduti vicini una ragazza che legge sempre ed un signore con l'aria da professore.
Hanno viaggiato in silenzio fino ad ora ma ad un certo punto il signore guarda il libro che la ragazza chiude per un attimo ed inizia a parlare con lei.

"Gran bel libro questo, l'ho letto tre volte ed ogni volta è una esperienza nuova".
"Ah io sono ancora all'inizio, ma finora mi piace".
"Ma lei, mi scusi, ha letto anche altri libri di questo autore?"
"Sì, veramente di lui ho letto quasi tutto".
"Allora vede, è il destino, non ho mai avuto il piacere di discutere con qualcuno di questo scrittore".
"Aspetti, non è che adesso vuole interrogarmi... io ho appena fatto l'ultimo esame per quest'anno, di Letterature Comparate e lei per caso è un professore?"
"Ahi, ahi, ahi, ma guardi un po' che accusa, allora mi devo difendere".
"No, non è un'accusa, anzi è un piacere... ma è vero, lei insegna?"
"Diciamo di sì..."
"E che cosa?"

"Ah, questo lo lascio indovinare a lei, ma prima volevo chiederle se lei ora mi considera come un passeggero qualunque, un compagno di viaggio o proprio un professore".
"Ma che importanza ha?"
"Vede, sa, oggi io non vorrei fare la parte del vecchio professore, no, una volta tanto vorrei essere come quel militare là, vede".
"Guardi, per me va bene, ma ha iniziato lei con il libro sa..."
"Sì, purtroppo questa è deformazione professionale, ma vede signorina, io, io vorrei tanto iniziare un discorso con una frase come "Scusi signorina sa l'ora?"... ma non posso, mi sento ridicolo e allora parlo sempre con i libri o dei libri..."
"Senta, la vuole una caramella?"

11 *Leggi più volte il testo e segna le risposte corrette.*

1. Il libro che la ragazza sta leggendo non piace al signore. ○ vero ○ falso
2. La ragazza ha letto solo un libro dello stesso autore. ○ vero ○ falso
3. Il signore discute volentieri di questo autore. ○ vero ○ falso
4. La ragazza ha fatto un esame di
   ○ letterature comparate
   ○ lingua e letteratura italiana
   ○ storia della letteratura
5. Il signore che viaggia con la ragazza è un professore. ○ vero ○ falso
6. In questo momento il professore vorrebbe essere come un militare seduto lì vicino. ○ vero ○ falso
7. Se non parla di libri il professore si sente
   ○ ridicolo
   ○ stupido
   ○ ignorante
8. La ragazza gli offre una caramella. ○ vero ○ falso

12 *Cerca nel testo tutti i verbi modali seguiti da un verbo all'infinito. Scrivili in questa lista.*

1. ....
2. ....
3. ....
4. ....
5. ....
6. ....

Poi seleziona quelli che sono accompagnati da un pronome.
Osserva la posizione del pronome e, lavorando in coppia, prova a elaborare una regola grammaticale. Dopo verificatela con l'insegnante.

13 Esercizio *Come ti senti?*

Abbina queste espressioni alle situazioni sotto.

mi sento bene • mi sento male • mi sento a mio agio • mi sento a disagio • mi sento in imbarazzo • mi sento in forma • mi sento giù

ES *Finalmente mi è passata la febbre. Sono guarito.* Mi sento bene

1. Sono l'unico uomo in un gruppo di 15 donne. ....
2. La testa mi scoppia, ho un terribile mal di testa. ....
3. Sto facendo la doccia, improvvisamente entra qualcuno che non conosco. ....
4. Faccio 40 minuti di ginnastica ogni mattina. ....
5. Vado in una città che conosco molto bene e che mi piace molto. ....
6. La mia donna mi ha lasciato. ....

FACCIAMO GRAMMATICA

Pronomi con i verbi modali

Quando in una frase c'è un verbo modale seguito da un altro verbo all'infinito il pronome può stare prima del verbo modale oppure dopo il verbo all'infinito. Nel secondo caso, naturalmente, infinito e pronome formano un'unica parola.

Telefonerò subito a Carlo, gli devo parlare urgentemente.
Telefonerò subito a Carlo, devo parlargli urgentemente.

A.	modale	+	infinito con pronome		
	devo		**parlargli**		
B.	pronome	+	modale	+	infinito
	gli		**devo**		**parlare**

14 Esercizio

Trasforma le frasi come nel modello.

ES ***Lo** voglio invitare a cena* — voglio invitarlo a cena

1. Le devo cambiare al negozio ....
2. Ti vuole parlare subito ....
3. Mi può telefonare stasera ....
4. Vi possiamo dare un passaggio ....
5. La deve mettere qui ....
6. Le potete tenere ....
7. Le dobbiamo correggere ....
8. Ci vuole vedere nel suo studio ....
9. Lo posso capire! ....
10. Gli puoi regalare un disco ....

15 Esercizio

Completa con i verbi al tempo e modo opportuno e il pronome:

ES *Quando arriva Ulisse?* Devo dirgli *qualcosa /* Gli devo dire *qualcosa.*

1. Dov'è Paolo? .... (dovere / parlare / gli) subito.
2. Non .... (tu / dovere / preoccuparsi) per me. Sto benissimo.
3. Hai fatto già i bagagli? Purtroppo .... (dovere / ancora / preparare / li).
4. Ho telefonato ai miei amici perché .... (li / volere / incontrare) domani.
5. Mi dispiace ma non .... (potere / proprio / fare / a te) quel favore che mi hai chiesto.
6. È tardi! .... (io / dovere / prepararsi), Franco mi aspetta.
7. Questa carne non è buona! Non .... (noi / volere / mangiare / la).
8. Queste cose sono mie! Non .... (tu / dovere / prendere / le).

16 Attività

Prova a scrivere i nomi in corrispondenza delle rispettive immagini.

stadio • porta • tifosi • arbitro • bandiere • striscioni • pallone • scudetto • curva • portiere

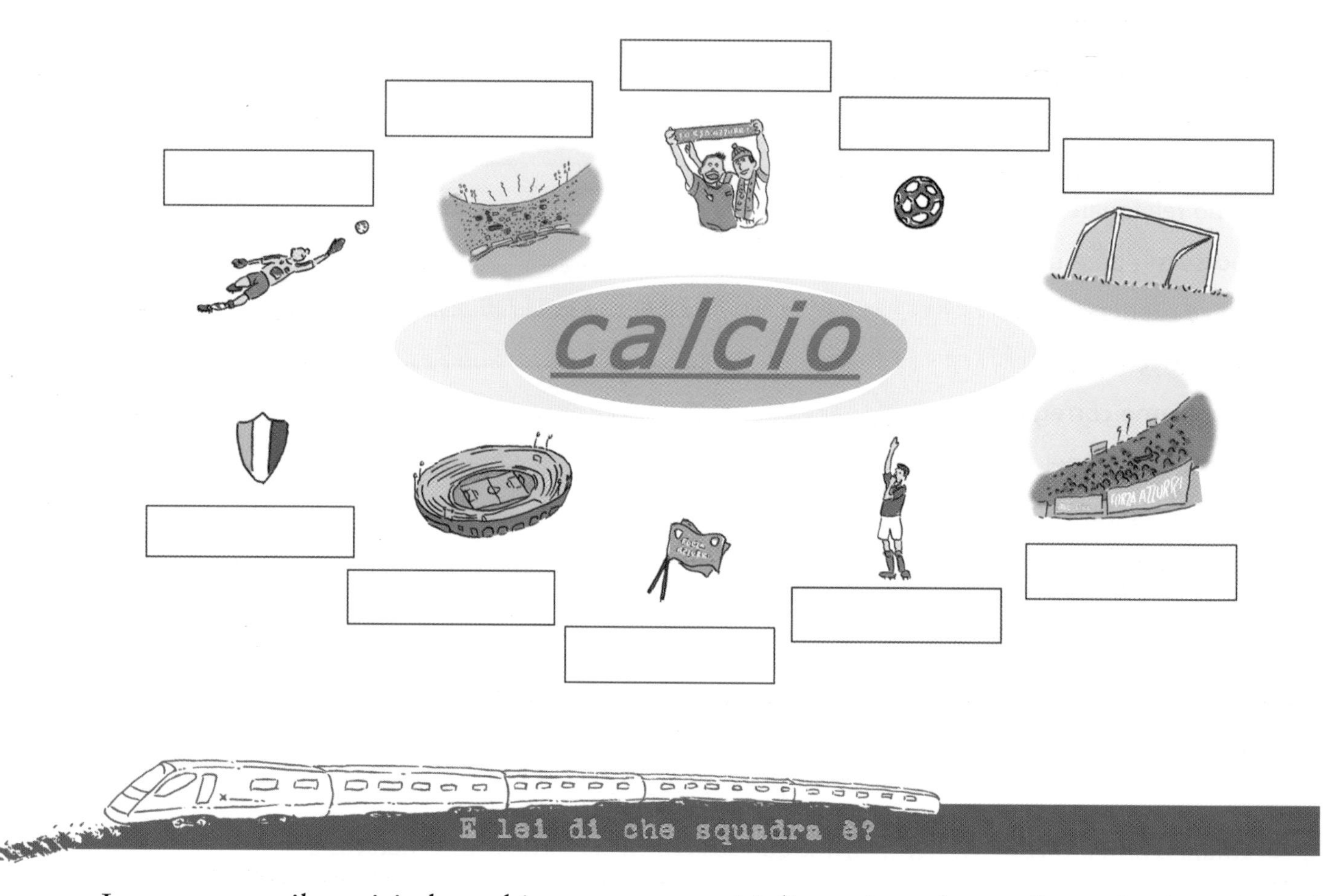

Intanto passa il servizio bar ed interrompe tutti i discorsi, anche quello tra la signorina ed il vecchio professore. È tardi ormai, i passeggeri sono stanchi.
Una signora settantenne vuole un caffè ma non si fida e chiede informazioni alla signora di fronte che sta ordinando già qualcosa.

17 **A.** *Durante la conversazione le persone parlano di oggetti. Quali dei tre?*

B. *Ascolta più volte il dialogo e segna la risposta corretta.*

1. La signora ordina un cappuccino e una brioche alla frutta.	⊙ vero	⊙ falso
2. Siamo nello scompartimento fumatori.	⊙ vero	⊙ falso
3. Nello scompartimento non ci sono i posacenere.	⊙ vero	⊙ falso
4. In questo treno hanno viaggiato dei tifosi.	⊙ vero	⊙ falso
5. Il barista dice che i tifosi sono pericolosi.	⊙ vero	⊙ falso
6. Un suo collega qualche giorno fa ha avuto paura e si è chiuso in una carrozza.	⊙ vero	⊙ falso
7. La signora ordina anche una limonata.	⊙ vero	⊙ falso
8. L'altra signora fa il tifo per il Napoli.	⊙ vero	⊙ falso
9. A Napoli il calcio è uno spettacolo.	⊙ vero	⊙ falso

18 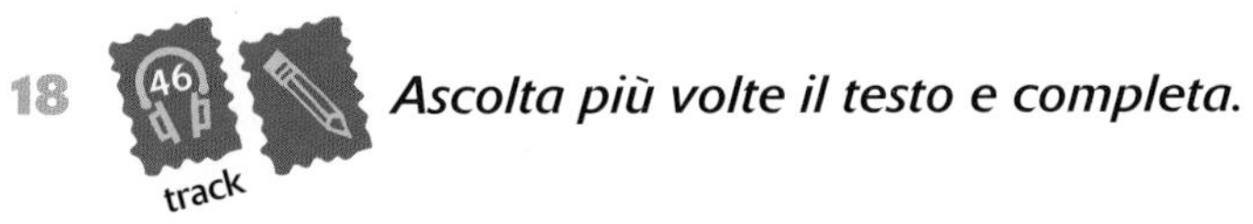

Ascolta più volte il testo e completa.

"Senta ma com'è che ....?"
"Eh signora, ..."
"Beh, ... che ....!"
"Sì, sì, come no... .... questi treni ...."
"E che, ...? .... l'espresso normale!"
"No, no, ..."
"Ma quelli .... , ..."
"Eh, l'altro giorno .... nella carrozza più avanti,
....! Quelli ....
.............................., sfasciano tutto!"
" .... Quant'è?
"Un euro e cinquanta".

Dopo aver completato il testo precedente cerca tutti i pronomi e distinguili in diretti, indiretti e riflessivi. Poi trascrivi nello schema sotto le frasi con i pronomi.

diretti	indiretti	riflessivi
		si divertono

FACCIAMO GRAMMATICA

Pronomi

diretti	**indiretti**	**riflessivi**
mi	mi	mi
ti	ti	ti
lo – la	**gli – le**	**si**
ci	ci	ci
vi	vi	vi
li – le	**gli**	**si**

19 Esercizio

Completa le frasi con i pronomi indiretti.

ES *Oggi è il compleanno di Valeria, ... (le) compriamo dei fiori?*

1. .... passi il sale, per favore?
2. Ho incontrato Marco e Gianni ieri sera e .... ho chiesto notizie di Elena.
3. Se .... inviti alla tua festa saremo molto felici.
4. Che cosa hai detto ad Antonio? .... ho detto tutto!!
5. Stasera vado da Carla e .... porto una buona bottiglia di vino!
6. Signora, ... posso offrire qualcosa?
7. .... mando subito un fax con le informazioni che avete chiesto.
8. Perché non .... presenti la tua amica? Non la conosco!
9. Chi .... ha detto di entrare in questa stanza? Uscite immediatamente!!
10. Giulio, ... dispiace se spengo la radio?

20 Esercizio

Sostituisci le parti evidenziate con un pronome indiretto.

ES *Scrivo **a voi** quando arrivo* — *Vi scrivo*

1. Scrivo **a mia madre** ....
2. Telefono **ai miei amici** ....
3. Sandra telefona **a noi** ....
4. Telefoniamo **a voi** ....
5. Scrivono **a noi** ....
6. Scrive **a Sara** ....
7. Telefonate **a me** ....
8. Racconti **a me** tutto ....
9. Non racconta **ai suoi genitori** niente ....
10. Racconti **a noi** le tue storie? ....

Un tipo per niente accademico

La Repubblica

UNA SCUOLA MOLTO SPECIALE

Marco maestro di strada

Invece di andare in classe Rossi Doria va ogni giorno nei vicoli dei Quartieri spagnoli di Napoli e lì incontra i suoi scolari, parla con loro, li assiste

NAPOLI - Marco Rossi-Doria, quarantacinque anni, è un maestro di strada. Ogni mattina tutti i suoi colleghi vanno a scuola, siedono in cattedra, scrivono alla lavagna e i loro alunni si assiepano nei banchi. Lui prende il caffè, scende la rampa di scale dietro l'angolo sotto casa e si immerge nel reticolo dei Quartieri spagnoli, il centro antico e molto degradato della sua città. La sua aula è stipata dentro uno zainetto. I suoi scolari sono bambini e ragazzi che a scuola vanno malvolentieri per mille motivi, o che non ci vanno affatto, perché lavorano, truccano i motorini o perché non capiscono le ragioni e perché la scuola non è stata capace di fargliele apprezzare.
Marco li conosce uno per uno. Conosce le famiglie, sa dove abitano. Alle otto, tutte le mattine, alcuni li va a prendere a casa, li accompagna in classe, parla con i maestri, racconta come hanno fatto i compiti. Poi incontra i genitori, gli assistenti sociali, gli psicologi, va al Provveditorato e al comune. Qualche volta in parrocchia. Nel pomeriggio organizza il doposcuola in alcuni locali che si aprono sui vicoli, tre ore al giorno, tutti i giorni. Finiti i compiti, compreso il dettato in quell'italiano che per loro è la seconda lingua, si aprono ai laboratori creativi: le fiabe, il circo, i pattini a rotelle, la pallavolo, il basket, il calcio, la danza e il computer.
Tutto quel che fa, Marco lo annota su un registro: il numero delle ore (trentasei a settimana), quanti bambini e ragazzi sono stati coinvolti, chi ha incontrato e perché. Grosso modo, ventiquattro ore sono per gli scolari, dodici per pensare e osservare, per girare fra i cortili barocchi e le botteghe del quartiere. Trovare altre soluzioni, inventare o cambiare tutto.

21 *Leggi più volte il testo e segna le risposte corrette.*

1. Marco lavora in una scuola di Napoli. ⊙ vero ⊙ falso
2. Marco lavora in un quartiere ricco e moderno della città. ⊙ vero ⊙ falso
3. I suoi studenti sono ragazzi che hanno problemi e vanno poco a scuola. ⊙ vero ⊙ falso
4. Marco non sa niente dei suoi studenti e delle loro famiglie. ⊙ vero ⊙ falso
5. Per il suo lavoro Marco incontra:
   ⊙ genitori ⊙ medici ⊙ assistenti sociali
6. Marco organizza attività sportive per i suoi ragazzi. ⊙ vero ⊙ falso
7. Marco scrive su un registro tutto quello che fa. ⊙ vero ⊙ falso
8. Marco lavora 36 ore alla settimana. ⊙ vero ⊙ falso

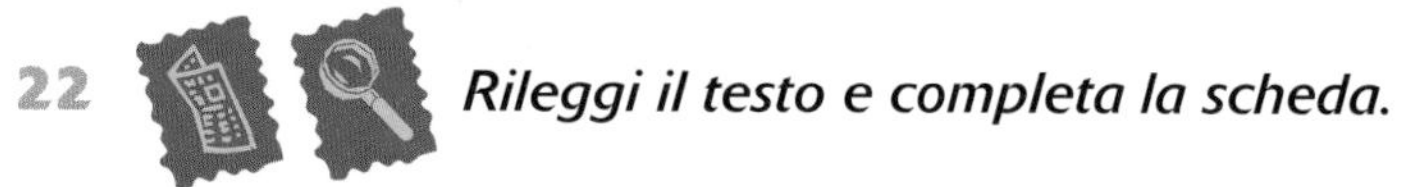

22 *Rileggi il testo e completa la scheda.*

	Cosa fa Marco	**Cosa fanno i suoi scolari**
la mattina	*prende il caffè*	
il pomeriggio		

FACCIAMO GRAMMATICA

Ordine marcato della frase

Nota nel testo: "Tutto quel che fa Marco **lo** annota sul registro"

Ordine naturale della frase

soggetto	**verbo**	**oggetto**
Marco	*annota sul registro*	*tutto quel che fa*

Ordine marcato della frase

Oggetto	**soggetto**	**pronome**	**verbo**
Tutto quel che fa	*Marco*	***lo***	*annota sul registro*

Generalmente in italiano il pronome sostituisce il nome e sta prima del verbo.
Ma molto spesso si può usare il pronome per segnalare che l'oggetto compare prima del verbo.
In questo caso **il pronome non sostituisce ma riprende e rinforza il nome!!**

Ordine naturale: *Io conosco quella ragazza*
Ordine marcato : *Quella ragazza io **la** conosco.*

23 Esercizio

Trasforma le seguenti frasi come nel modello sotto.

ES *Maria compra **il vino*** — *Il vino lo compra Maria*

1. Noi avvisiamo **gli studenti** ....
2. Voi chiudete **il portone** ....
3. Loro portano **le paste** ....
4. Io lavo **i piatti** ....
5. Tutti conoscono **questo attore** ....
6. Io chiamo **il medico** ....
7. Noi paghiamo **il conto** ....
8. Loro apparecchiano **la tavola** ....
9. Mia madre prepara **la cena** ....
10. Gianpaolo prenota **i biglietti** ....

Una donna speciale

La donna bionda che viaggiava nello scompartimento col designer ora è rimasta sola e guarda in silenzio il paesaggio dal finestrino.
È la prima volta che va in Sicilia, non per turismo, e un po' si sente come quegli stranieri che vengono in Italia e non osano scendere al di sotto di Napoli.
Ci sono già i fichi d'India e di tanto in tanto banchi vicino alla strada con olio e grappoli di agli e peperoncini piccanti.
L'erba è un po' bruciata e le case incompiute a due o tre piani con ferri che spuntano dal cemento come nel film "Il Ladro di Bambini": la Calabria.
I passeggeri sul treno sono stanchi, alcuni hanno viaggiato tutto il giorno, ci sono giornali e bottiglie vuote lasciate da qualcuno qua e là e l'odore dei vagoni per fumatori è ben impregnato nell'aria.
Alcuni dormono, altri mangiano panini fatti a casa la sera prima con polpette e verdura e grosse fette di pane.
Se ancora qualcuno, prima di addentarli, ne offre un morso ai casuali compagni di viaggio si capisce che non va in vacanza ma torna a casa.
I più giovani invece, affrancati dal rituale "volete favorire?" cercano comunque un pretesto per la conversazione.

Anche Piero è stanco e un po' pensa a quella conversazione sentita al bar tra quei due tipi, un po' ai ragazzi militari e vorrebbe proprio fermarsi in uno scompartimento vuoto a scrivere un po' ma non vuole perdere di vista quella donna che gli aveva chiesto di quei due strani tipi. Lei gli aveva detto:
"Scusi guardi, sono una giornalista, mi potrebbe aiutare? Saprebbe dirmi dove scendono quei due tipi che erano al bar seduti dietro di me?"
Quando Piero sente la parola giornalista s'infiamma subito e vorrebbe dire "piacere anch'io" ma purtroppo non è così e mentre è lì assorto e distratto a inseguire i suoi sogni professionali vede avvicinarsi proprio quella donna che si guarda alle spalle mentre va verso di lui e gli chiede qualcosa.

1 *Leggi più volte il testo e segna le risposte corrette.*

1. La donna va in Sicilia per turismo. ⊙ vero ⊙ falso
2. Nel paesaggio intorno si vedono fichi d'India. ⊙ vero ⊙ falso
3. L'erba è un po' secca. ⊙ vero ⊙ falso
4. Le case intorno sono molto ben rifinite. ⊙ vero ⊙ falso
5. Il treno sta attraversando la Sicilia. ⊙ vero ⊙ falso

Nel treno:

6. Qualcuno viaggia da molte ore. ⊙ vero ⊙ falso
7. Non ci sono oggetti abbandonati qua e là. ⊙ vero ⊙ falso
8. Si sente odore di fumo in alcuni vagoni. ⊙ vero ⊙ falso
9. Alcuni passeggeri mangiano panini comprati al bar. ⊙ vero ⊙ falso

Piero

10. è stanco. ⊙ vero ⊙ falso
11. vorrebbe leggere un po'. ⊙ vero ⊙ falso
12. vorrebbe fare il giornalista. ⊙ vero ⊙ falso
13. vede una donna che si avvicina a lui. ⊙ vero ⊙ falso

FACCIAMO GRAMMATICA

Pronomi indefiniti: tutti, qualcuno, nessuno

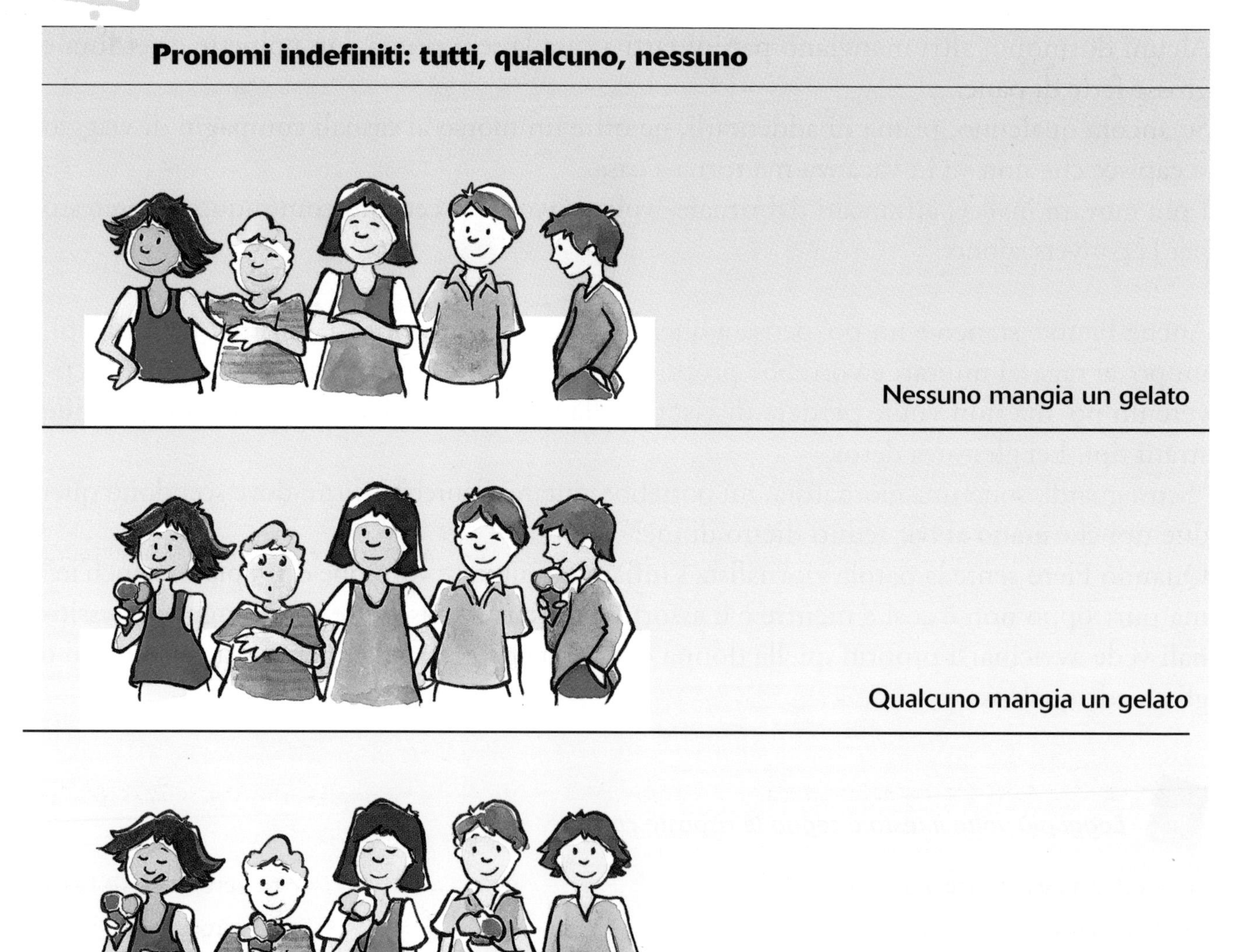

Nessuno mangia un gelato

Qualcuno mangia un gelato

Tutti mangiano un gelato

2 Esercizio

Completa le frasi con

tutti • qualcuno • nessuno

Tutti .... *usano il computer per scrivere.*

1. Volevo pagare ma alla cassa non c'era ....
2. .... mi ha detto che quella scuola è veramente buona.
3. .... sanno che Firenze è una città meravigliosa.
4. .... conosce quella ragazza? Ma chi sarà mai?
5. .... ha una penna per favore?
6. Quella donna è affascinante! .... la guardano per strada.
7. Nella nostra classe .... parla arabo, ... parla giapponese, ... parlano inglese.
8. A casa nostra stasera non viene ....
9. Cerchi ....? No, non cerco ....
10. .... hanno ascoltato il suo intervento ma .... l'ha capito veramente.

FACCIAMO GRAMMATICA

Non... nessuno   Non... niente

Con **nessuno/niente** usati come aggettivo o pronome con funzione di oggetto si usa la doppia negazione.

Non *ho visto* ***nessuno****.*
Non *ho mangiato* ***niente****.*

In questo caso **nessuno** e **niente** si trovano sempre dopo il verbo.

3 Esercizio

Completa le frasi seguenti con

non... nessuno • non... niente

Stamattina, mentre uscivo di casa non ho incontrato ...nessuno...

1. Ho fame, ... ho ancora mangiato ....!
2. Sono arrivato in anticipo all'appuntamento e .... c'era ....
3. .... dirmi ....! So già tutto!
4. Ma come! Sono già le 8 e .... è arrivato ....
5. Per questo fine settimana Marco .... fa .... di speciale.
6. .... conosco .... tra queste persone.
7. In quel negozio Maria .... ha comprato ....
8. In questa città .... c'è .... di bello da vedere.
9. Mi raccomando! .... parlare con ....
10. .... è venuto .... con me a Firenze, ci sono andato da solo.

4 *Rileggi il testo "Una donna speciale".*
Ci sono alcune frasi che contengono verbi al condizionale. Cercale ed evidenziale.

Poi, per ognuna di queste frasi indica se il condizionale è usato per:

- esprimere cortesia (chiedere qualcosa in modo gentile)
- esprimere un desiderio

PER COMUNICARE IN ITALIANO

Chiedere qualcosa con cortesia

Quando vogliamo chiedere qualcosa e essere cortesi, usiamo il **condizionale**.

Mi potrebbe aiutare?

Saprebbe dirmi dove.......?

5 Esercizio

Costruisci delle domande secondo il modello.

ES *potere • prestare • penna* — *Mi potrebbe prestare la penna?*

1. Sapere • dire • dov'è • farmacia ....
2. Potere • fare • accendere ....
3. Potere • prestare • giornale ....
4. Sapere • dire • dov'è • edicola ....
5. Potere • aprire • finestrino ....
6. Potere • accompagnare • in macchina ....

Mi scusi se la disturbo

Ecco Piero e la giornalista che si è avvicinata a lui per chiedergli qualcosa.

6

Ascolta più volte il dialogo e segna le risposte corrette.

1. La donna vuole sapere se due persone scendono a Palermo. ⊙ vero ⊙ falso
2. Piero le consiglia di intervistarli sul treno. ⊙ vero ⊙ falso
3. Lei risponde che non è un problema intervistarli. ⊙ vero ⊙ falso
4. Le due persone che lei vuole intervistare sono due industriali. ⊙ vero ⊙ falso
5. La donna lavora stabilmente da molti anni per un importante quotidiano nazionale. ⊙ vero ⊙ falso
6. Piero vorrebbe fare uno scoop e diventare giornalista. ⊙ vero ⊙ falso
7. La donna propone a Piero una collaborazione. ⊙ vero ⊙ falso
8. Piero vuole fare il giornalista politico. ⊙ vero ⊙ falso
9. Anche la donna è una giornalista. ⊙ vero ⊙ falso

7 track 47 *Riascolta più volte il dialogo e completa il testo.*

"Senta... .... quei due tipi scendono a Messina,

ma ora .... tra noi.. ,

solo mi lasci dire che .... oggi

.... , come ai tempi di Goethe,

.... e ...".

"Non ha capito, io, ...,

.... ecco ....

in mezzo a queste carte e bottiglie lasciate dalla gente .... ,

e farla conoscere per primo al mondo, ... , una

.... nella fretta da un ladro di musei!

Dopo aver completato il testo cerca tutte le frasi col condizionale e distinguile secondo la loro funzione.

ipotesi	consiglio	desiderio

FACCIAMO GRAMMATICA

Il condizionale

Il condizionale si usa per:

	ES	
Fare ipotesi e supposizioni		*Marco a quest'ora dovrebbe già essere a casa.*
Esprimere cortesia		*Apriresti la finestra, per favore?*
Esprimere un desiderio		*Mangerei volentieri un gelato.*
Dare consigli		*Dovresti studiare di più!*

	essere	avere
(io)	sarei	avrei
(tu)	saresti	avresti
(lui/lei)	sarebbe	avrebbe
(noi)	saremmo	avremmo
(voi)	sareste	avreste
(loro)	sarebbero	avrebbero

	parl-are	prend-ere	dorm-ire
(io)	parl-**erei**	prend-**erei**	dorm-**irei**
(tu)	parl-**eresti**	prend-**eresti**	dorm-**iresti**
(lui/lei)	parl-**erebbe**	prend-**erebbe**	dorm-**irebbe**
(noi)	parl-**eremmo**	prend-**eremmo**	dorm-**iremmo**
(voi)	parl-**ereste**	prend-**ereste**	dorm-**ireste**
(loro)	parl-**erebbero**	prend-**erebbero**	dorm-**irebbero**

FACCIAMO GRAMMATICA

Verbi irregolari

Ricordi i verbi irregolari che hai studiato al futuro? (episodio 24)
Torna indietro per riguardarli. C'è una similitudine tra futuro e condizionale nella formazione dei verbi irregolari.

• verbi che non prendono la **-e-** nella desinenza:

	futuro	**condizionale**
vivere	vivrò	vivrei
andare	andrò	andrei
dovere	dovrò	dovrei
potere	potrò	potrei
sapere	saprò	saprei
vedere	vedrò	vedrei
cadere	cadrò	cadrei

• verbi che formano futuro e condizionale con **-rr-**:

	futuro	condizionale
volere	vorrò	vorrei
tenere	terrò	terrei
venire	verrò	verrei

• verbi in -urre e -orre che formano futuro e condizionale con **-rr-**:

	futuro	condizionale
tradurre	tradurrò	tradurrei
porre	porrò	porrei
condurre	condurrò	condurrei

8 Attività

Abbina le frasi alle vignette e trascrivile nei fumetti.

1. Vorrei andare in vacanza.
2. Verresti con me a Parigi?
3. Dovresti chiamare il dottore.
4. Ti andrebbe un gelato?
5. Dovresti studiare di più!
6. Mi passeresti l'olio?
7. Le dispiacerebbe aprire il finestrino?
8. Potrei parlare col dottor Franceschi?

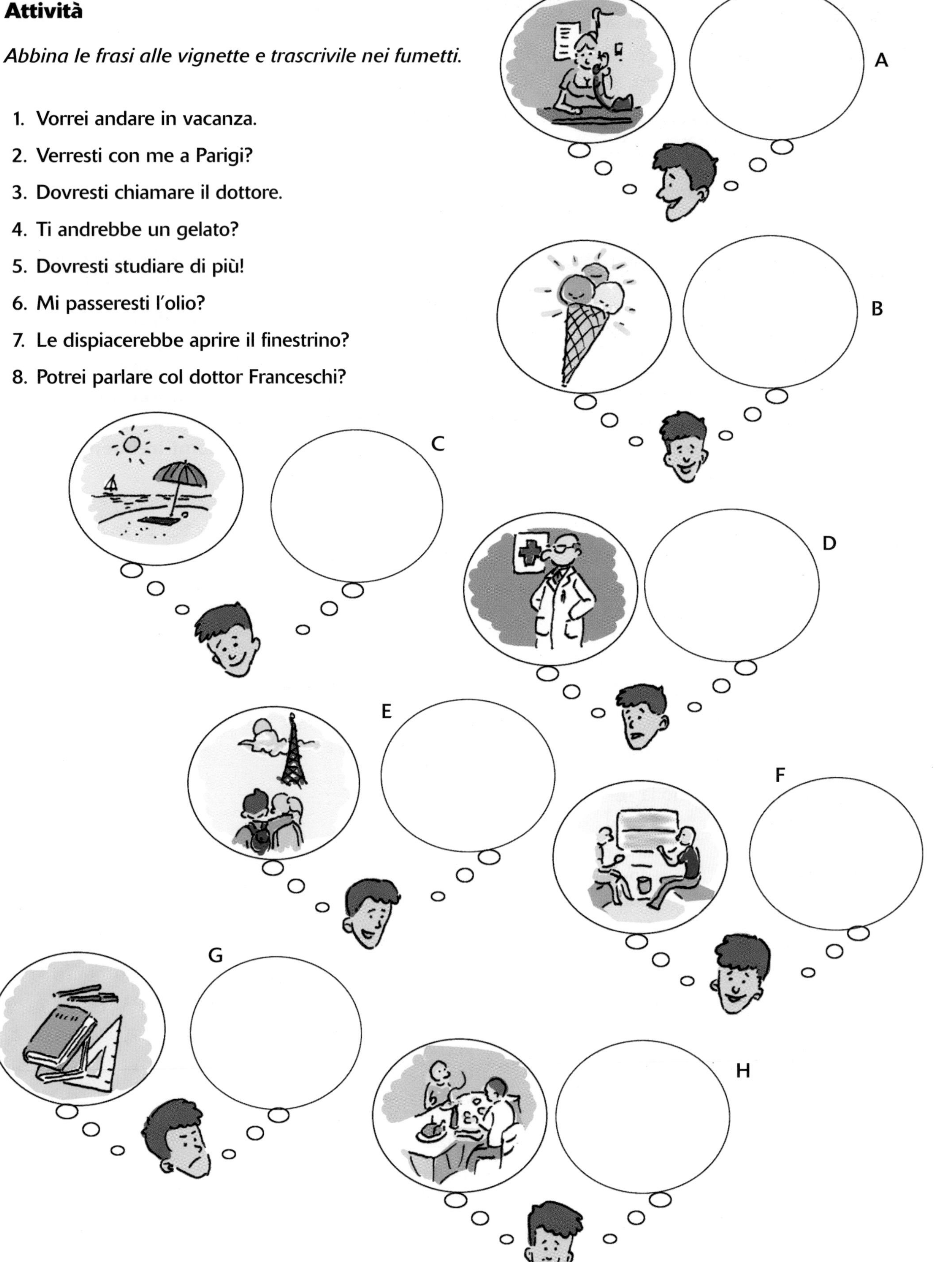

9 Attività

Prova a dare consigli, usando il condizionale, ad un amico/un'amica che ha questi problemi:

- non trova più l'agendina con tutti i numeri di telefono
- ti dice che suo/a figlio/a non vuole più andare a scuola
- è ingrassato/a troppo
- non riesce a trovare un lavoro adatto a lui/lei
- riceve spesso telefonate anonime
- ha un/a ragazzo/a molto geloso/a
- lavora tutto il giorno e non ha mai tempo per vedere gli amici
- abita in una casa molto rumorosa, non riesce a dormire la notte
- non ha avuto un aumento di stipendio da alcuni anni. Guadagna troppo poco
- studia l'italiano, capisce abbastanza ma non riesce a parlarlo
- è innamorato/a di una persona che abita molto lontano, in un altro continente

10 Esercizio

Completa le frasi con i verbi coniugati al condizionale presente.

ES *Carla (potere) ...potrebbe... aiutarti a fare i compiti.*

1. Piero fa il controllore ma (volere) .... fare il giornalista.
2. Mi (accompagnare) .... a casa in macchina, per favore?
3. Marco e Carla (uscire) .... volentieri con noi.
4. Stasera (restare) .... volentieri, ma dobbiamo proprio scappare.
5. (gradire – voi) .... un caffè?
6. Noi due (abitare) .... volentieri a Milano, ma i nostri figli non (spostarsi) .... mai da Roma.
7. Come (essere) .... bello fare un viaggio insieme!
8. (comprare-io) .... volentieri quelle scarpe, ma costano davvero troppo.
9. (piacerti) .... guidare una moto così veloce?
10. Allora, birra per tutti? No! Io veramente (preferire).................................. del vino.

11 **Attività** *Chi cerca trova*

Cerca qualcuno che:

- farebbe un viaggio al Polo Nord
- uscirebbe con te stasera
- abiterebbe in Italia
- studierebbe lingue orientali
- andrebbe volentieri in Sicilia
- sposerebbe un/una italiano/a
- vorrebbe tornare bambino
- navigherebbe in internet per tutta la notte
- cambierebbe lavoro
- mangerebbe, adesso, un gelato al limone

Piero e la donna si dirigono verso la fine del treno dove c'è la cabina di Piero, ma quando Piero arriva trova la cabina già occupata e guarda un po' da chi: proprio loro, i due che scendono a Messina.

12 *Ascolta più volte il dialogo e segna le risposte corrette.*

track 48

1. I due uomini chiedono a Piero se lui lavora per la signorina Lorenzetti. ⊙ vero ⊙ falso
2. Piero dice che non conosce la signorina Lorenzetti. ⊙ vero ⊙ falso
3. La signorina Lorenzetti è già scesa dal treno. ⊙ vero ⊙ falso
4. Piero conosce bene il nome della donna che sta con lui. ⊙ vero ⊙ falso
5. Piero dice ai due uomini che la donna gli ha chiesto informazioni sugli orari dei treni. ⊙ vero ⊙ falso
6. Piero dice ai due uomini che può spiegargli tutto. ⊙ vero ⊙ falso
7. Uno dei due uomini accusa Piero di essere troppo romantico e troppo dipendente dalla mamma. ⊙ vero ⊙ falso
8. Uno dei due uomini pensa che l'Italia sia un paese dinamico dove tutto cambia velocemente. ⊙ vero ⊙ falso
9. Dice che gli italiani sprecano troppo tempo per mangiare e per preparare da mangiare. ⊙ vero ⊙ falso
10. Piero vuole chiamare la polizia. ⊙ vero ⊙ falso

13  *Riascolta più volte il dialogo "Noi lo vorremmo cambiare questo paese" e completa il testo.*

"Buonasera signor Ferrari, come sta?"
"Buonasera, scusate ma questa cabina è riservata a me, desiderate qualcosa?"
"Sì, ... se lei fa il controllore o l'agente della signorina Lorenzetti".
" Guardi io non so di cosa state parlando, ..., come si chiama, questa Lorenzetti?"
"Beh, ... signora che ci segue da quando siamo saliti sul treno..."
"Effettivamente non conosco il cognome della signora qui presente che mi segue solo perché .... per i traghetti per le isole, e poi non devo spiegazioni a nessuno".
"Calma, calma, d'accordo, forse lei sarà un onesto controllore, con quel libretto di poesia in mano, lei sarà sicuramente il tipo ideale per la signora Lorenzetti, un mangia-spaghetti-al-pomodoro-della-mamma!! Ce ne sono tanti di tipi come lei: fiacchi, pessimisti, inattivi, nostalgici e neutrali..., oh, non sono parole mie, sono del grande poeta Marinetti.
Vede, signor Ferrari, noi .... lo ...., sveltire, far progredire e .... proprio da qui, dove le cose sono più lente, da sempre, dove dai Borboni ai Gattopardi niente cambia e niente si trasforma".

14 **Gioco** *Indovina i desideri*

A turno, uno studente è al centro e tutti gli altri fanno domande per cercare di indovinare i suoi desideri. Ogni desiderio indovinato fa guadagnare un punto. Vince chi totalizza più punti.

Studente di turno: concentrati per un po'. Pensa che vorresti veramente fare in questo momento, prendi un foglio e una penna e scrivi almeno tre desideri.

 *Andrei al mare...*

Classe: Cercate di indovinare i desideri del vostro compagno facendo domande.

 *Andresti a dormire?*

15 Attività *Chi potrebbe essere questa donna misteriosa?*

Due tipi strani, un controllore romantico, aspirante giornalista e una donna misteriosa!
La storia si complica!
Lavorando con altri compagni prova a fare ipotesi su chi potrebbe essere la donna che è con Piero, perché si trova sul treno e perché si interessa ai due tipi strani.
Per sapere la verità ascolta la conversazione seguente. Vince il gruppo che ha fatto ipotesi più vicine alla verità.

Continua la discussione animata tra i due signori, Piero e la signorina Lorenzetti. Alla richiesta di spiegazioni di Piero, un po' scioccato dagli avvenimenti, la signorina Lorenzetti risponde.

16 

A. *Ascolta il dialogo tra Piero, la signorina Lorenzetti e altri due passeggeri e segna le risposte corrette.*

1. Pastalife è
   ⊙ una marca di dolci ⊙ una crema per il viso ⊙ una pasta istantanea
2. La signorina Lorenzetti è
   ⊙ una spia ⊙ una giornalista ⊙ una ricercatrice
3. I due uomini sono
   ⊙ due filosofi ⊙ due industriali ⊙ due pubblicitari

B. *Ascolta più volte il dialogo e segna la risposta corretta.*

1. I due uomini lavorano per una società italiana. ⊙ vero ⊙ falso
2. La multinazionale Pastalife vuole fare commerci in Sicilia con l'aiuto della mafia. ⊙ vero ⊙ falso
3. La signorina Lorenzetti è una ricercatrice alimentare. ⊙ vero ⊙ falso
4. La signorina Lorenzetti sospetta che ci siano sostanze nocive nella formula per produrre Pastalife. ⊙ vero ⊙ falso
5. Alla TV ci sono già pubblicità per Pastalife. ⊙ vero ⊙ falso
6. Al nord nessuno mangia Pastalife. ⊙ vero ⊙ falso
7. Piero vorrebbe controllare la formula di Pastalife. ⊙ vero ⊙ falso
8. La signorina Lorenzetti gli dice di non occuparsi di questa questione. ⊙ vero ⊙ falso
9. I due uomini hanno con loro la formula di Pastalife. ⊙ vero ⊙ falso

17 Cloze

Ecco la trascrizione del testo del testo che hai appena ascoltato.
Mancano alcune parti. Prova a reinserirle.

espressioni mancanti

una giornalista
catene di distribuzione
occasione giusta
conservanti
formula magica
effetti di alcune sostanze
vera formula
sani
formule chimiche segrete
ingredienti
ricercatrice in campo alimentare
filosofi
pubblicità in TV
non è morto nessuno
produttori di pasta
formule industriali
Multinazionale Pastalife
la mafia locale

"Io posso spiegarle tutto... per esempio che questi due ".........................." sono al servizio della .... e che vorrebbero prendere contatti con .... per aprire le loro .... sull'isola e ridurre alla fame i piccoli ristoratori e ...., unico piccolo problema gli .... ed i .... di questa miscela magica... di Pastalife.
Io sono una ...., e siamo arrivati a dubitare seriamente delle .... contenute in questo prodotto ed è per questo che ...volevo...".
"Adesso capisco tutto... ma lei... tu, tu non sei .... allora!"
"No, ma forse per te questa è l'..., quella che aspettavi".
"È vero! Aspetta aspetta ma ho già visto la ...., anche mia madre... questa Pastalife...!"
"Esatto, al nord la mangiamo già e ancora ....
"Allora fateci controllare la .... di questa pasta".
"Ma scusi sa, lei non ha detto che faceva solo il controllore... dei biglietti immagino, non delle ....".
"Lasci stare signor Ferrari".
"Giusto, signor Ferrari lasci stare, e lasci stare anche lei mia cara Lorenzetti, perché non si occupa dei pesci che ci portano in tavola da queste limpide acque, vogliamo parlare di quanto siano .... i tonni d'allevamento. Dia retta a me, lasci stare la pasta, e quanto a noi, volete vedere la .... ? Beh, non sono così scemi quelli di Pastalife da mandare due tipi come noi in giro sui treni con ...."

18 Attività

Abbina ad ogni testo e immagine il titolo giusto.

HAI PRESO TUTTO?
GIOIA TAURO
SCUSATE IL RITARDO
PENSIONATI CHE NON TORNANO
EMIGRANTI AL CONTRARIO
MI MANCHERAI
ASPIRANTI POLIZIOTTE
POSTO CERCASI
ASSALTO AL TRENO
RITORNO DALLO STADIO
CI INCONTREREMO A SALERNO
COMMERCIALISTA PENDOLARE

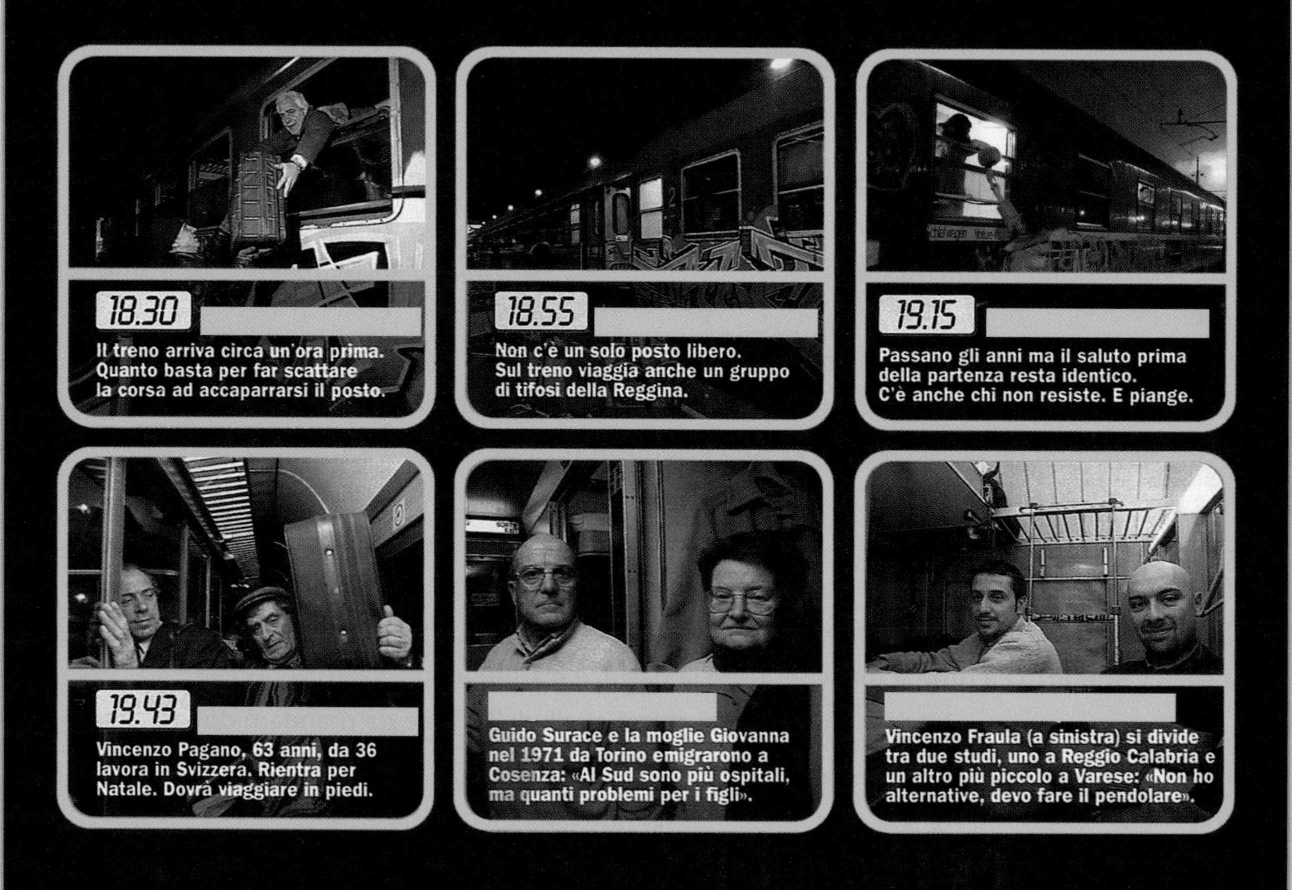
Milano-Reggio Calabria: il treno dei nuovi immigrati

È scomparsa la valigia con lo spago. E non sono più solo i meridionali a lasciare le loro case. «Ieri si partiva per sopravvivere, oggi per migliorare la vita».

18.30
Il treno arriva circa un'ora prima. Quanto basta per far scattare la corsa ad accaparrarsi il posto.

18.55
Non c'è un solo posto libero. Sul treno viaggia anche un gruppo di tifosi della Reggina.

19.15
Passano gli anni ma il saluto prima della partenza resta identico. C'è anche chi non resiste. E piange.

19.43
Vincenzo Pagano, 63 anni, da 36 lavora in Svizzera. Rientra per Natale. Dovrà viaggiare in piedi.

Guido Surace e la moglie Giovanna nel 1971 da Torino emigrarono a Cosenza: «Al Sud sono più ospitali, ma quanti problemi per i figli».

Vincenzo Fraula (a sinistra) si divide tra due studi, uno a Reggio Calabria e un altro più piccolo a Varese: «Non ho alternative, devo fare il pendolare».

Focus Extra

Vincenzo D'Agostino (a sinistra) da 44 anni è a Milano; Francesco Lauria da 52 a Pavia: «Tornare in Calabria? Ci sentiremmo a disagio».

«Le radici sono al nord: non vorremmo allontanarci». Daniela Ammirati (a sinistra) e Irene Ramisino vanno a Vibo Valentia per il corso di polizia.

Lilliana D'Auria (con la figlia) ai viaggi è abituata: il marito è maresciallo dell'esercito. Spera di vederlo per Natale: è in Kosovo da 4 mesi.

10.30

Dopo 15 ore di viaggio qualcuno è arrivato; ma quasi tutti i passeggeri scenderanno a Villa S. Giovanni.

10.50

Il padre aiuta la figlia che lavora a Milano a caricarsi dei bagagli e dei regali di Natale per i parenti.

10.55

Finalmente l'arrivo. Questa volta in ritardo non è il treno, ma chi doveva passare a prendere il parente.

Focus Extra

A Reggio Calabria il treno si è imbarcato sul traghetto che porta a Messina.
Alcuni guardano il mare che divide le due coste, da lontano si vedono la punta della Calabria e quella della Sicilia che quasi si toccano.

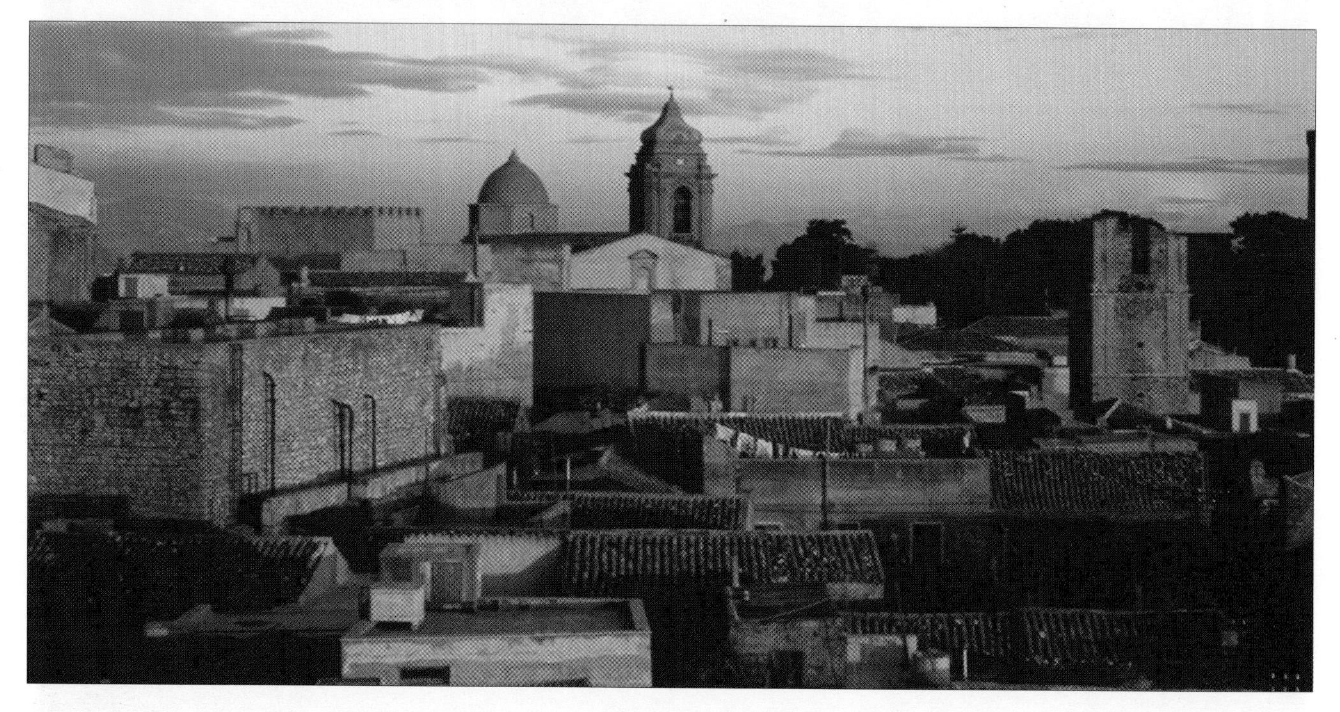

Un tempo si diceva che lì ci fosse lo stretto di Scilla e Cariddi[1] con venti fortissimi che inghiottivano misteriosamente le imbarcazioni.
Ancora oggi il vento batte forte e piega i cespugli ed i piccoli alberi. Solo i fichi d'India resistono al vento come monumenti del Mediterraneo.
I due signori siciliani che hanno viaggiato insieme e parlato sempre, ora guardano sereni il mare e si sentono a casa.
Il maresciallo inspira l'aria a pieni polmoni e dice con soddisfazione "Aaaahh!"
C'è un prete seduto di fronte che sorride e fa cenno di sì con la testa. Si toglie gli occhiali che aveva messo da poco per cominciare a leggere, si stropiccia gli occhi e guarda di nuovo fuori.

1  *Rileggi il testo "Il prete canadese".*
Cerca tutti i **che**. *Dividili in congiunzioni e pronomi relativi. Poi cerca nel testo le parole a cui si riferiscono questi pronomi e infine prova a dire se il pronome relativo* **che** *ha la funzione di soggetto o oggetto. Confronta con un compagno e poi verifica con l'insegnante.*

---

1 Scilla e Cariddi: Sono due figure della mitologia greca. Secondo Omero questi mostri marini si trovavano uno di fronte all'altro nello stretto di Messina ed erano un pericolo per i marinai.

2 **Esercizio**

In ognuna di queste frasi indica se la parola **che** *è un pronome relativo o una congiunzione.*

	pronome	congiunzione
1. Martina ha detto che arriva domani.	⊙	⊙
2. Ho un amico che vive a Belgrado.	⊙	⊙
3. Vedo che hai fatto progressi.	⊙	⊙
4. Non ricordo il nome dell'insegnante che mi ha detto questa cosa.	⊙	⊙
5. È una cosa che mi preoccupa molto.	⊙	⊙
6. Sono foto che ho fatto in Sardegna.	⊙	⊙
7. Sono due ragazze che ho conosciuto a Praga.	⊙	⊙
8. È il numero di telefono che avevo preso.	⊙	⊙
9. Prendo il treno che parte tra mezz'ora.	⊙	⊙
10. Dicono che domani pioverà.	⊙	⊙

La Sicilia è la Sicilia

Il prete ha le lacrime agli occhi, il maresciallo seduto vicino a lui lo guarda e comincia a chiacchierare.

3 50 track *Ascolta più volte il dialogo e segna le risposte corrette.*

1. Il prete è partito dalla Sicilia 30 anni fa.	⊙ vero	⊙ falso
2. È emigrato in Canada.	⊙ vero	⊙ falso
3. Il prete vorrebbe restare per sempre in Sicilia.	⊙ vero	⊙ falso
4. Il prete dice che in Sicilia c'è troppa violenza.	⊙ vero	⊙ falso
5. Il signore siciliano risponde che ormai c'è violenza in tutto il mondo.	⊙ vero	⊙ falso
6. Il prete ha desiderato per tanti anni mangiare la frutta siciliana.	⊙ vero	⊙ falso

Big party!

La conversazione tra i signori siciliani ed il prete tornato dal Canada continua.

4 *Ascolta più volte il dialogo e segna le risposte corrette.*

1. Il prete è di Palermo.	⊙ vero	⊙ falso
2. Il signore è di Milazzo.	⊙ vero	⊙ falso
3. Il prete non ha mai dimenticato la Sicilia.	⊙ vero	⊙ falso
4. Il signore dice che in Sicilia non è cambiato niente.	⊙ vero	⊙ falso
5. La madre del prete non sa che suo figlio sta arrivando.	⊙ vero	⊙ falso
6. Il signore siciliano gli consiglia di telefonare alla madre.	⊙ vero	⊙ falso
7. I nipoti del prete hanno organizzato una festa a sorpresa per il suo ritorno.	⊙ vero	⊙ falso

5 *Riascolta la conversazione tra il prete e i due signori e prova a completare. Dopo aver completato il testo osserva l'uso dei pronomi relativi.*

"Ma ....".

"Capo d'Orlando..."

"Allora .... Io sono di Milazzo e anche la signora è delle sue parti".

"Beh, you see... .... , come fosse ieri,

.... col cuore questa terra ...., anche

se ...., ...,

...., ... ancora

...., ... in Canada".

"Guardate, ... per tanti anni

...., che molte cose

...., eh caro padre

...."

6 **Attività** *Una bella sorpresa...*

Ci sono momenti in cui succede qualcosa di inaspettato e che ci fa molto piacere.
Ripensa per un po' alla tua vita.
Prova a ricordare la più bella sorpresa che ti è capitata. Se non ne ricordi nessuna, prova a pensare alla cosa più sorprendente che hai visto, sentito, saputo ecc.
Parlane con un compagno. Poi confrontate le diverse esperienze tutti insieme anche con l'insegnante.

PER COMUNICARE IN ITALIANO

***Lei* o *voi*?**

L'Italia è un paese molto vario e le differenze regionali riguardano anche l'uso della lingua.

Come hai notato durante l'attività di ascolto i signori siciliani usano il *voi* parlando con il prete canadese. Al Sud, infatti, quando si parla a qualcuno usando la forma di cortesia si usa ancora molto spesso il *voi*.

FACCIAMO GRAMMATICA

I pronomi relativi

Che

Il pronome relativo **che** è invariabile e può avere funzione di oggetto o di soggetto.

Quella maglietta ***che*** *hai comprato, non mi piace per niente.* (**che** = oggetto)
Ma chi è questa tua amica ***che*** *viene a cena da noi stasera?* (**che** = soggetto)

Esiste anche il pronome **il quale/la quale/i quali/le quali** che può sempre sostituire il **che** soggetto. Questo pronome però è poco usato nella lingua parlata. È preferibile – particolarmente nella conversazione quotidiana – usare il **che**.

Cui

Il pronome **cui** è preceduto sempre da una preposizione e non può avere funzione di soggetto o di oggetto. Può essere sostituito sempre da **il quale/la quale/i quali/le quali**.

Dimmi un solo motivo ***per cui (per il quale)*** *dovrei restare qui!*
La persona ***con cui (con la quale)*** *ho parlato è il direttore?*
Ho molti amici stranieri, ***tra cui (tra i quali)*** *anche degli americani.*
L'amica ***a cui (alla quale)*** *sto scrivendo questo e-mail vive a New York.*

7 Esercizio

*Combina le frasi della colonna **A** con quelle della colonna **B**.*

A	B
Vorrei vedere quella maglietta verde	che mi ha prestato Giulio
Volevo cambiare un libro	che ho appena fatto?
Ieri ho incontrato un vecchio amico	che me l'ha prestata
Vado a casa di un collega	che mi hanno regalato
Voglio ascoltare il cd	che è in vetrina
Devo restituire la penna a un tipo	che lavora nella mia scuola
Dove sono le fotocopie	che non vedevo da tanto tempo

8 Esercizio

*Completa le frasi con i pronomi relativi **che** o **cui** con la preposizione adeguata.*

ES *Il libro.............. (di cui) ti ho parlato è di un autore indiano.*

1. Il motivo .... vado in Sicilia è molto personale.
2. Le ragazze .... ho conosciuto ieri sera sono straniere.
3. La pizzeria .... siamo andati ieri sera è veramente buona.
4. Hai ricevuto il fax .... ti ho mandato?
5. Questo è il vestito .... ho messo per la festa di ieri sera e .... ti avevo parlato.
6. Il treno .... sono partiti è un Eurostar.
7. In autobus ho incontrato Marco .... andava in ufficio.
8. La lingua .... preferisco è il greco moderno.
9. Eccoli gli amici .... ho telefonato ieri sera!
10. Il negozio .... vendono questi strani oggetti si trova in centro.
11. Il dentista .... vado è veramente bravo.
12. Sono arrivati i miei amici francesi .... vanno a Napoli.
13. Questa è la casa .... ho abitato per tutta la mia infanzia.
14. Lo spettacolo .... abbiamo visto ieri sera era veramente deludente.

FACCIAMO GRAMMATICA

Chi

Chi può essere:

a) pronome interrogativo

Chi compra il vino per starsera?

(bussano alla porta) *Chi è?*

(al telefono) *Chi parla?*

b) pronome misto

In questo caso il pronome **chi** racchiude in sé la funzione di pronome dimostrativo e di pronome relativo. Significa infatti **colui che/colei che, la persona che/le persone che**.

Chi + verbo al singolare

Chi va al lavoro in macchina ha problemi con il parcheggio.

Chi vuole venire alla festa stasera deve portare qualcosa da bere o da mangiare.

Chi naviga in internet può avere contatti interessanti.

9 Esercizio

Completa le frasi con **chi** *o* **che**.

Chi
.... vuole può portare il vino.

1. Le arance .... hai comprato ieri erano più buone.
2. .... non ha seguito la prima parte della lezione non può capire.
3. Ti presento la ragazza .... lavora con me.
4. Non dare il numero di cellulare a una persona .... non conosci bene.
5. I fiori .... hai comprato sono bellissimi.
6. Puoi controllare le risposte con .... vuoi.
7. Non so .... ti ha detto questo, ma non è vero.
8. Ho comprato i biscotti .... erano in offerta.

10 Esercizio

Completa le frasi con **chi** *o* **che** *interrogativi.*

ES *Chi* *viene stasera alla festa?*

1. ……… sa ……… ore sono?
2. ……… volete mangiare a pranzo?
3. ……… fate dopo la scuola?
4. ……… va a prendere i bambini?
5. ……… vi accompagna a casa stasera?
6. ……… stai leggendo?
7. ……… autobus devo prendere per Piazza della Repubblica?
8. ……… di voi parla francese?
9. ……… dizionario mi consigli di comprare?
10. ……… prendete a colazione?

11 Attività *È cambiato tutto, anche le arance…*

Nota nel testo a fianco le parole composte.

biosicula ***ecoagricola.***

Prova a formare nuove parole combinando gli elementi delle due aree.

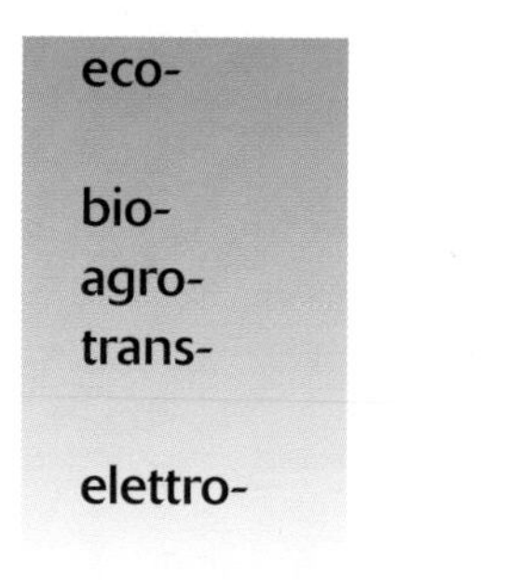

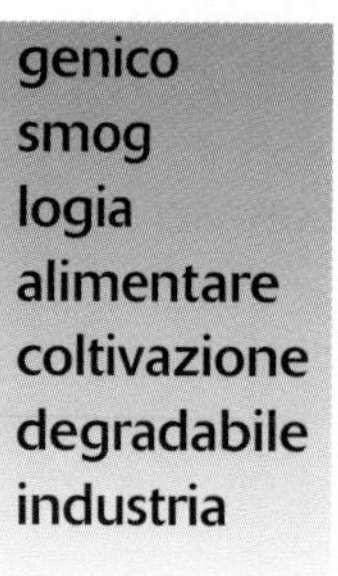

ARANCE EXPRESS

Succose, biologiche e naturalmente siciliane. Le arance biosicule adesso arrivano in tavola via Internet. E in soli 4 giorni dalla raccolta contro i 15 dei canali tradizionali. Grazie all'azienda ecoagricola Il Biviere, che ha ideato questo servizio di consegna a domicilio. Il prezzo va dalle 3 mila alle 4 mila lire circa al chilo, consegna inclusa. Con lo stesso servizio anche la caponata di melanzane, il miele e i dolcetti di mandorle. www. arance. it. N. Verde 800.019230 (F.M.)

Panorama

La Repubblica

In Sicilia un intero paese in processione chiede la grazia: la siccità dura da nove mesi

La preghiera per la pioggia

dal nostro inviato Attilio Bolzoni

CALTABELLOTTA - L'arciprete scruta i picchi delle montagne e poi si fa il segno della croce. Quassù è tutto azzurro. Non c'è neanche una nuvola nel cielo siciliano. Quando don Giovanni solleva la tonaca per inginocchiarsi davanti alla Madonna, la processione si arrampica sul sentiero che porta alla cima più alta. Sono in quattromila, c'è tutto il paese: piangono, pregano, si disperano. Ai santi protettori chiedono il miracolo: la pioggia.

Al tramonto, per le vallate improvvisamente si diffonde un canto, una nenia straziante: "Singnuruzzu... sazia la terra d'acqua...". Suonano tutte insieme le campane delle chiese di Caltabellotta, centoventi chilometri da Palermo e settantacinque da Agrigento, case aggrappate alla schiena di una roccia che domina mezza Sicilia.

Fa caldo come a mezzogiorno di Ferragosto, trentadue gradi o forse anche di più, aria bollente, il vento che soffoca. È lo scirocco. L'arciprete fissa la Madonna dei Miracoli e si asciuga il sudore che cola dalla fronte, gli manca quasi il respiro, si inginocchia un'altra volta e guarda speranzoso a Ponente. Il popolo dei fedeli invoca l'acqua e alza gli occhi al cielo.

Ancora niente, c'è sempre un sole implacabile come il fuoco. Gli uomini più forti sollevano il crocifisso di legno del Dio vivo, un Cristo morente con gli occhi aperti. I ragazzini scendono dal convento con il patrono San Pellegrino imbrigliato dalle corde e incastrato tra le assi di legno, un nugolo di chierichetti si rincorrono e tirano sassi. I campi intorno sono gialli, bruciati. Le zolle di terra spaccate in due. Non c'è più pascolo. La vigna ha dato poco, gli ulivi sono diventati tutti secchi.

L'ultima volta che è venuta giù un po' d'acqua è stato il 30 gennaio, nove mesi fa. Quel giorno è anche nevicato per qualche ora a Caltabellotta, poi più nulla. Primavera asciutta. Sole e afa per tutta la lunghissima estate. Sole e afa per tutto settembre e per tutto ottobre e ora l'impennata del caldo che fa temere che le piogge d'autunno non arrivino mai. È la più grande disgrazia per un paese che vive del suo olio e del suo vino.

12 Attività

Prova a raccontare il testo a partire dai disegni.

Italiani che vanno, italiani che vengono...

Bill Conti

Un mito da oltre di 8 milioni di dischi

Rocky, Karate Kid, 007 James Bond, Tradita, Fuga per la vittoria etc. Con un premio Oscar e quattro premi Emmy, Bill Conti è un mito. Nella sua carriera ha venduto più di otto milioni di dischi, e diretto l'orchestra della notte degli Oscar (Academy Award) per 14 volte. Nato in una famiglia di musicisti di origine ciociara, è influenzato dalla cultura italiana. «Quando ero ragazzo» racconta «in casa c'era l'Italia, e fuori l'America. Ogni giorno, mio padre e mio nonno dopo cena cantavano le opere, uno faceva l'uomo e l'altro la donna. Così, Puccini e Verdi hanno seminato i germi della melodia dentro me, e la melodia è la prima cosa che voglio sentire in un brano». È stato lui, nel '76, a scrivere la musica di *Rocky*, che cambiò del tutto la sua vita. «Vedi questa casa» dice mostrando la splendida villa in stile spagnolo in un quartiere superesclusivo di Los Angeles «l'ho comprata con i proventi del primo anno di *Rocky*». La leggenda narra che un giorno Bill firmò un contratto con uno sconosciuto di nome Stallone. Non volle soldi, ma una percentuale sugli incassi del film. Fu la sua fortuna.

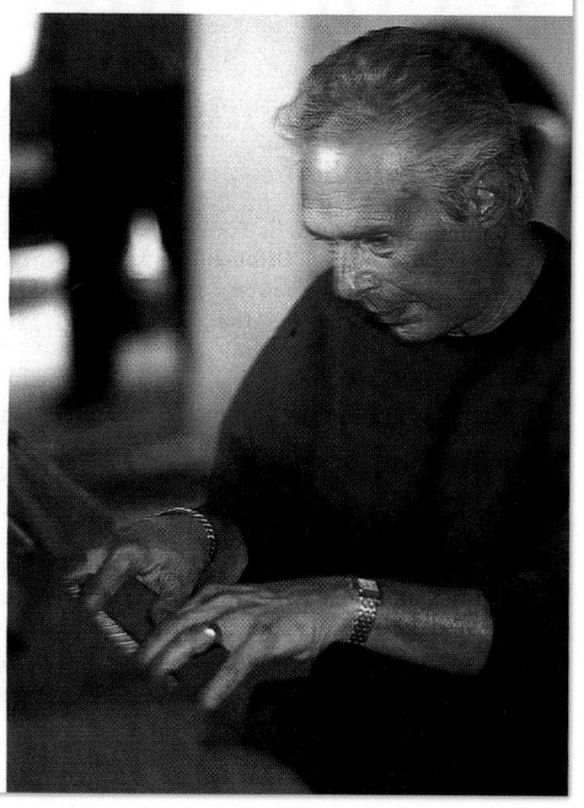

Il Venerdì di Repubblica

13 *Leggi più volte il testo e segna le risposte corrette.*

1. Bill Conti è un musicista molto famoso in America. ⊙ vero ⊙ falso
2. Ha diretto l'orchestra della notte degli Oscar 15 volte. ⊙ vero ⊙ falso
3. Nella sua famiglia non c'erano musicisti. ⊙ vero ⊙ falso
4. Bill Conti è di origine spagnola. ⊙ vero ⊙ falso
5. Suo padre e sua madre cantavano le opere. ⊙ vero ⊙ falso
6. Per Bill Conti la melodia è molto importante. ⊙ vero ⊙ falso
7. Nel '76 è successo qualcosa che ha cambiato la sua vita. ⊙ vero ⊙ falso
8. Bill Conti abita in un quartiere molto elegante di Los Angeles. ⊙ vero ⊙ falso
9. Ha fatto fortuna dopo l'incontro con l'attore Sylvester Stallone. ⊙ vero ⊙ falso

IL COMPUTER CON LA SCHEDA

ROMA - Johnny Carlacci, 40 anni, ha vissuto in Canada gran parte della sua vita, il che gli è valso un ottimo inglese e un buon francese. È tornato a Roma, qualche anno fa, senza soldi. Ha fatto un po' di mesi di vita dura (raccontano che dormiva per terra da un amico), poi ha avviato il suo business: ha preso una pensione in gestione e si è comprato un primo computer. Lo ha messo in Rete e ha cominciato a farlo usare a pagamento ai clienti, per comunicare. «Dopo un po' fuori c'era la fila». Ha affittato un locale sotto la pensione, vicino alla stazione Termini, e ci ha messo dieci computer. C'era sempre la fila. Per lo più stranieri che con Johnny si trovano benissimo. Oggi ha venti computer e si prepara ad aprire una seconda sala. Ma ha fatto di più. Con due informatici di Firenze, Marco Parnasi e Massimo Bercopo, ha organizzato un sistema a scheda che consente di utilizzare sale computer in 20 città italiane. Si compra la scheda e la si usa come quelle del telefono. Lavora con una californiana esperta della Rete, Kim Franch, e sta allargando ancora il suo giro d'affari. «Il guadagno – dice – è venuto subito con l'idea. Il primo giorno, con un computer, ho guadagnato 350mila lire. Non posso dimenticarlo».

Il Venerdì di Repubblica

14  *Leggi più volte il testo e segna le risposte corrette.*

1. Johnny Carlacci ha vissuto solo qualche anno in Canada. ○ vero ○ falso
2. È tornato a Roma con molti soldi. ○ vero ○ falso
3. A Roma ha fatto affari con i computer. ○ vero ○ falso
4. Johnny Carlacci in collaborazione con due informatici ha organizzato un sistema a scheda che permette:
   ○ di usare sale-computer in 20 città italiane ○ di usare 20 sale-computer a Roma
5. Johnny Carlacci non ha collaboratori stranieri. ○ vero ○ falso
6. Con questa attività Johnny Carlacci guadagna molto. ○ vero ○ falso

15 Cloze

Completa il testo "Il computer con la scheda" con i verbi coniugati alla forma appropriata

vivere • tornare • fare • dormire • avviare • prendere • comprarsi • mettere • cominciare • esserci • esserci • trovarsi • avere • prepararsi • organizzare • comprare • lavorare • allargare • venire • guadagnare • potere.

ROMA - Johnny Carlacci, 40 anni, ... in Canada gran parte della sua vita, il che gli è valso un ottimo inglese e un buon francese. .... a Roma, qualche anno fa, senza soldi. .... un po' di mesi di vita dura (raccontano che .... per terra da un amico), poi .... il suo business: .... una pensione in gestione e .... un primo computer. Lo .... in Rete e .... a farlo usare a pagamento ai clienti, per comunicare. «Dopo un po' fuori .... la fila». Ha affittato un locale sotto la pensione, vicino alla stazione Termini, e ci ha messo dieci computer. .... sempre la fila. Per lo più stranieri che con Johnny .... benissimo. Oggi .... venti computer e .... ad aprire una seconda sala. Ma ha fatto di più. Con due informatici di Firenze, Marco Parnasi e Massimo Bercopo, ... un sistema a scheda che consente di utilizzare sale computer in 20 città italiane. .... la scheda e la si usa come quelle del telefono. .... con una californiana esperta della Rete, Kim Franch, e .... ancora il suo giro d'affari. «Il guadagno – dice – .... subito con l'idea. Il primo giorno, con un computer, ... 350mila lire. Non .... dimenticarlo».

Il Venerdì di Repubblica

"Conversazione in Sicilia" di Elio Vittorini è la cronaca di un viaggio "di ritorno" verso la Sicilia.
Il protagonista parte dal nord d'Italia per tornare a trovare sua madre dopo quindici anni di assenza.
E come il prete canadese incontra persone diverse ed entra in contatto con loro.

Il treno aspettava di essere allungato coi vagoni che avevano passato il mare sul battello; e questo era una lunga manovra; e io mi ritrovai vicino al piccolo siciliano dalla moglie bambina che di nuovo sedeva sul sacco ai suoi piedi.

Stavolta egli mi sorrise vedendomi, eppur era disperato, con le mani in tasca, al freddo, al vento, ma sorrise, con la bocca, di sotto alla visiera di panno che gli copriva metà della faccia.

– Ho dei cugini in America, – disse. – Uno zio e dei cugini...

– Ah, cosí, – dissi io. – E in che posto? A New York o in Argentina?

– Non lo so, – rispose lui. – Forse a New York. Forse in Argentina. In America.

Cosí disse e soggiunse: – Di che posto siete voi?

– Io? – dissi io. – Nacqui a Siracusa...

E lui disse: – No... Di che posto siete dell'America?

– Di... Di New York, – dissi io.

Un momento fummo zitti, io su questa menzogna, guardandolo, e lui guardando me, dai suoi occhi nascosti sotto la visiera del berretto.

Poi, quasi teneramente, egli chiese:

– Come va a New York? Va bene?

– Non ci si arricchisce, – risposi io.

– Che importa questo? – disse lui. – Si può star bene senza arricchire... Anzi è meglio...

– Chissà! – dissi io. – C'è anche lí disoccupazione.

– E che importa la disoccupazione? – disse lui. – Non è sempre la disoccupazione che fa il danno... Non è questo... Non sono disoccupato, io.

Indicò gli altri piccoli siciliani intorno.

– Nessuno di noi lo è. Lavoriamo... Nei giardini... Lavoriamo.

E si fermò, mutò voce, soggiunse: – Siete tornato per la disoccupazione, voi?

– No, – io dissi. – Sono tornato per qualche giorno.

– Ecco, – disse lui. – E mangiate la mattina... Un siciliano non mangia mai la mattina.

E chiese: – Mangiano tutti in America la mattina?

Avrei potuto dire di no, e che anche io, di solito, non mangiavo la mattina, e che conoscevo tanta gente che non mangiava forse piú di una volta al giorno, e che in tutto il mondo era lo stesso, eccetera, ma non potevo parlargli male di un'America dove non ero stato, e che, dopotutto, non era nemmeno l'America, nulla di attuale, di effettivo, ma una sua idea di regno dei cieli sulla terra. Non potevo; non sarebbe stato giusto.

– Credo di sí, – risposi. – In un modo o in un altro...

Elio Vittorini, Conversazione in Sicilia

La valigia dell'episodio 29

Accidenti, siamo arrivati!

Messina, il porto, con una grande nave russa, Ciaika (Il gabbiano), sembra di essere a Odessa. Molti scendono, anche i due agenti di Pastalife, i signori siciliani ed il prete tornato dal Canada.
Scendono i tre ragazzi che vanno in vacanza alle Eolie[1].
Anche Piero scende ed al suo posto sale un altro controllore.
Il treno prosegue per Palermo.
La donna, la signorina Lorenzetti è scesa insieme a lui.

1 

Ascolta più volte il dialogo e segna le risposte corrette.

1. La donna vuole scusarsi con Piero.	⊙ vero	⊙ falso
2. Piero dà del "tu" alla donna.	⊙ vero	⊙ falso
3. La donna non è stata mai in Sicilia.	⊙ vero	⊙ falso
4. Piero propone di andare in un bar dove fanno una buonissima granita.	⊙ vero	⊙ falso
5. La donna non sa dove andare a dormire.	⊙ vero	⊙ falso
6. Piero ha degli amici in Sicilia.	⊙ vero	⊙ falso
7. Piero non vuole sapere niente della storia di Pastalife.	⊙ vero	⊙ falso
8. La donna pensa che Piero sia una persona onesta.	⊙ vero	⊙ falso

1 Eolie: isole a nord-est della Sicilia. Tra le più famose: Salina, Lipari, Stromboli.
Alcuni famosi film italiani sono ambientati in queste isole: l'episodio "Isole" del film "Caro Diario" di e con Nanni Moretti, il film "Il Postino" con Massimo Troisi.

La granita con panna di cui parla Piero nel dialogo, è un tipico gelato siciliano fatto di ghiaccio tritato con caffè o sciroppo di limone o frutta servito in bicchieri o coppe di vetro con panna montata.
Per saperne di più leggi il testo sotto.

Bell'Italia

Quei gelati, quelle granite... il buon gusto di tutti i gusti

In tutta la Sicilia, ogni mattina della lunghissima estate, si consuma il rito della granita. Ma è a Catania, lungo la via Etnea, dal duomo fino a piazza Borgo, che questo rito diventa qualcosa di particolare, soprattutto da quando la strada è chiusa al traffico: il profumo delle brioches appena sfornate si spande nell'aria e richiama gente nei cento bar e pasticcerie del "salotto buono" catanese. E una volta dentro, c'è solo l'imbarazzo della scelta.

Si deve a un geniale pasticciere, Ernesto, l'incredibile incremento del numero di gusti delle granite: più di un quarto di secolo fa aprì, di fronte al palazzo di Giustizia, un bar che poi trasferì sul lungomare, chiamandolo semplicemente *33*. Ma *33* divenne poi il numero di gusti di granita – senza follie però, niente puffo, coca-cola o groviera – che seppe creare, stuzzicando l'amore dei catanesi per la novità e la varietà. Impossibile ricordarli tutti. C'era la mandorla, certo, e poi c'erano cioccolata, caffè, limone, fragola, pesca, albicocca, gelsi neri e bianchi, ananas, kiwi, fichi, ficodindia, anguria, cantalupo. E, ancora, gelsomino, pistacchio e quant'altro la fantasia suggeriva.

Tutti gli altri bar lo seguirono, e così la granita divenne un appuntamento irrinunciabile della giornata, al punto da sostituire il pranzo di mezzogiorno. Nella pausa del lavoro, grazie a granita e brioche, si riesce anche a non rinunciare a un tuffo in mare, in uno dei tanti stabilimenti balneari della città.

PER COMUNICARE IN ITALIANO

Figurati!

Quando rispondiamo a delle scuse usiamo:

figurati (tu)
si figuri (lei)

Sono arrivato proprio tardi! Mi dispiace che hai aspettato tanto!
Ma no, figurati, non è un problema!

2  *Leggi il testo e sottolinea tutti i verbi al passato remoto.*
Dividili in regolari e irregolari e trascrivili negli spazi qui sotto.

Mia madre

Sapevo che mia madre abitava nei quartieri alti, ricordavo di aver salita quella scalinata quando si veniva là a trovare i nonni nella mia infanzia, e cominciai a salire. C'erano fascine di legna sugli scalini, davanti a qualche casa, e salii, e ogni tanto c'era un orlo di neve, e nel freddo, nel sole del mattino, quasi mezzogiorno ormai, arrivai finalmente in alto sopra l'immenso paese della montagna e i valloni chiazzati di neve. Non si vedeva gente, sòlo bambini scalzi coi piedi ulcerati di geloni e girai tra le case in alto intorno alle cupole della grande Chiesa Madre che anch'essa riconoscevo antica nella mia memoria.

Girai con la cartolina degli auguri in mano, su di essa avevo il nome della strada e il numero della casa dove abitava mia madre, e potei andare diritto molto facilmente, guidato nella mia ricerca dalla cartolina, come un portalettere, e un po' anche dalla memoria. A qualche bottega che vidi, di sacchi e barili, volli domandare, inoltre, e cosí arrivai in visita dalla signora Concezione Ferrauto, mia madre, cercandola come un portalettere, con la cartolina di auguri in mano e il nome, Concezione Ferrauto, sulle labbra. La casa era l'ultima della strada indicata, a cavallo di un piccolo giardino, con una breve scala esterna. Salii, nel sole, guardai ancora una volta l'indirizzo sulla cartolina, e fui da mia madre, riconobbi la soglia e non mi era indifferente esserci, era il piú pieno del viaggio nella quarta dimensione.

Spinsi la porta ed entrai in casa e da un'altra stanza una voce disse: – Chi è? – E io riconobbi quella voce, dopo quindici anni che non la ricordavo, la stessa di quindici anni prima ora che ricordavo: era alta, chiara, e ricordai mia madre parlare nella mia infanzia da un'altra stanza.

– Signora Concezione, – dissi.

Elio Vittorini, Conversazione in Sicilia

Regolari

Irregolari

FACCIAMO GRAMMATICA

Passato remoto

	Gir-are	Pot-ere	Sal-ire
(io)	gir-**ai**	pot-**ei (-etti)**	sal-**ii**
(tu)	gir-**asti**	pot-**esti**	sal-**isti**
(lui/lei)	gir-**ò**	pot-**é (-ette)**	sal-**ì**
(noi)	gir-**ammo**	pot-**emmo**	sal-**immo**
(voi)	gir-**aste**	pot-**este**	sal-**iste**
(loro)	gir-**arono**	pot-**erono (-ettero)**	sal-**irono**

	Essere	Avere
(io)	fui	ebbi
(tu)	fosti	avesti
(lei/lui)	fu	ebbe
(noi)	fummo	avemmo
(voi)	foste	aveste
(loro)	furono	ebbero

Il passato remoto si usa per esprimere azioni del passato lontano e che non hanno più relazioni col presente, avvenimenti e fatti storici.

*Il suo bisnonno **emigrò** in America nel secolo scorso.*
*La seconda guerra mondiale **cominciò** nel 1939 quando la Germania **invase** la Polonia.*
*Dante Alighieri **nacque** nel 1265.*

Il passato remoto è meno usato nella lingua parlata che nella lingua scritta. Ma non è vero che non si usa affatto o che si usa soltanto in certe regioni del sud.
Sicuramente il passato remoto è più usato al sud che in altre parti d'Italia. Ma non bisogna dimenticare che è molto frequente anche in Toscana.

Verbi irregolari

Ora ritorna al testo "Mia madre" che hai letto prima e riguarda i verbi irregolari che hai trovato.
Al passato remoto molti verbi irregolari seguono uno schema come questo:

(io)	vidi	(irregolare)	◆
(tu)	ved-esti	(regolare)	◇
(lui/lei)	vide	(irregolare)	◆
(noi)	ved-emmo	(regolare)	◇
(voi)	ved-este	(regolare)	◇
(loro)	videro	(irregolare)	◆

Seguendo lo stesso schema prova a coniugare il verbo ***volere****:*

(io)	volli	◆
(tu)	....	◇
(lui/lei)	....	◆
(noi)	....	◇
(voi)	....	◇
(loro)	....	◆

Come vedi, basta conoscere la 1ª persona singolare e l'infinito per coniugare il verbo.
Ora prova con gli altri verbi che hai trovato.

Su questo schema si coniugano anche altri verbi irregolari.
Ecco una lista di verbi irregolari di largo uso:

prendere	›	**presi**	rimanere	›	**rimasi**
chiedere	›	**chiesi**	sapere	›	**seppi**
decidere	›	**decisi**	scrivere	›	**scrissi**
rispondere	›	**risposi**	tenere	›	**tenni**
leggere	›	**lessi**	vedere	›	**vidi**
mettere	›	**misi**	venire	›	**venni**
piacere	›	**piacqui**	vivere	›	**vissi**

3 Esercizio

Dopo aver letto il testo "Mia madre" di Elio Vittorini prova a ricostruire la sequenza di azioni al passato remoto combinando i verbi della colonna ***A*** *con espressioni della colonna* ***B****.*

A	B
cominciai	con la cartolina in mano
arrivai	domandare
girai	nel sole
potei	sopra l'immenso paese della montagna
vidi	a salire
volli	qualche bottega
salii	la porta
guardai	quella voce
fui	ancora una volta l'indirizzo
riconobbi	in casa
spinsi	da mia madre
entrai	la soglia
riconobbi	andare dritto molto facilmente

Dopo aver combinato le frasi, raccontate la sequenza di azioni alla terza persona.

Cominciò *a salire...*

4 **Attività** *Chi lo sa?*

Se non lo sai trova qualcuno che sa:

- chi scrisse "La Divina Commedia"
- chi disse "Eppur si muove!"
- chi uccise Abele
- chi tagliò i capelli a Sansone
- chi dipinse "La Gioconda"
- chi scolpì la statua della "Pietà"
- chi inventò il telefono
- chi costruì il burattino Pinocchio
- chi scoprì l'America
- chi fondò Roma

5 **Cloze** *Pinocchio*

Il passato remoto si usa molto nelle favole. Se provi a raccontare una favola sostituendo il passato remoto col passato prossimo il racconto diventa meno magico e piace sicuramente molto meno ai bambini.
Ecco una favola senza i verbi al passato remoto. Prova ad inserirli tu.

C'era una volta un falegname di nome Geppetto che (costruire) *costruì* un burattino di legno che si muoveva e lo (chiamare) .... Pinocchio. Gli (comprare) .... dei libri di scuola, ma Pinocchio (decidere) .... di venderli per andare a vedere i burattini.
Il burattinaio, Mangiafuoco, un terribile omone, voleva bruciare Pinocchio come legna da ardere.
Ma, fra le lacrime, il burattino (raccontare) .... la storia del povero falegname, suo padre.
Il burattinaio (impietosirsi) .... e gli (regalare) .... cinque monete d'oro.
Pinocchio voleva portarle a Geppetto, ma (incontrare) .... il Gatto e la Volpe che (fingersi) .... suoi amici. Gli (dire) ....:
"Noi conosciamo un campo magico dove potresti seminarle e raccogliere poi dieci volte di più!"
Pinocchio li (seguire) ...., ma (essere) .... derubato dai due falsi amici.
La Fata Turchina lo (salvare) .... dal Gatto e la Volpe, ma ad ogni bugia che Pinocchio raccontava, gli si allungava il naso...
La Fata sorridendo gli (dire): "Le bugie hanno il naso lungo!"
Il burattino spaventato (mettersi) .... a piangere.
Pinocchio (decidere) .... di andare nel paese dei balocchi dove non si studia mai e si gioca sempre. (scoprire) .... però che tutti i ragazzi di quel paese, dopo qualche giorno, diventavano asinelli...
Anche Pinocchio lo (diventare) .... Lo (comprare) .... un uomo che voleva annegarlo per utilizzare la sua pelle per fare un tamburo.

La Fata Turchina lo (salvare) .... e lo (trasformare) .... di nuovo in burattino.

Ma Pinocchio fu inghiottito da un'enorme balena.

Nella pancia della balena (incontrare) .... Geppetto. (nuotare) .... fino a riva con il papà sulle spalle e lo (salvare) .... Pinocchio finalmente era cambiato, era diventato buono e non diceva più bugie.

La Fatina allora lo (trasformare) .... in un vero bambino.

Favola *Il funerale della volpe*

Leggi bene il testo. Hai capito la storia...? Qual è la morale della favola?

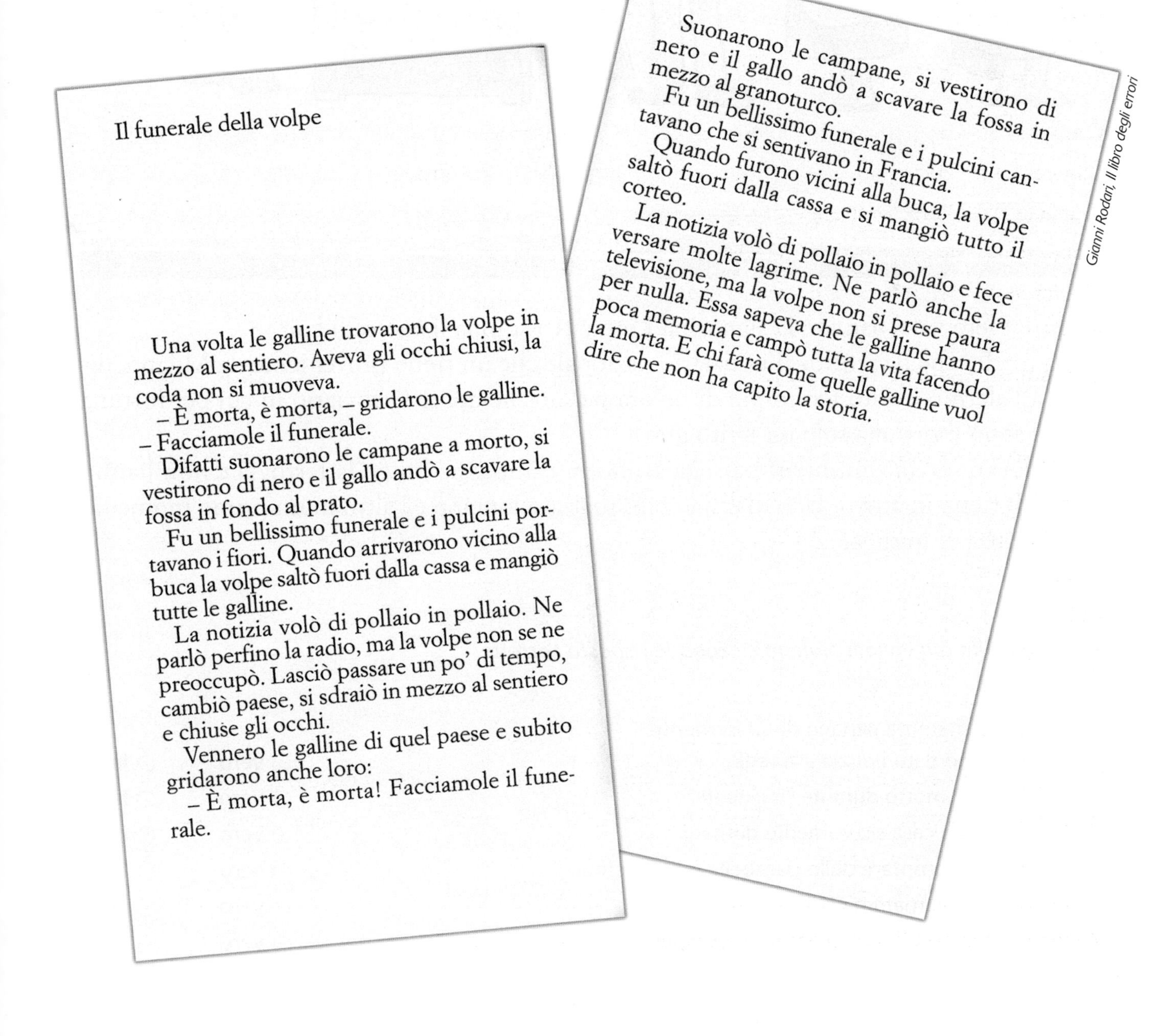

Il funerale della volpe

Una volta le galline trovarono la volpe in mezzo al sentiero. Aveva gli occhi chiusi, la coda non si muoveva.

– È morta, è morta, – gridarono le galline. – Facciamole il funerale.

Difatti suonarono le campane a morto, si vestirono di nero e il gallo andò a scavare la fossa in fondo al prato.

Fu un bellissimo funerale e i pulcini portavano i fiori. Quando arrivarono vicino alla buca la volpe saltò fuori dalla cassa e mangiò tutte le galline.

La notizia volò di pollaio in pollaio. Ne parlò perfino la radio, ma la volpe non se ne preoccupò. Lasciò passare un po' di tempo, cambiò paese, si sdraiò in mezzo al sentiero e chiuse gli occhi.

Vennero le galline di quel paese e subito gridarono anche loro:

– È morta, è morta! Facciamole il funerale.

Suonarono le campane, si vestirono di nero e il gallo andò a scavare la fossa in mezzo al granoturco.

Fu un bellissimo funerale e i pulcini cantavano che si sentivano in Francia.

Quando furono vicini alla buca, la volpe saltò fuori dalla cassa e si mangiò tutto il corteo.

La notizia volò di pollaio in pollaio e fece versare molte lagrime. Ne parlò anche la televisione, ma la volpe non si prese paura per nulla. Essa sapeva che le galline hanno poca memoria e campò tutta la vita facendo la morta. E chi farà come quelle galline vuol dire che non ha capito la storia.

Gianni Rodari, Il libro degli errori

6 **Attività** *Raccontare una favola*

Questi sono i personaggi principali della famosa favola di "Cappuccetto Rosso".
Lavorate in coppia e ricostruite la favola secondo i vostri ricordi.
Se non conosci questa favola raccontane una che ricordi bene, una che appartiene alla tradizione del tuo paese, una che la mamma o la nonna ti raccontavano da piccolo.

Mentre Piero va al bar con la signorina Lorenzetti squilla il suo cellulare.
È sua madre che ha sentito al notiziario nazionale che un treno proveniente da Milano, diretto a Palermo è stato fermo più di un'ora per un incidente ferroviario in cui per fortuna non ci sono morti ma solo un ferito grave.
Due giovani extracomunitari passeggiavano in campagna lungo la ferrovia e non hanno sentito il treno in arrivo. Uno di essi è stato sbalzato lontano e l'altro in un primo momento era fuggito per lo shock.

7 *Ascolta più volte il dialogo e segna le risposte corrette.*

track 53

1. Piero e la mamma parlano di un incidente. di cui hanno dato notizia alla radio. ⊙ vero ⊙ falso
2. Qualcuno è morto durante l'incidente. ⊙ vero ⊙ falso
3. Piero torna a casa sicuramente domani. ⊙ vero ⊙ falso
4. Piero deve comprare delle ciambelle per Caterina. ⊙ vero ⊙ falso
5. Piero dice alla mamma che è da solo. ⊙ vero ⊙ falso
6. Piero dice che la Sicilia è molto pericolosa. ⊙ vero ⊙ falso

8 **Attività** *Completa la telefonata*

Durante la conversazione tra Piero e la mamma hai ascoltato solo le battute di Piero. Ora prova a ricostruire la conversazione completa scrivendo negli spazi vuoti le possibili battute della mamma.

"Sì pronto".

....

"Sì, ciao mamma, dimmi".

....

"Sì, sì tutto bene... benissimo".

....

"Dove, al telegiornale?"

....

"No non te l'ho detto per non farti preoccupare..."

....

"Come non è morto nessuno... è morto uno!"

....

"Ma dai, veramente, hanno detto solo ferito?"

....

"Incredibile, beh meglio così ma sai io come un cretino... ho fatto l'annuncio: avvisiamo i signori passeggeri che abbiamo ritrovato il cadavere... ma tu pensa!"

....

"Ma no figurati!"

....

"No, non lo so se torno domani, vediamo, ti richiamo, va bene, ciao".

....

"Sì, sì i biscotti per Caterina, sì uffa..."

....

"Sì mamma, tutto bene, dai, ti richiamo".

....

"No... no... non sono solo, va bene... sei contenta?"

....

"No ma', dai per favore sta tranquilla, te l'ho detto mille volte, la Sicilia non è pericolosa, no, è più pericolosa Milano, va bene, ciao dai. Buonanotte!"

....

INTANTO IL TRENO PROSEGUE IL SUO VIAGGIO VERSO PALERMO.
A PIERO TORNANO IN MENTE QUESTE PAROLE DI LEONARDO SCIASCIA:
"SAI COS'È LA NOSTRA VITA, LA TUA E LA MIA?
UN SOGNO FATTO IN SICILIA.
FORSE SIAMO ANCORA LÌ E STIAMO SOGNANDO".

La valigia dell'episodio 30

Trascrizioni delle registrazioni

Prima di tutto

6 *(track 3)*
Piero Ferrari, Annarita Faenza, Dino Trentin, Caterina Monreale, Filippo Moretti

8 *(track 4)*
A. Hotel Torino: Corso Magenta, 33
B. Pensione Vittoria: Via Manzoni, 5
C. Albergo della Pace: Viale Brera, 12
D. Albergo del Sole: Piazza San Babila, 3
E. Pensione Aurora: Piazza del Duomo, 22
F. Hotel Centrale: Largo Augusto, 7

Episodio 1

2 *(track 5)*
Treno Eurostar 677 delle ore 8.20 da Milano Centrale per Palermo Centrale è in partenza dal binario 3.
Il treno effettua le seguenti fermate: Bologna, Firenze, Roma, Napoli, Reggio Calabria, Messina.
Vagoni di prima classe in testa e carrozza ristorante.

Episodio 2

3 *(track 6)*
◎ Buongiorno signora Caterina!
■ Buongiorno Piero, come va?
◎ Bene, bene e lei?
■ Non c'è male... ma senti che caldo!
◎ Sì, è umido... Accidenti, com'è tardi!
■ Piero aspetta, vuoi un caffè, è pronto... Milena, porta il caffè a Piero!
◎ No grazie, non ho tempo oggi... sono in ritardo.
■ Ma è già pronto!
◎ E va bene... sì, grazie. Ciao Milena.
○ Ciao Piero, hai fretta?
◎ Sì, ma... hmm, ottimo il caffè, come sempre! Grazie, scappo, buona giornata.
■○ Anche a te Piero, buon viaggio!

Episodio 3

14 *(track 7)*
■ Ehm, ehm...
◎ Sì, biglietti prego!
■ Ecco, guardi, non ho il biglietto... sono arrivata in ritardo, capisce, è possibile fare il biglietto sul treno?
◎ Veramente non si può, ma va bene, la capisco, anch'io sono arrivato in ritardo oggi. Dove va?
■ Roma.
◎ Solo andata?
■ Sì.
◎ Sono ventisei, più il supplemento per il rapido, quarantasei euro, prego.
■ Grazie, lei è davvero gentile!

17 *(track 8)*
■ Scusi, dove si comprano i biglietti per la metro?
◎ Guardi, può provare al bar lì all'angolo, oppure dal tabaccaio. Comunque se va alla metro, sotto c'è la macchinetta automatica.
■ Ah, grazie, allora lo compro lì.

Episodio 4

12 *(track 9)*
◎ Lasci, lasci!
■ Grazie, è pesante vero?
◎ Eh sì, le donne hanno sempre valige pesanti... va in vacanza?
■ No, no, torno a casa, io sono siciliana.
◎ Davvero? Anch'io scendo a Messina, allora abbiamo tutto il viaggio da fare insieme.
■ Meno male, mi fa compagnia, è lungo il viaggio! Ma sente che caldo che fa qui a Milano... è più caldo che in Sicilia!
◎ Certo! Qui è più umido, da noi c'è il mare, e aria fresca...
■ Ha ragione, è lo smog, l'inquinamento...

Episodio 6

1 *(track 10)*
■ Un caffè, per favore!
⊙ Prego, un euro, grazie.
◎ Un caffè anche per me e una minerale.
⊙ Naturale o gasata?
◎ Naturale.
⊙ Ecco a lei, due euro e trenta, prego.
◎ Grazie.
⊙ Grazie, arrivederci.

◎ Non è un gran ché questo caffè...
■ No, davvero, per me fa schifo... infatti lo butto.
◎ Anche a me non mi piace, io lo bevo solo per svegliarmi.
■ Ah, per me il caffè o è buono o è meglio niente.
◎ Beh in genere non mi piace bere il caffè in una tazzina di plastica, anche se il caffè è ottimo è diverso il sapore.
■ Sì, è vero. Veramente io preferisco il caffè al vetro.
◎ Al vetro?
■ Sì, nel bicchierino di vetro.
◎ Ah sì... come a Napoli.

Episodio 7

1 *(track 11)*
■ - Pronto, sì...
- Sono in treno.
- No sono a Bologna, siamo alla stazione.
- Ah, sì è confermato allora.
- E quanti sono?
- Vanno anche a Venezia e Firenze?
- Sì, sì, chiaro, prime due notti a Napoli, poi Roma, una notte, poi Firenze e Venezia.
- Eh, un'ammazzata come al solito, ma va bene, ho capito.
- Per gli alberghi è tutto a posto ma devo ancora contattare il ristorante di Napoli.
- No, no, non c'è tempo per il Museo Archeologico, e poi questi preferiscono gli esterni, il mercato...
- No, ma poi devono anche comprare i soliti souvenir e tutto il resto.
- Guarda prima devo andare a casa, che la baby-sitter ha il pomeriggio libero, ti richiamo dopo che ho sentito il ristorante.
- Va bene, sì, ciao, ci sentiamo.

6 *(track 12)*
■ Uffa! Basta, ora lo spengo.
◎ Eh sì... questo coso ti cambia la vita! È utile, certo, ma a volte è troppo...
■ Sono d'accordo... ma poi sai... il lavoro, la bambina... come si fa?
◎ Sì lo so, ormai ce l'hanno tutti però secondo me si esagera.

11 *(track 13)*
◎ Scusi, ma... lei fa la giornalista?
■ No, no lavoro nel turismo ma se vuole possiamo darci del tu.
◎ Come no, anzi... io mi chiamo Alessandro.
■ Lucia, ciao.
◎ Allora viaggi spesso.
■ Sì ma soprattutto viaggio tra Napoli e Milano.
◎ Sei di Napoli?
■ Sì, si sente?
◎ Beh!, non solo per l'accento... anche per il caffè... e adesso vai a Napoli?
■ Sì, e tu?
◎ Io, dove vado? Eh, veramente non lo so... vado al sud, da Napoli in giù. Senti, a proposito posso chiederti un po' di informazioni... diciamo turistiche?
■ E certo, di che si tratta?
◎ Vedi, io sono fotografo e devo fare un servizio per un'agenzia pubblicitaria.
Si tratta di foto per una marca di gelati, qualcosa col mare, col sole, ma non Rimini, capisci?
■ Sì, vuoi un paesaggio vuoto o con persone?
◎ Dipende, tutto va bene per creare un'atmosfera, scenari, volti, tutto.
■ Ma conosci il sud, hai qualche idea?
◎ Conosco bene la Sardegna, sempre per lavoro, ma sai per me il lavoro è un'occasione per viaggiare, per conoscere posti nuovi... preferisco un posto nuovo. Hai qualche consiglio da darmi?

Episodio 8

5 *(track 14)*
◎ Biglietti prego!
◎ Grazie
◎ Non è timbrato.
○ Come scusi?
◎ Non ha timbrato il biglietto.
○ Come timbrato?
◎ Prima di salire in treno, si deve timbrare il biglietto. Ci sono le macchinette su tutti i binari.
○ Ma come, c'è la data di oggi... non basta?
◎ D'accordo, c'è la data di oggi, ma si deve timbrare.
○ Ma è assurdo, c'è la data, a che serve il timbro?
◎ Guardi non è colpa mia, purtroppo è così... un attimo.
◎ Anche il suo signorina, non è timbrato.
■ Scusi?
◎ Guardi, deve timbrare il biglietto, ci sono le macchinette, così.
■ Ma nessuno detto mi questo....*
◎ Mi dispiace, lei è straniera, vero? Capisco, va bene così ma la prossima volta ricordi deve sempre timbrare il biglietto prima di partire.
○ No, senta, io sono italiano, ma non prendo il treno da dieci anni... non è giusto eh!
◎ E va bene, per questa volta lasciamo perdere, ma... la prossima volta cercate di non dimenticarlo!
○ Grazie, veramente lei è una persona comprensiva, la ringrazio...
◎ Arrivederci, buon viaggio.
○ Un momento, il berretto, è suo no?
◎ Ah sì grazie... anch'io sono distratto...

Episodio 9

1 *(track 15)*
○ Ciao, come va?
◎ Bene, bene e voi, finiti gli esami?
○ No, ancora uno la settimana prossima, poi via, in vacanza.
◎ Allora sarete sotto stress da esame?
○ Un po', come sempre. Però domani veniamo all'incontro eh?, a proposito, come ti senti?
◎ Eh... così, così, il problema è il peso, sono proprio al limite, non posso mangiare niente.
○ Ma perché, quanto pesi?
◎ 78 chili, ma... cento grammi in più e... niente gara.
○ Ma dai, non esagerare, ogni volta prima di una gara vai in paranoia, poi vinci sempre...
◎ Sì, come voi con gli esami, ogni volta dite, non sono pronto, non sono pronto, poi prendete 29, 30...
○ Vabbè dai però adesso andiamo a casa eh? e non dire che stasera non vuoi uscire a bere eh?... abbiamo organizzato una serata con minimo dieci persone...
◎ No, no, stasera stiamo a casa, se tutto va bene usciamo domani sera a festeggiare... se no usciamo comunque, per dimenticare...
○ Vabbè, intanto andiamo a casa, che c'è anche una sorpresa per te!

8 *(track 16)*
◎ Ciao.
■ Ciao, bene arrivato, come stai?
◎ Bene grazie, ma... ci siete proprio tutti, dai... anche Rossella, non ci posso credere, che sorpresa, come stai?
■ Benissimo, grazie come sono contenta di rivederti... sei proprio in forma eh, fino a quando rimani?
◎ Un paio di giorni.
■ Soltanto?
◎ Sì, dopodomani insegno.
■ Dove, nella stessa scuola?
◎ No, è una scuola privata, inizia un corso estivo. Tu che fai?
■ Eh... io, mi manca ancora un esame e la tesi per finire.
◎ E che fai, rimani qui stasera?
■ Non lo so, vediamo...
◎ E Fabio?
■ Niente, è finita, non stiamo più insieme.
◎ Ah... scusa, non lo sapevo.
■ Niente... ma senti sai che nel giornale di ieri ho visto una tua foto?
◎ Davvero?.
■ Sì, Paolo, dov'è il giornale di ieri?
○ Non lo so, forse in salotto, sul divano, boh.
■ No, non c'è.
○ Allora guarda in camera, sul letto.
■ No... niente.
○ E in bagno?
■ Nemmeno.
○ Allora guarda dentro la busta, lì, della carta da buttare, in cucina, sotto il lavandino.
■ Ah, eccolo, meno male è ancora qui!

Episodio 10

10 *(track 17)*
○ Che cos'è..., Pirandello?
■ Sì.
○ Studi Lettere?
■ No, psicologia.
○ Ah, e dove?

■ A Milano.
○ E a che anno stai?
■ Eh al primo. E tu fai Lettere?
○ No, non faccio l'università.
■ Ah, e che lavoro fai?
○ Niente, faccio il militare.
○ E... dove vai?
■ A Firenze.
○ C'hai parenti?
■ No.
○ Amici?
■ No, il mio ragazzo, purtroppo.
○ Perché purtroppo?
■ Eh perché vive a Firenze...!
○ Beh, Firenze–Milano è vicino.
■ E tu invece?
○ Io sto a Modena a fare il militare. Ma sono di Caserta.
■ Purtroppo?
○ Beh, no, ormai è finita, vedi, queste sono le foto ricordo con i miei compagni di caserma.
■ Ah sì...
○ Sì... ma quanto manca per Firenze?
■ Poco, credo cinque o sei minuti.
○ Beata te che sei già arrivata.
■ Eh sì, è vero, beh, buon proseguimento!
○ Grazie, ciao.
■ Ciao.

Episodio 11

1 *(track 18)*
■ Ma', guarda i posti sono separati, il 62 è qua e il 64 da questa parte.
⊙ E va beh... non fa niente.
■ Mi dai la valigia?
⊙ Aspetta voglio prendere l'acqua.
■ Eh guarda qui che goccia, non hai chiuso bene.
⊙ Uffaaa.
■ E aspetta no, perché non ti siedi?
■ Permesso?
○ Prego, prego.
■ Scusi.
○ Niente.

11 *(track 19)*
◎ Questa cartina è proprio utile, senti... aspetta voglio vedere Roma-Chieti... ecco Roma-Chieti sono 300 chilometri.
○ Ah però, è abbastanza.
◎ E Viareggio, Viareggio è considerata città? Non la trovo adesso Viareggio... eh sì vedi, Chieti-Pescara sono appena cinque chilometri in più. E cosa mi avevi detto? Pisa? Vediamo da Brescia a Cremona saranno... saranno 75 chilometri.
○ Senti ma per il treno di ritorno dobbiamo prenotare il biglietto?
◎ Aspetta non lo so, ora controllo nell'orario. Allora... no, vedi, la prenotazione è obbligatoria dal 24 aprile al 25 agosto ma solo per il fine settimana, dal lunedì al giovedì non è necessario prenotare.
○ Ah, meglio così.

Episodio 12

9 *(track 20)*
◎ E questo è il duomo, con la famosa cupola del Brunelleschi..., finita nel 1463... ed il campanile di Giotto disegnato nel 1334... finito dopo la sua morte... E questo è il battistero, uno degli edifici più antichi di Firenze, con le famose porte di bronzo, questa è la Porta del Paradiso del Ghiberti... una copia, l'originale è al Museo dell'Opera del Duomo... Guardate l'uso della prospettiva, la profondità delle scene... la prima è la creazione... Adamo ed Eva cacciati dal paradiso.

Episodio 13

1 *(track 21)*
◎ Allora, una per Andrea, una per Gigi, una per la Rosy e una la tengo per me. Quant'è?
■ Quante ne ha prese?
◎ Quattro.
■ Da quanto sono quelle lì?
◎ Due da cinquanta centesimi e due da quaranta.
■ Allora sono un euro e ottanta.
◎ Ecco!
■ Eh no eh, ancora con 'sti venti euro, io non c'ho più il resto, non ce li ha spicci?
◎ No, mi dispiace.
■ Allora un attimo che provo a cambiarle.
■ Giovanni, c'hai da cambiare venti euro per caso?
○ Sì, da uno e da cinque va bene?
■ Sì, sì va bene, grazie.
■ Allora, ecco il resto, due, tre, quattro, cinque, dieci, quindici e venti, arrivederla.
◎ Questo sì che era un fiorentino...

7 *(track 22)*
■ Allora, mi dica?
◎ Sì, scusi, un giornale di Firenze, con la cronaca di Firenze...
■ La Nazione allora.
◎ C'è tutto?
■ Ma... tutto che?
◎ Tutto, come convegni, mostre...
■ Sì sì certo, ma a lei cosa interessa?
◎ Eh... il Pinocchio.
■ Ah bene allora glielo dico io, quello è oggi a Palazzo Pitti.
◎ E... Palazzo Pitti è lontano da qui a piedi?
■ No, guardi, dopo Ponte Vecchio lei va sempre dritto, lo trova sulla sinistra.
Però le conviene andare a piedi perché oggi non lo trova un ta23i, vanno tutti lì...
◎ La ringrazio, arrivederci... ah sì, il giornale.

Episodio 14

2 *(track 23)*
◎ Scusi dov'è la sala del Convegno sul Pinocchio?
■ Come, scusi, chi...?
◎ Il Pinocchio D.O.C. Pinocchio e Pinocchi...
■ Ma guarda questi, oggi, per entrare le inventano tutte... Senta se è per la sfilata si entra solo con l'invito ha capito?
◎ Ma quale sfilata?
■ Vede il cartello, questo:
PITTI UOMO – COLLEZIONE AUTUNNO INVERNO.

◎ Ma io veramente non... ah scusi un attimo, sì... quella ragazza?
■ Ma dove va, non si può entrare...
◎ No solo un attimo, è che ho visto una persona che conosco.

5 *(track 24)*
◎ Scusi, scusi... ma lei oggi era in treno... con me... vero?... con il biglietto senza timbro, o no?
■ Ma certo, sì, anche lei è qui per la sfilata?
◎ No io veramente, no... io sono qui per un convegno, ma il portiere dice che non è qui.
■ Quale convegno?
◎ Un convegno sul Pinocchio, il Pinocchio D.O.C.
■ Ah, Ah, Ah, ma qui non c'è questo convegno, forse si confonde con il nome del grande stilista Pino Chiodo... anch'io sono qui per incontrare lui ma è difficilissimo, sa?
◎ Ah sì, e lei perché lo vuole incontrare?
■ Io, beh, sa io... per me lui è lo stilista ideale, è eccezionale... e io vorrei proprio sfilare per lui.
◎ Ho capito, lei è una modella, ma questa non è una sfilata di vestiti da uomo?
■ Appunto, proprio così e per questo che sono qui, quando lui presenta le collezioni per donne ha intorno decine e decine di modelle, impossibile farsi notare, oggi invece forse...
◎ Beh, allora in bocca al lupo... ma come si fa per entrare qui a questa sfilata?
■ È un segreto ma se vuoi... posso darti del tu?
◎ Sì sì certo, ma parli bene l'italiano, prima in treno hai detto che non capisci.
■ Ma tu conosci quel proverbio italiano... Quando sei a Roma fa quello che fanno i Romani... e allora quando vieni in Italia... capisci?

Episodio 15

1 *(track 25)*
■ Pronto?
- Ciao, dove siete?
- C'è gente?
- Senti... è già lì il bello?
- Con quella di ieri, l'austriaca, no?
- Ma dai non ci credo!!
- Va beh... senti, dove siete andati ieri sera?
- E lui è venuto da solo?
- Fino a che ora siete rimasti?
- E dove avete dormito?
- No, io non ho fatto niente... cioè ho preparato la valigia poi ho fatto un po' di telefonate e sono andata a dormire alle due, e stamattina, niente sono venuti Marco, Sandro, la Jenny e tutti quelli del gruppo.
- Il treno delle dieci.
- No, lui no, lo sai, lui odia Romeo e non capisce... ma vedi mio fratello è stato sempre cosi, un po' diffidente, un po' geloso. Sai anche perché Romeo ha una certa età...
- Sì, sì ciao, ci sentiamo, grazie.

13 *(track 26)*
■ Senti, scusa... sai a che ora si arriva a Roma?
◎ Sì, mi sembra alle 13.50.
■ Ah, grazie.
■ Posso guardare un attimo il giornale?
◎ Sì, sì prego, lo puoi tenere se vuoi, l'ho già letto.
■ Ah, no grazie! Volevo solo vedere le temperature in Sicilia...
◎ Beh! Se è per questo basta leggere la prima pagina... fa caldo dappertutto, guarda: "Caldo torrido su tutta la penisola".
■ Sì, ma almeno lì c'è il mare...
◎ Anche a Riccione c'è il mare ma si muore di caldo lo stesso.
○ Ah, sei di Riccione!
◎ Sì e voi?
○ Ah no, noi di Bologna... sai io sono stato per tanti anni al mare a Riccione... ma adesso basta... troppa gente... e poi odio la sabbia...
◎ Ti capisco... io lavoro al bar dello Zodiaco, lo conosci?
○ Eh, come no! Lì c'è bella gente... e la sera c'è vita.
◎ Sì ma è uno stress...
○ Ma quale stress... ci sono le ragazze più belle e più simpatiche d'Italia... E questi che vogliono andare in Sicilia...
■ Ma smettila tu... le ragazze a luglio si trovano su tutte le spiagge... ma almeno l'acqua è pulita... è trasparente...
○ Va beh... vediamo... vediamo questa Sicilia... se non mi piace torno a Riccione... così ci incontriamo allo Zodiaco...
◎ Credo proprio di no... io vado a Roma...
○ Ma cosa fai le vacanze a Roma?
◎ No, no non per le vacanze! Vado per un provino a Cinecittà.
○ Cavoli... allora auguri! Magari ti rivediamo al cinema.
■ Ma di che si tratta, di un film o altro?
◎ Guarda non lo so bene neanche io comunque sì, è un film ambientato un po' a Roma un po' al mare...

Episodio 16

2 *(track 27)*
■ Senti se diventi famosa almeno dobbiamo sapere il tuo nome: io mi chiamo Francesco.
◎ Piacere, Annarita.
○ Andrea.
⊙ Stefano.
◎ Ciao.
■ Senti tu conosci qualche posto sul mare in Sicilia, nelle Eolie?
◎ Veramente no, in Sicilia non ci sono mai stata.
■ E in Sardegna, sei mai stata in Sardegna?
◎ Sì, almeno tre o quattro volte, per me sono i posti più belli...
■ Allora tu, allora sei come Stefano, lui è fissato con la Sardegna.
◎ Davvero?
⊙ Sì, guarda, ho visto quasi tutte le spiagge del Mediterraneo, ma il mare della Sardegna è unico!
◎ Eh sì, hai ragione, unico!
⊙ Io la conosco tutta, ho fatto un giro dell'isola ma preferisco la costa orientale.
◎ Sì, che bella, Cala Gonone, Arbata29, Orosei... però non so dirti che cosa preferisco, per me le coste sono tutte così diverse e così belle, è difficile fare un paragone. Ma tu lo conosci Capo Caccia?
⊙ Come no, ci sono andato in barca... quella scogliera... che ti arriva di fronte così all'improvviso, chi non si emoziona non è un essere umano! E poi Alghero, la città.
◎ Sì, sì, sono d'accordo... comunque per me prima di tutto c'è il profumo, è la prima cosa che ti arriva quando la nave si avvicina alla costa... l'odore di mirto, di macchia mediterranea, l'odore della Sardegna.

11 *(track 28)*
○ Senti ma... sei mai stata a Roma?
■ Come no, io sono di Roma, a proposito di vacanze, ho passato una vacanza bellissima nel 1993 a Roma, si stava bene, perché i romani ancora partivano per le vacanze ad agosto, Roma era deserta, c'erano solo turisti e io, che andavo in giro in bicicletta. Ah, si stava benissimo, andavo in giro in bicicletta, non c'era traffico, raggiungevi una parte e l'altra della città in due minuti.
⊙ Le vacaze a casa tua.
■ Sì, belle, guarda... proprio belle... e voi?

○ Mah, io sono di Roma, però ho passato invece una vacanza bruttissima l'anno scorso in Inghilterra.
■ Perché?
○ Mah... mi sono preso una vacanza dopo due anni che non... non me le prendevo, ho lavorato tantissimo, e... stavo sul treno, dall'aeroporto per arrivare a Londra, ed ero molto felice, rilassato, stavo leggendo la guida eccetera eccetera, sono arrivato alla stazione della metropolitana, scendo, comincio a camminare per i binari e... mi sentivo che mi mancava qualche cosa e... mi sono reso conto che mi ero scordato le valigie in treno.
■ No... non ci credo!
○ Sì, praticamente sono corso indietro, ho cercato di bloccare il treno, il treno era partito, niente. Sono rimasto senza un vestito, senza valigia.
⊙ Io veramente ho fatto di peggio. Sono andata in Grecia un po' di anni fa, vi ricordate quell'anno che morivano tutti per il caldo, in Calabria, una tragedia... Bene, vado in Grecia, con gli amici, in campeggio, situazione bellissima, la Grecia era magnifica come sempre... mi viene la bronchite.
■ Nooo.
⊙ In tenda.
■ Ma come hai fatto?
⊙ In tenda, con 40 gradi e più ed ero penso l'unica turista che si curava con Vicks Vaporub spalmato sul petto.

Episodio 17

8 *(track 29)*
◎ Ma che è successo?
■ Eh, abbiamo investito una persona...
◎ E quanto tempo ancora dobbiamo restare fermi?
■ Ma credo un'ora almeno, ma non lo so... purtroppo è la prima volta, non lo so, non mi è mai successo prima.
◎ Senta, ma ce lo rimborsano questo biglietto?
■ Eh no, mi dispiace questo non dipende dalle ferrovie, non è un ritardo per causa nostra, è un incidente!
○ Ma almeno un annuncio, perché non avete fatto un annuncio con l'altoparlante, sono dieci minuti che siamo qui fermi, senza un annuncio, senza sapere cosa è successo...
■ Guardate, mi dispiace ma purtroppo l'altoparlante è rotto... ho provato, non funziona.
⊙ Ma, se vuole possiamo provare a riparare il guasto, noi siamo elettricisti.
■ Guardate per me va bene, ma chiedo al macchinista, venite prego.
■ Pronto, senti ci sono due passeggeri che dicono che possono provare a riparare il guasto... d'accordo, sì, sì sono qui con me.
⊙ Prova... prova... prova... A... A... prova.
■ No niente, non... non si sente.
■ No, ancora no, niente, non funziona.
⊙ E adesso?
■ No... niente.

Episodio 18

5 *(track 30)*
⊙ Scusi, lei resta qui?
■ Sì.
⊙ Devo andare un attimo al vagone ristorante per cercare il biglietto, le dispiacerebbe dare un'occhiata alle mie cose?
■ Certo, certo, non c'è problema e... posso dare uno sguardo alla sua rivista?
⊙ Come no, prego!
■ Pronto?
- Sì, sì, posso parlare...
- Sì li tengo d'occhio, sono soli.
- No, in questo momento sono sola, c'è un tipo ma è uscito...
- Lo so, lo so... non devo parlare con nessuno... ciao!
- No, ti richiamo io, ciao!
- No, sta tranquillo, anche se mi vedono non possono riconoscermi... oggi sono biondissima!

9 *(track 31)*
■ L'ha trovato?
⊙ No, ma mi sono ricordato dove l'ho messo... dovrebbe essere proprio dentro quella rivista che ha preso lei.
■ Questa, ah, guardi non l'ho ancora sfogliata, ho avuto una telefonata e...
⊙ Dunque vediamo, sì eccolo, l'ho messo qui come segnalibro... poi ho iniziato a disegnare e l'ho dimenticato completamente.
■ Succede... gli artisti... meglio perdere un biglietto che l'ispirazione, no?
⊙ Giusto, a volte si perdono giorni per trovare un'idea, allora quando c'è... per me il treno è... non so, mi ispira per pensare, per disegnare...
■ Ma lei che lavoro fa?
⊙ Sono un designer.
■ Cioè?
⊙ Disegno e progetto ogni tipo di oggetto, dal mobile a... non so una penna, una pentola.
■ Mi tolga una curiosità, cos'è quella cosa lì che ha disegnato?
⊙ Mah, per me è più interessante vedere se lei indovina!

Episodio 19

8 *(track 32)*
⊙ Ciao!
■ Ciao, benearrivata, come stai?
⊙ Bene, bene, scusa un attimo, beh arrivederci ragazzi e grazie, buone vacanze.
◎○ Anche a te e buona fortuna, ciao.
■ Sono amici?
⊙ No, abbiamo viaggiato insieme.
■ Ci hanno provato, no?
⊙ No, ma che dici, sono ragazzi simpatici.
■ Sì, ma uno almeno ti si mangiava con gli occhi.
⊙ Dai lascia stare, piuttosto hai visto che ritardo?
■ Sì, tanto noi qui ci siamo abituati, per un motivo o per un altro.
⊙ Ma sai cosa è successo?
■ No, che cosa... ah senti non so, dimmi se vuoi andare in albergo prima a fare una doccia, io intanto...
⊙ No, no, non sono stanca, non voglio perdere tempo... è la prima volta che vengo a Roma.
■ Come vuoi, allora andiamo a mangiare qualcosa e poi...
⊙ Se vuoi, ma io ho mangiato in treno, possiamo cominciare...
■ Ma guarda che qui a Roma fa un caldo... qui non siamo a Riccione, comunque se vuoi andiamo, ho la macchina qua dietro.
■ Mannaggia... mi hanno fatto la multa, 'sto disgraziato... neanche dieci minuti... accidenti!!
⊙ Mi dispiace, è per colpa mia.
■ Macché figurati, queste sanguisughe, basta che fanno le multe... invece di fare i parcheggi...!!

Episodio 20

1 *(track 33)*

■ Allora, ti faccio un esame, vediamo un po' se conosci questo.
⊙ Certo, questo lo conoscono tutti, è il Colosseo, no?
■ Brava, ma adesso non entriamo, perché è troppo caldo eh? E questa piazza ti dice niente?
⊙ No ma è interessante... e cos'è quel monumento gigante?
■ Quello lo chiamano la macchina da scrivere, è il monumento a Vittorio Emanuele... ma per me è un pugno nell'occhio.
⊙ Perché? A me piace.
■ Allora guarda la piazza, questa è Piazza Venezia, lo sai perché è famosa?
⊙ L'ho sentito ma non mi ricordo.
■ È per il balcone, vedi, quello è il balcone di Mussolini... quello... quello lì.
⊙ Ah sì?
■ Sì, ma tu quanti anni hai?
⊙ Ventuno.
■ Beata te! Che ne sai tu di Mussolini, non sai neanche che era delle tue parti.
⊙ Di Riccione?
■ Là vicino, ma lasciamo stare, ce l'avessi io ventun anni.
⊙ Ma basta dai, tu sai tutto, che bel cicerone che ho trovato!
■ E vedi, quello è il Campidoglio, sopra c'è il piazzale fatto da Michelangelo.
⊙ E questo che è, un altro Colosseo?
■ Mh, quasi, questo è il teatro di Marcello, vedi che è più piccolo e dietro c'è il portico d'Ottavia e il Ghetto.
⊙ Che Ghetto?
■ Eh, si chiama così il quartiere ebraico con la sinagoga.
Questo è invece il Circo Massimo e le Terme di Caracalla...
⊙ Senti, e la fontana di Trevi?
■ Eh, calma, calma, ci andiamo stasera adesso siamo in macchina e continuiamo così, va bene?

■ Questa è l'Appia... ci sono tutte rovine romane, e ti piacerebbe una bella villa no!? Beh se diventi una grande diva... Sai che Anita Ekberg ce l'ha la villa qui e non solo lei!
⊙ Senti ma quando andiamo a vedere Cinecittà?
■ Non oggi, ormai è tardi, ci andiamo un'altra volta.
⊙ Tu lavori sempre lì durante il giorno?
■ Non sempre, adesso sto lavorando un po' a casa.
⊙ A casa, e come mai?
■ E perché lì ho tutta l'attrezzatura per fare dei video, anzi... senti, io dovrei passare un attimo a casa, ti dispiace?

Episodio 21

4 *(track 34)*

⊙ Buongiorno signori volete ordinare?
■ Sì, cosa ci consiglia di primo?
⊙ Allora, di primo abbiamo risotto allo zafferano, tagliatelle ai funghi e penne al pomodoro... sono tutti ottimi.
■ Per me penne al pomodoro.
O Anche per me, sì.
⊙ E di secondo?
■ Io prendo una caprese.
O Io... non so, vediamo dopo.
■ Va bene, e da bere che vini avete?
⊙ Allora abbiamo o un chianti o un pinot.
■ Lei lo beve un bicchiere in compagnia?
O Meglio di no, preferisco acqua minerale.
■ Allora neanche io, facciamo una bottiglia di minerale grande.
⊙ Non abbiamo la grande, se vuole due piccole...
■ E va bene, allora per me gasata.
O Per me no, liscia.

8 *(track 35)*

⊙ Ecco le penne, prego...
■ Grazie... ma senta, mi tolga una curiosità, lei per caso è siciliano?
⊙ E veramente sì, per metà... perché?
■ Ma mi sembrava di conoscerla ma ora che ci penso... sei Franco il figlio del maresciallo Scipioni?
⊙ Sì, certo, ma lei... veramente non mi ricordo.
■ Eh, ci credo bene, eri un bambino quando venivate in Sicilia a trovare i nonni, ma guarda che sei proprio uguale a tuo nonno... che uomo che era tuo nonno, eh sì, bei tempi, lui aveva tanti amici in paese, ma era anche un gran dongiovanni...
⊙ Eh, lo so, lo so, lo diceva anche mio padre, ma io lo ricordo poco.
■ Eh già, ma dimmi, dove abiti adesso?
⊙ Adesso sono a Francoforte con mia madre, ma volevo provare a lavorare in Italia e allora, eccomi qui.
■ Ma tu guarda, come è strano il mondo noi andavamo in Germania a trovare lavoro e questi ragazzi adesso... vengono in Italia. Ma bravo, bravo, vuoi mettere il clima e il mangiare qui in Italia, eh? dimmi la verità!
⊙ Eh sì per questo si sta proprio bene in Italia!
■ A proposito, dimmi, dimmi un po' ma questa pasta è... diciamo vera pasta o quella Pastalife?!
⊙ Mah, veramente non lo so, ma di solito dicono che non è male.
■ Ah certo ma adesso la gente mangia di tutto... comunque ho capito, lasciamo stare... e di dolce che c'è?

Episodio 22

1 *(track 36)*

■ Guardi le faccio vedere le foto del matrimonio di mio figlio.
O Ah, sì, che bel ragazzo, vi assomigliate come due gocce d'acqua.
■ Adesso? Lei mi doveva conoscere da giovane, mi chiamavano Rodolfo Valentino...
O Sembra un bravo ragazzo.
■ È un ragazzo d'oro, davvero, non perché è mio figlio... ha un ottimo lavoro, si è laureato subito, con centodieci e lode.
O E bravo, si è pure sistemato subito, al giorno d'oggi... questi ragazzi non gli parliamo di sposarsi.
■ Beh!, io non l'ho spinto proprio, anzi gli ho sempre detto di aspettare ancora un po'.
O L'importante è che sia una brava ragazza.
■ Al giorno d'oggi di brave ragazze se ne trovano poche... comunque la moglie ha un buon lavoro anche lei. Lavorano tutti e due nel campo dell'informatica... purtroppo alle donne oggi non piace stare a casa, mah, vedremo un po'.
O Ma è chiaro... dopo aver studiato tanti anni è sprecato rimanere a casa... mica devono fare come noi!
■ Signora mia, noi abbiamo ricostruito l'Italia del dopoguerra, vediamo loro cosa vogliono fare, a me sembra che qui la società è un disastro, questi ragazzi tutto il giorno soli, senza una madre quando tornano a casa...
O Anche la moglie è siciliana?
■ No lei è milanese, si sono conosciuti all'università.
O Questi figli... eh, anche il mio sa, devo fare tutti questi chilometri per vederlo.
■ Suo figlio anche vive a Milano?
O Sì, lui lavora alle Poste di Milano, ha fatto un concorso cinque anni fa, e anche lui si è sposato con una ragazza di Milano.

■ E lei è contenta?
○ Contenta, poteva avere più fortuna, sa... noi genitori non ci accontentiamo mai, ma guardi... le faccio vedere la foto.

Episodio 23

1 *(track 37)*
■ Scusi signora, lei ha prenotato il servizio?
○ No, non ho prenotato, perché è necessario prenotare?
■ Normalmente sì, vede questo tavolo è prenotato, se vuole però ci sarebbe quello laggiù che è libero... ecco vede, è arrivato il signore che aveva prenotato qui, mi dispiace.
◎ Ah guardi che per me può stare se vuole, sono da solo.
○ Ah la ringrazio molto, perché questo è un tavolo per non fumatori.
◎ Prego, prego, ci mancherebbe, anzi mi fa compagnia, sa, con questi viaggi si fa di tutto, si viene al ristorante più che altro per ammazzare il tempo.

6 *(track 38)*
◎ Diciamo la verità non è male questo risotto per essere su un treno.
○ No, non c'è male... un po' anonimo forse.
◎ Eh signora mia, lei vuole troppo, anche la cucina creativa, eh, ma qui ormai è tutto clonato, incellophanato... ha visto quei panini, tutti perfetti della stessa dimensione.
○ Sì lo so, è questo che mi preoccupa!
◎ Io lo so cosa intende e sono d'accordo con lei, però senta le dirò che qualche lato positivo dobbiamo pur vederlo in tutto ciò, per esempio l'igiene. Vede lei entra in certi ristorantini tutti di classe e poi se va giù in cucina non mangia più, glielo dico io che ho fatto l'aiutante cuoco da giovane. Sa, dopotutto certe catene di ristorazione... vede anche sui treni adesso ci sono catene che hanno preso l'appalto del servizio, non c'è tempo per fare i risotti e dobbiamo accontentarci... dopotutto, il sapore non è male, pulito è pulito!
○ Ah sì, da questo lato sì, ma vede questa è una nuova mania pericolosa, ora le racconto una cosa. Un anno fa una mia amica voleva far vedere a suo figlio, un bambino di sei anni, come si fa il vino, e così siamo andate insieme un giorno in una casa di contadini, e questi facevano il vino come una volta, cioè pestavano l'uva coi piedi... una cosa bella no? Beh, questo bambino era schifato, scandalizzato, ha incominciato a dire a sua madre che non doveva più bere il vino perché lo facevano con i piedi sporchi. E quando la signora gli voleva far raccogliere l'uovo della gallina appena fatto, si è proprio rifiutato, per lo stesso motivo... lei capisce.
◎ Ah, ah, come no, pensi che anche se erano altri tempi, io sono nato in campagna, da genitori contadini, e avevamo le mucche e tutto il resto, ma il latte, sarà perché lo vedevo mungere non mi piaceva per niente... odiavo anche l'odore...
○ Sì, sì, magari lei ha ragione io sono un po' troppo nostalgica, ma mi scusi sa, dove siamo? stiamo per arrivare mi sembra... la saluto, devo fare una telefonata.
◎ Prego, prego, è stato un piacere conoscerla, grazie della compagnia, magari chissà ci rincontreremo, io prendo sempre questo treno... a proposito il nome... Giuliani.
○ Silvia Lorenzetti, piacere.

Episodio 24

4 *(track 39)*
canzone **Io vivrò senza te** (Battisti-Mogol)
Che non si muore per amore
è una gran bella verità
perciò dolcissimo mio amore
ecco quello, quello che da domani mi accadrà
io vivrò senza te
anche se ancora non so come io vivrò
senza te, io senza te solo continuerò
e dormirò, mi sveglierò, camminerò, lavorerò
qualche cosa farò, qualche cosa farò
sì qualche cosa farò, qualche cosa di sicuro io farò
piangerò, sì, io piangerò.

E se ritorni nella mente
basta pensare che non ci sei
e sto soffrendo inutilmente
perché so, io lo so, io so che non tornerai
senza te, io senza te solo continuerò
e dormirò, mi sveglierò, camminerò, lavorerò
qualche cosa farò, qualche cosa farò
sì qualche cosa farò, qualche cosa di sicuro io farò
piangerò, io piangerò...

Episodio 25

1 *(track 40)*
○ Fabio, ciao, benarrivato, scusami per il ritardo!
■ No, figurati, sono così contento di rivederti... come stai?
○ Bene, bene, e tu invece come stai?
■ Io sto cercando di dimenticare Giulia... ma è difficile sai!
○ Ti capisco, ma adesso vedrai, stiamo organizzando tutto un programmino di spettacoli e serate... vedrai che ci divertiremo!
■ Ah, che aria! Si sente l'odore del mare.
○ Ah sì? Beh forse per te che arrivi da Bologna... ma è vero, il mare è vicino. Sali in moto che andiamo a fare un giro sul lungomare.
■ Sì, ma non hai un casco per me, e neanche per te...
○ Ma guarda che sei a Napoli, eh, ma quale casco? No, dai... scherzavo, è vero che adesso stanno facendo campagne pubblicitarie per far mettere il casco, e anche multe, ma sai, qui l'abitudine vale più delle regole.
■ Vedo, vedo..., ma Sergio, guarda un po' laggiù quei due vigili, stanno fermando tutti quei motorini...
○ Beh, allora giro qui dai.
■ Ma è contromano, non si può andare!
○ Non importa, lo fanno tutti, fa parte delle trasgressioni locali: basta saperlo!

11 *(track 41)*
■ Valentina, di Napoli. Senti, da quanto tempo non abiti più a Napoli?
○ Da 10 anni circa.
■ Ma frequenti la città, comunque! Ci vai spesso?
○ Frequento la città, non tanto spesso quanto vorrei, ma abbastanza spesso, diciamo una volta ogni due mesi.
■ Bene! Senti, io so che tu ami molto Napoli e la prima cosa che volevo chiederti è: ci potresti dare tre buoni motivi per amare Napoli?
○ Beh, ce ne sono molti di più di tre. Almeno mille... Tre fondamentali, va beh... uno un po' banale: il clima. Napoli ha un clima splendido. È una città dove fa caldo però c'è la brezza marina... Quindi anche quando ci sono quaranta gradi non si sta male. Si sta bene, si passeggia lungo il mare e... la gente, sicuramente! Le persone napo-

letane così chiassose, così che parlano ad alta voce, così disponibili a scherzare...
■ Sempre un po' esagerate...
○ Sempre un pochino esagerate. Anche il peso. I napoletani sono un po' più chiatti degli italiani.
■ Che significa "chiatti" per chi, per chi non capisce...
○ Grassi, grassottelli... La gente disposta a scherzare, questo è forse quello che poi mi manca di più anche in una città come Roma, abbastanza ospitale ma non così scherzosa.
■ E il terzo motivo?
○ Ancora più banale del primo: la pizza.
■ Siamo nella banalità più totale...
○ Siamo nella banalità più banale direi... La pizza, la pizza a Napoli è buonissima, è la cosa più buona che c'è da mangiare. È la cosa che costa di meno, che ti sfama di più e che ti fa più contento. Pizza non alta, ma gommosa. Perché la pizza croccante è uno scandalo, internazionalmente uno scandalo... e pizza tricolore: bianca rossa e nera...
■ E nera?
○ Eh... Bianca, rossa e... beh, è il mio colore! Bianca, rossa e verde... cioè la margherita.
■ Quindi la classica...
○ La classica, sì, sì. E non pizza ai gamberetti, pizza ai carciofi, no... Vietato, rigorosamente vietato.
■ Queste sono considerate deviazioni quindi...
○ Deviazioni... interpretazioni di pizza, non pizza... Questi sono forse i tre motivi – diciamo – banali, però i tre motivi per i quali magari nel futuro tornerò a Napoli.
■ Tra i tre quello che più ti manca a Roma?
○ I napoletani
■ I napoletani, beh! Certo...
○ I napoletani, la gente quel modo di parlare, quel modo di fare, un po' invadente, un po' eccessivo, ma mai aggressivo tutto sommato.
■ Bene... senti, un'altra cosa... Napoli è una città di cui si parla tanto nel mondo, tutti parlano di Napoli, ci sono tanti luoghi comuni, stereotipi intorno alla città. Quindi Napoli è una città anche molto simbolizzata e simbolica. Quali sono per te i simboli della città?
○ A parte i napoletani...
■ A parte i napoletani. Classici e banali anche loro.
○ Le canzoni napoletane. Io potrei cantare "O sole mio" e "Funiculì, Funiculà" in Arizona, forse essere individuata, capita: "È una di Napoli". E il Vesuvio perché è un simbolo insomma della paesaggistica di Napoli. Questa montagna, un vulcano con il fumo che purtroppo non c'è più... O.K. Il mare, le canzoni, il Vesuvio e il caffè.
■ Il caffè... il caffè a Napoli è anche un po' un rito.
○ Il caffè innanzitutto è l'unica bevanda che i napoletani bevono al bar. Cioè... i bar di Napoli potrebbero anche vendere solo, esclusivamente, rigorosamente caffè, punto. Nessuno va in un bar per bere un tè caldo... scandalo! O che so io un'aranciata amara, una coca-cola. Eh no, no... Si va al bar, in piedi, si resta in piedi, si ordina un caffè, possibilmente la tazza deve essere calda, il caffè è già zuccherato dal barista. Poi il... diciamo colui che ordina il caffè può girare il cucchiaino da solo e decidere quindi il grado di dolcificazione del proprio caffè.
■ Ah... perché più si gira il cucchiaino e più il caffè diventa dolce.
○ Più si gira il cucchiaino e più il caffè diventa dolce e più lo zucchero si scioglie nella bevanda calda. Sempre calda, anche se fuori fa quaranta gradi e il caffè è un occasione per chiacchierare, tu e un' amico... tu e il barista.
■ Quindi un invito frequente...
○ È un invito frequente: "Ci vogliamo pigliare un bel caffè?"
■ Perché no, Valentina... grazie, ciao.
○ Grazie a te, ciao.

12 *(track 42)*
■ Senti Sergio, tu sei napoletano. Il teatro e la musica sono due cose importantissime per la cultura napoletana. Che cosa ci puoi dire su questo? So che tu ti occupi di musica. Ti occupi in generale di arte, un po', così...
⊙ Sì, molto di musica, un po' anche di teatro. Mah! Il teatro e la musica sono importantissimi nella natura delle persone a Napoli. Tanto che si dice molte volte che la gente fa teatro anche nella strada.
La musica è tradizione soprattutto nei quartieri, nelle zone popolari della città.
■ Quindi la musica è molto sentita, proprio dalla gente a Napoli. È qualcosa che accompagna un po' la vita quotidiana.
⊙ Molto sentita e molto rappresentata e suonata soprattutto nelle forme dialettali. E poi in forme di dialetto napoletano che si mescolano con la lingua italiana. E da questo arrivano famosi cantanti come Pino Daniele, per esempio.
■ Senti, tu hai detto una parola importante: "tradizione". A questo proposito io vorrei chiederti qual è il legame secondo te, se c'è un legame, una relazione così fra la grande tradizione artistico-musicale-culturale napoletana e l'avanguardia. Cioè, c'è una Napoli d'avanguardia oggi?
⊙ C'è una Napoli d'avanguardia molto presente nella musica e nel teatro. Nel teatro si può notare questo in modo ancora più chiaro quando attori della tradizione del teatro di dialetto napoletano si incontrano con autori di sperimentazione di avanguardia e rappresentano opere nuovissime e originali nei luoghi della Napoli vecchia.
■ Ti riferisci a qualcuno in particolare?
⊙ Mi riferisco ad autori come Mario Martone e Toni Servillo che lavorano sull'avanguardia ma, al Teatro Nuovo che è uno dei posti più vecchi di Napoli e che sta nei quartieri spagnoli, la zona più tradizionale e proletaria della città.
■ E che è anche il centro di Napoli.
⊙ E che è anche il centro e il cuore di Napoli. Lo stesso discorso si può fare anche per la musica perché cantanti della tradizione melodica napoletana, oggi si incontrano con esponenti della musica più di avanguardia, moderna e tecnica, quella che piace molto ai giovani che vanno nelle discoteche e formano generi nuovi, assolutamente interessanti.
■ Senti, parliamo un po' di luoghi della cultura, dell'arte per i giovani. Quali sono i luoghi dove si possono ritrovare i giovani, o fare cultura, o sentire musica, o vedere teatro, eccetera insomma.
⊙ Ci sono alcuni luoghi molto importanti in questo senso negli ultimi anni. Una piazza del centro di Napoli vicina alla Napoli storica. Si chiama Piazza Bellini vicina a un famosissimo teatro, molto bello. Oggi è diventato una zona pedonale dove ci sono alcuni caffè letterari, ci sono alcuni locali dove si fa musica, si suona in estate nella strada e c'è spazio per gli artisti che vogliono rappresentare delle cose nuove. Questo in una forma forse più "borghese" ma molto giovanile. Se pensiamo a un luogo alternativo esiste Officina '99 che è un luogo di estrazione sociale più popolare, proletaria, di protesta come origine. Che si trova nella periferia industriale della città e dove sono nati i famosi nuovi gruppi giovani napoletani come Almamegretta e 99 Posse.
■ Grazie Sergio, ciao.
⊙ Ciao.

Episodio 26

9 *(track 43)*
⊙ Olga, dov'è Piero?
■ È in camera sua.
⊙ Bella vita, tutto il giorno con lo stereo, a perdere tempo... e io che...
■ Ma lo sai che sta preparando un esame difficile, ogni tanto fa una pausa con la musica, dai Mario non ricominciamo con questa storia.
⊙ Eh l'esame, sì l'esame, ma sono sei mesi che deve dare questo cavolo di esame!
■ Sì ma cerca di capirlo sta passando un momento difficile, con quella disgraziata della sua ragazza che proprio adesso lo ha lasciato...
⊙ E ha fatto bene, con uno come lui che non gli piace il lavoro.
■ Mario basta, smettila di accusare tuo figlio solo perché non viene a lavorare in ditta, lui si vuole laureare, capito? e devi rispettare la sua scelta!
⊙ Sì e intanto io lo devo mantenere!
■ Guarda tra quella disgraziata e tu alla fine vuoi vedere che non si laurea più?
⊙ Vuoi vedere che adesso è colpa mia eh, povero Piero, povero Piero, ma sei tu che lo hai fatto venire incapace e mammone perché tu lo hai sempre difeso e lo hai messo contro di me.
■ Smettila, io non ne posso più di queste prediche, e neanche Piero non ce la fa più! Lo sai che mi ha detto oggi? Che se ne va di casa... hai capito?
⊙ Ah sì e chi gli paga l'affitto che non guadagna una lira?

12 *(track 44)*
○ È vero, ho trovato un lavoro.
⊙ Ah, sì, davvero, sentiamo...
○ Sì è proprio così, tolgo il disturbo, me ne vado tra un mese.
⊙ E dove, come, con che vivi...?
○ È per quel concorso che avevo fatto cinque anni fa, per le ferrovie... mi hanno chiamato.
■ Ma Piero dai non vorrai mica lasciare l'Università adesso... vedi Mario che bravo che sei, è per colpa tua...
○ No, no mamma lascia stare, smettila, lo sapete bene che Economia e Commercio non fa per me, io, io non me la sento di entrare nella tua attività papà, non me la sento, non è per me.
⊙ Ma prego, prego, segui pure i tuoi ideali, così come per esempio bucare biglietti sui treni, gran bel lavoro, come no!
○ Beh, intanto mi muovo, viaggio, esco di qui... non sto più sulle tue spalle ecco!
■ Mario, vedi, è da bambino che Piero sognava di lavorare alla stazione, ti ricordi quando andavamo in vacanza, d'estate che lui diceva: "Mamma, papà, da grande anch'io voglio fare il ferroviere!..."
⊙ Sì, sì certo, certo, ma erano altri tempi!

Episodio 27

1 *(track 45)*
○ Dio mio che stanchezza!
◎ A chi lo dici, io mi sono alzata alle cinque stamattina per prendere il treno!
■ E pure io... e ieri sera sono andata a dormire all'una. Non vedo l'ora di arrivare a casa, oggi mi sono stancata da matti.
○ Però era interessante, no? Il secondo relatore era un po' noioso forse.
■ Mah, forse per te che hai già fatto esperienza, per me no, io non mi sono annoiata davvero, anzi per me era anche un po' difficile.
○ Ah sì?
■ Cioè, lui era un tipo un po' accademico, noioso, ma l'argomento per me era nuovo.
○ Sì è vero ma l'ultimo per me è stato il migliore... si vedeva che era il più preparato, lui è famoso, sai, l'ho visto anche una sera in televisione. Barbara, ma che fai, ti metti a fare i cruciverba?
◎ Chi vuole una caramella?
⊙ A che gusto è?
◎ All'arancia con vitamina C.
⊙ Sì, dai, allora sì!
✽ Sentite, chi ha scritto "La figlia del Corsaro Nero"?
○ Boh!
⊙ Salgari, mi sembra Salgari.
✽ Aspetta, vediamo se ci va... sì, è giusto.

17 *(track 46)*
■ Ma che caffè è?
○ Nescafè, è liofilizzato.
⊙ Un caffè e una brioche... no no, non quella, giorni fa ne ho presa una alla frutta.
○ Ah, la tortina?
⊙ Sì, sì sì, la tortina.
■ Senta ma com'è che i posacenere sono tutti scoperchiati?
○ Eh signora, si divertono...
■ Beh, non credo che si divertano a portare via i posacenere!
○ Sì, sì, come no... certe volte questi treni portano i tifosi e...
■ E che, li portano con l'Eurostar i tifosi? Gli danno l'espresso normale!
○ No, no, gli danno anche questo.
■ Ma quelli non sono tifosi, sono delinquenti...
○ Eh, l'altro giorno un collega s'è chiuso nella carrozza più avanti, e non l'ha mica potuto fare il servizio bar! Quelli si prendono i soldi, e sfasciano tutto!
⊙ Mi dia anche una coca cola. Quant'è?
○ Un euro e cinquanta.
■ Ma quali tifosi, anch'io sono tifosa e come! Andavo sempre alla partita con mio marito.
○ E di che squadra è lei?
■ Io? del Napoli!
○ Ah beh, allora capisco, a Napoli il calcio non è solo una partita, lì è uno spettacolo!

Episodio 28

6 *(track 47)*
⊙ Mi scusi se la disturbo di nuovo.
■ No, no prego, dica pure.
⊙ Senta, ma lei è proprio sicuro che quei due scendono a Messina?
■ Sicurissimo, guardi sono persino tornato a controllargli i biglietti... ma senta, come mai se deve fargli un'intervista non ne approfitta qui sul treno, da qui non possono scappare...
⊙ Non è così semplice, non tutti vogliono farsi intervistare per esempio, loro proprio no.
■ Ma chi sono, sono dei politici?
⊙ Beh, in un certo senso, diciamo di sì, industriali.
■ E lei per che giornale lavora?
⊙ Sono free-lance, lavoro per varie testate, ma sono mesi che seguo questo caso...
■ E se posso chiedere di che caso si tratterebbe?
⊙ Questo per ora non glielo posso dire, ma le prometto che lei sarà il primo a saperlo.
■ Beh, una volta scritto lo sapranno tutti, sa anch'io lavoro su un treno e ogni giorno penso, ecco oggi è il mio giorno, oggi succederà qualche cosa che verrò a sapere solo io, allora lo scriverò sul mio diario e poi di corsa al giornale, il mio scoop, e poi il secondo e il terzo, basta cominciare, vero? Lei ne sa qualcosa, mi dica, come ha co-

minciato, il suo primo articolo per esempio... mi racconti.
⊙ Senta... io volevo solo sapere se quei due tipi scendono a Messina, ma ora credo che tra noi ci potrebbe essere una collaborazione più profonda, solo mi lasci dire che i giornalisti oggi non vanno in giro con un diario, come ai tempi di Goethe, dovrebbe scendere dal treno e...
■ Non ha capito, io, io non voglio fare il giornalista politico, io vorrei... ecco, trovare qui in mezzo a queste carte e bottiglie lasciate dalla gente una poesia di un autore sconosciuto, e farla conoscere per primo al mondo, o un disegno di un oggetto che potrebbe cambiare la vita dell'umanità, una tela dimenticata nella fretta da un ladro di musei!
⊙ Ma guarda che tipo, senti, diamoci del tu, va bene? Senti se proprio vuoi fare una cosa utile all'umanità è arrivato il tuo grande momento... e cominciamo col dire che io non sono una giornalista, mi dispiace deluderti ma adesso andiamo in un posto più sicuro e ti spiego tutto...

12 *(track 48)*
◎ Buonasera signor Ferrari, come sta?
■ Buonasera, scusate ma questa cabina è riservata a me, desiderate qualcosa?
◎ Sì, vorremmo sapere se lei fa il controllore o l'agente della signorina Lorenzetti.
■ Guardi io non so di cosa state parlando, chi sarebbe questa, come si chiama, questa Lorenzetti?
◎ Beh, dovrebbe chiederlo a questa affascinante signora che ci segue da quando siamo saliti sul treno...
■ Effettivamente non conosco il cognome della signora qui presente che mi segue solo perché vorrebbe sapere se ci sono alcune coincidenze per i traghetti per le isole, e poi non devo spiegazioni a nessuno.
◎ Calma calma, d'accordo, forse lei sarà un onesto controllore, con quel libretto di poesia in mano, lei sarà sicuramente il tipo ideale per la signora Lorenzetti, un mangia-spaghetti-al-pomodoro-della-mammma!! Ce ne sono tanti di tipi come lei – fiacchi, pessimisti, inattivi, nostalgici e neutrali – oh non sono parole mie, eh?, sono del grande poeta Marinetti. Vede, signor Ferrari, noi lo vorremmo cambiare questo paese, lo vorremmo svegliare, sveltire, far progredire e vorremmo cominciare proprio da qui, dove le cose sono più lente, da sempre, dove dai Borboni ai Gattopardi niente cambia e niente si trasforma. E cominciamo proprio dal cibo, ore di sosta per mangiare, ore di sosta per digerire. Lei capisce, vede questo treno che va giù ad un certo punto rallenta, si ferma, si rompe, la gente si addormenta, così è l'Italia. Ma un paese non si può fermare per scolare quintali di spaghetti al dente, eh no! Se proprio li volete ve li diamo questi spaghetti al dente ma si fanno in tre minuti, come il caffè istantaneo e via a lavorare, capito LA-VO-RA-RE!!
■ Sentite adesso basta, chiamo la polizia e faccio fermare il treno, che cavolo volete, chi cavolo siete e lei signorina mi vuole spiegare qualcosa?

16 *(track 49)*
◎ Io posso spiegarle tutto... per esempio che questi due "filosofi" sono al servizio della Multinazionale Pastalife e che vorrebbero prendere contatti con la mafia locale per aprire le loro catene di distribuzione sull'isola e ridurre alla fame i piccoli ristoratori e produttori di pasta, unico piccolo problema gli ingredienti ed i conservanti di questa miscela magica di Pastalife. Io sono una ricercatrice in campo alimentare, e siamo arrivati a dubitare seriamente degli effetti di alcune sostanze contenute in questo prodotto ed è per questo che... volevo...
■ Adesso capisco tutto... ma lei... tu, tu non sei una giornalista allora!
◎ No, ma forse per te questa è l'occasione giusta... quella che aspettavi.
■ È vero!
■ Aspetta aspetta, ma ho già visto la pubblicità in TV, anche mia madre... questa Pastalife...!
O Esatto, al nord la mangiamo già e ancora non è morto nessuno.
■ Allora fateci controllare la vera formula di questa pasta.
O Ma scusi sa, lei non ha detto che faceva solo il controllore... dei biglietti immagino, non delle formule industriali.
◎ Lasci stare signor Ferrari.
O Giusto, signor Ferrari lasci stare, e lasci stare anche lei mia cara Lorenzetti, perché non si occupa dei pesci che ci portano in tavola da queste limpide acque, vogliamo parlare di quanto siano sani i tonni d'allevamento... Dia retta a me, lasci stare la pasta, e quanto a noi, volete vedere la formula magica? Beh, non sono così scemi quelli di Pastalife da mandare due tipi come noi in giro sui treni con formule chimiche segrete.

Episodio 29

3 *(track 50)*
O Non c'è niente da fare, l'Italia è tutta bella ma la Sicilia è la Sicilia! È vero padre, lei è d'accordo con me?
■ È proprio così, almeno per noi siciliani.
O Ah anche lei è siciliano?
■ Sì, scusate se per me... mi commuove quest'aria, mi sembra ieri, ma sono vent'anni che sono partito... you know... vent'anni!
O Ah sì? E da dove tornate? Dall'America immagino.
■ Dal Canada torno e spero per sempre, vorrei morire qui.
O Macchè morire... qui si viene a vivere!
■ A vivere dite, mah, questa terra ha visto e vede ancora troppo sangue.
O Ormai padre, vede, lei lo sa meglio di noi, ormai questo sangue si sparge in tutto il mondo, basta accendere la televisione, aprire un giornale, non si salva più nessuno... non c'è pace sulla terra... è vero, non per dire ma la Sicilia mantiene sempre la sua fama.
■ È così! La pace non è di questo mondo, ma io adesso sono tornato ad assicurarmi la mia parte di Paradiso, non si sa mai... e allora voglio tornare al campo e cogliere un'arancia con le mie mani, come quando ero ragazzo... io per tutti questi anni me lo sognavo il sapore della frutta che c'è da queste parti.

4 *(track 51)*
O Ma di dove siete di preciso?
■ Capo d'Orlando...
O Allora non è lontano da noi. Io sono di Milazzo e anche la signora è delle sue parti.
■ Beh, you see... io tutto mi ricordo, come fosse ieri, non ho mai abbandonato col cuore questa terra in cui sono nato e di cui ho tanta nostalgia, anche se la mia vita, la mia parrocchia, i miei fedeli, che ancora mi supplicano di restare, tutto questo è rimasto là in Canada.
O Guardate, se non siete tornato per tanti anni vi dovete preparare, che molte cose sono cambiate, eh caro padre è meglio che vi preparate... è cambiato tutto, anche le arance...
■ Vede, io di shock ne ho avuti tanti ormai e uno di più, uno di meno... ma mia madre piuttosto... quella sì che deve stare attenta... non sa che arrivo, è una sorpresa.
O Ma che dite?
■ È una sorpresa... non lo sa che arrivo... e alla sua età... la gioia ammazza più dei dispiaceri.
O E come no, fatele almeno una telefonata, chiamatela adesso dal mio cellulare.
■ Eh no, no, non posso, sa, pure lei ha il cellulare e se chiamo da qui

capisce che sono in Italia...
● Come volete.
■ Ma no, andrà tutto bene, i miei nipoti hanno organizzato un big party, con tutto il paese, le hanno detto che c'è un big surprise... you know, e quella qualcosa ha capito... magari farà più effetto a me... you know.
● Beh, allora siamo invitati anche noi alla festa... il big party...

Episodio 30

1 *(track 52)*
■ Beh, siamo arrivati.
◎ Sì, mi dispiace molto per tutta questa storia, devo proprio scusarmi.
■ Ma no, si figuri...!
◎ Adesso torniamo a darci del lei?!
■ Se vuoi... no... è vero, beh però che storia, un viaggio pieno di situazioni... ma questa è davvero particolare... senti, tu adesso... no dico, eri venuta solo per loro, o no?
◎ Sì, assolutamente, non sono mai stata in Sicilia e non ho assolutamente idea, ma ormai che ci sto... quasi quasi mi farei un giro!
■ Se vuoi, guarda io di solito appena arrivo vado in un bar dove fanno la granita con panna, se vuoi, è speciale.
◎ Sì dai, va bene, ma mi devo anche organizzare per un albergo...
■ Guarda io quando vengo qui sto presso degli amici, loro sono veramente ospitali, persone fantastiche, se vuoi sono sicuro che non c'è problema per una notte.
◎ No dai non mi va di disturbare, no...
■ Non ti preoccupare, poi io disturberò te...
◎ Ah sì...?
■ No, scusa, non so che hai capito ma io intendevo dire che vorrei saperne un po' di più di tutta questa storia, di quei due, e la Pastalife...
◎ Ah, sì, ho capito sai, stai sempre pensando all'articolo giornalistico... avevo dimenticato la tua aspirazione. Guarda a dirti la verità io avevo già pensato ad un giornale ma dopotutto meglio così e sai perché? Perché sono sicura di avere di fronte una persona onesta, che prima di fare articoli scandalistici vuole fare, come dicevi prima... un servizio all'umanità.
■ Ah, ah, ah, ti ricordi, sì ma non esageriamo... andiamo al bar prima.

7 *(track 53)*
■ Scusa un attimo...
◎ Prego.
■ Sì pronto.
- Sì, ciao mamma, dimmi.
- Sì, sì tutto bene... benissimo.
- Dove, al telegiornale?
- No non te l'ho detto per non farti preoccupare...
- Come non è morto nessuno... è morto uno!
- Ma dai, veramente, hanno detto solo ferito?
- Incredibile, beh meglio così ma sai io come un cretino... ho fatto l'annuncio: "Avvisiamo i signori passeggeri che abbiamo ritrovato il cadavere"... ma tu pensa!
- Ma no figurati!
- No, non lo so se torno domani, vediamo, ti richiamo, va bene. Ciao.
- Sì, sì i biscotti per Caterina, sì uffa...
- Sì mamma, tutto bene, dai, ti richiamo.
- No... no... non sono solo, va bene... sei contenta?
- No ma dai per favore sta tranquilla te l'ho detto mille volte, la Sicilia non è pericolosa, no, è più pericolosa Milano, va bene, ciao dai. Buonanotte!

Fonti

episodio 1 *Gli uomini a motore*, da "Il libro degli errori" di Gianni Rodari, © 1993, Edizioni EL, Trieste, poi Einaudi Ragazzi, Trieste

episodio 2 *Il portiere del condominio* da "Storie di primogeniti e figli unici" di Francesco Piccolo, © 1996 Feltrinelli, Milano

episodio 5 *Nascono in Emilia le auto più belle del mondo*, da "Il Venerdì di Repubblica"
Cafoni in un mondo bellissimo, di Giulia Cerami, da supplemento a "Il Sole 24 Ore", 05/09/1999
La riforma della grammatica, da "Il libro degli errori" di Gianni Rodari, © 1993, Edizioni EL, Trieste, poi Einaudi Ragazzi, Trieste
Un espresso all'italiana, da "I viaggi di Repubblica", 03/02/2000
Il caffè é un piacere e il barista frena gli aumenti, di Vittorio Roidi, da "Il Corriere delle Sera", 29/08/2000

episodio 7 *L'italiano in linea*, da "Sette"
Classifica degli oggetti del secolo, da "Specchio della Stampa", 13/09/99

episodio 8 *Bologna*, da "Un altro giorno è andato", di Francesco Guccini, a cura di Massimo Cotto, © 1999, Giunti, Firenze
Bologna, da "Donna Moderna"

episodio 9 piantine da "Brava Casa", dicembre 1999 e febbraio 2000

episodio 10 *Troviamoci al centro commerciale*, di Antonella Trentin, da "Donna Moderna", 07/06/2000

episodio 11 *Poesia*, da "Poesie 1974-1992", di Patrizia Cavalli, © 1992 Einaudi, Torino

episodio 12 *Care, vecchie cartoline*, di Ilaria Antonini, da "Donna Moderna", 23/08/2000

episodio 14 *All'orizzonte i tessuti con aspirina incorporata*, da "Il Messaggero", 01/01/2000

episodio 15 *I record dei comuni italiani*, da "Focus Extra", primavera 2000
In confronto agli altri paesi noi siamo..., da "Focus Extra", primavera 2000

episodio 16 *Concerti notturni nello scenario della Grotta di Nettuno*, da "Bell'Italia", settembre 1998

episodio 17 *Brevi di cronaca*, da "Metro", 21/11/2000

episodio 19 estratto da "Un giorno a Roma", di Michele Tranquillini, © Cartacanta, Milano

episodio 20 *Roma per chi non la conosce*, da"Tu", 21/12/99
Roma per chi la conosce già, da"Tu", 21/12/99
Bucatini all'amatriciana, da "La vera cucina di Roma e del Lazio", a cura di Alda Vicenzone, © 1977, Mondani, Genova
Decalogo del viaggiatore, da "L'Espresso", 23/09/99

episodio 21 *Spaghetti al pomodoro e basilico*, da "La grande cucina di Gianfranco Vissani", © 1999, L'Espresso, Roma

episodio 23 estratti da "Treno di panna", di Andrea De Carlo, © 1981, Einaudi, Torino
estratti da "L'intervista", di Natalia Ginzburg, © 1989, Einaudi, Torino
Dal lato della strada, da "Storie di primogeniti e figli unici" di Francesco Piccolo, © 1996 Feltrinelli, Milano
estratto da "Classici Disney, Le storie più belle", ottobre 1993

episodio 24 *Poesia*, da "Poesie 1974-1992", di Patrizia Cavalli, © 1992 Einaudi, Torino
recensioni di film tratte da "Trovaroma" e "Roma c'è"
canzone: *Io vivrò senza te*, (testo di Mogol - musica di Battisti), © 1968 by Edizioni Musicali: BMG Ricordi SpA, Via Berchet 2, 20121 Milano. Tutti i diritti sono riservati.
Un mondo di nomadi nel secolo degli eccessi, da "Il Messaggero", 01/01/2000

episodio 25 *Mille volti ma veraci*, da "Bell'Italia", febbraio 2000
Napoli, da "Donna Moderna", 06/10/1999
Mangiare, leggere, dormire, bere, comprare: tutto e di tutto, da "Bell'Italia", febbraio 2000

episodio 26 *C'era una volta il capostazione*, da "Il venerdì di Repubblica", 29/10/1999

episodio 27 *Marco, maestro di strada*, di Francesco Erbani, da "La Repubblica", 03/12/1999

episodio 28 *Milano-Reggio Calabria: il treno dei nuovi immigrati*, da "Focus Extra", primavera 2000

episodio 29 *Arance express*, da "Panorama", 04/11/1999
La preghiera per la pioggia, da "La Repubblica", 29/10/1999
Bill Conti, da "Il venerdì di Repubblica", 28/04/2000
Johnny Carlacci, da "Il venerdì di Repubblica", 28/04/2000
estratto da "Conversazione in Sicilia", di Elio Vittorini, © 1986, RCS Rizzoli, Milano

episodio 30 *Quei gelati, quelle granite... il buon gusto di tutti i gusti*, da "Bell'Italia", luglio 2000
estratto da "Conversazione in Sicilia", di Elio Vittorini, © 1986, RCS Rizzoli, Milano
Il funerale della volpe, da "Il libro degli errori" di Gianni Rodari, © 1993, Edizioni EL, Trieste, poi Einaudi Ragazzi, Trieste

Elenco alfabetico degli elementi grammaticali

note

note

note

note

L'italiano per stranieri

Amato
Mondo italiano
testi autentici sulla realtà sociale
e culturale italiana
• libro dello studente
• quaderno degli esercizi

Ambroso e Di Giovanni
L'ABC dei piccoli

Ambroso e Stefancich
Parole
10 percorsi nel lessico italiano
esercizi guidati

Anelli
Tante idee...
per (far) apprendere l'italiano

Avitabile
Italian for the English-speaking

Balboni
GrammaGiochi
per giocare con la grammatica

Barki e Diadori
Pro e contro
conversare e argomentare in italiano
• **1** livello intermedio
libro dello studente
• **2** livello intermedio-avanzato
libro dello studente
• guida per l'insegnante

Barreca, Cogliandro e Murgia
Palestra italiana
esercizi di grammatica
livello elementare/pre-intermedio

Battaglia
Grammatica italiana per stranieri

Battaglia
Gramática italiana para estudiantes de habla española

Battaglia
Leggiamo e conversiamo
letture italiane con esercizi
per la conversazione

Battaglia e Varsi
Parole e immagini
corso elementare
di lingua italiana per principianti

Bettoni e Vicentini
Passeggiate italiane
lezioni di italiano - livello avanzato

Blok-Boas, Materassi e Vedder
Letture in corso
corso di lettura di italiano
• **1** livello elementare e intermedio
• **2** livello avanzato e accademico

Buttaroni
Letteratura al naturale
autori italiani contemporanei
con attività di analisi linguistica

Camalich e Temperini
Un mare di parole
letture ed esercizi di lessico italiano

Carresi, Chiarenza e Frollano
L'italiano all'Opera
attività linguistiche attraverso
15 arie famose

Chiappini e De Filippo
Un giorno in Italia 1
corso di italiano per stranieri
principianti · elementare · intermedio
• libro dello studente con esercizi
+ cd audio
• libro dello studente con esercizi
(senza cd audio)
• guida per l'insegnante
+ test di verifica
• glossario in 4 lingue
+ chiavi degli esercizi

Chiappini e De Filippo
Un giorno in Italia 2
corso di italiano per stranieri
intermedio · avanzato
• libro dello studente con esercizi
+ cd audio
• libro dello studente con esercizi
(senza cd audio)
• guida per l'insegnante
+ test di verifica + chiavi degli esercizi

Cini
Strategie di scrittura
quaderno di scrittura
livello intermedio

Deon, Francini e Talamo
Amor di Roma
Roma nella letteratura italiana
del Novecento
testi con attività di comprensione
livello intermedio-avanzato

Diadori
Senza parole
100 gesti degli italiani

du Bessé
PerCORSO GUIDAto
guida di Roma
con attività ed esercizi

du Bessé
PerCORSO GUIDAto
guida di Firenze
con attività ed esercizi

du Bessé
PerCORSO GUIDAto
guida di Venezia
con attività ed esercizi

Gruppo CSC
Buon appetito!
tra lingua italiana e cucina regionale
livello intermedio

Gruppo META
Uno
corso comunicativo di italiano
primo livello
• libro dello studente
• libro degli esercizi e grammatica
• guida per l'insegnante
• 2 audiocassette per il libro studente
• 1 audiocassetta per il libro esercizi

Gruppo META
Due
corso comunicativo di italiano
secondo livello
• libro dello studente
• libro degli esercizi e grammatica
• guida per l'insegnante
• 3 audiocassette per il libro studente
• 1 audiocassetta per il libro esercizi

Gruppo NAVILE
Dire, fare, capire
l'italiano come seconda lingua
- libro dello studente
- guida per l'insegnante
- 1 cd audio

Humphris, Luzi Catizone, Urbani
Comunicare meglio
corso di italiano
livello intermedio-avanzato
- manuale per l'allievo
- manuale per l'insegnante
- 4 audiocassette

Istruzioni per l'uso dell'italiano in classe 1
88 suggerimenti didattici
per attività comunicative

Istruzioni per l'uso dell'italiano in classe 2
111 suggerimenti didattici
per attività comunicative

Istruzioni per l'uso dell'italiano in classe 3
22 giochi da tavolo

Jones e Marmini
Comunicando s'impara
esperienze comunicative
- libro dello studente
- libro dell'insegnante

Maffei e Spagnesi
Ascoltami!
22 situazioni comunicative
- manuale di lavoro
- 2 audiocassette

Marmini e Vicentini
Passeggiate italiane
lezioni di italiano - livello intermedio

Marmini e Vicentini
Ascoltare dal vivo
manuale di ascolto
livello intermedio
- quaderno dello studente
- libro dell'insegnante
- 3 cd audio

Paganini
ìssimo
quaderno di scrittura
livello avanzato

Pontesilli
Verbi italiani
modelli di coniugazione

Quaderno IT - n. 4
esame per la certificazione
dell'italiano come L2
livello avanzato
prove del 2000 e del 2001
- volume + audiocassetta

Quaderno IT - n. 5
esame per la certificazione
dell'italiano come L2
livello avanzato
prove del 2002 e del 2003
- volume + cd audio

Radicchi
Corso di lingua italiana
livello intermedio

Radicchi
In Italia
modi di dire ed espressioni
idiomatiche

Stefancich
Cose d'Italia
tra lingua e cultura

Stefancich
Quante storie!
(di autori italiani contemporanei)
con proposte didattiche

Stefancich
Tracce di animali
nella lingua italiana tra lingua
e cultura

Svolacchia e Kaunzner
Suoni, accento e intonazione
corso di ascolto e pronuncia
- manuale
- set 5 cd audio

Tamponi
Italiano a modello 1
dalla letteratura alla scrittura
livello elementare e intermedio

Tettamanti e Talini
Foto parlanti
immagini, lingua e cultura

Totaro e Zanardi
Quintetto italiano
approccio tematico multimediale
livello avanzato
- libro dello studente con esercizi
- libro per l'insegnante
- 2 audiocassette
- 1 videocassetta

Ulisse
Faccia a faccia
attività comunicative
livello elementare-intermedio

Urbani
Senta, scusi...
programma di comprensione
auditiva con spunti di produzione
libera orale
- manuale di lavoro
- 1 cd audio

Urbani
Le forme del verbo italiano

Verri Menzel
La bottega dell'italiano
antologia di scrittori italiani del
Novecento

Vicentini e Zanardi
Tanto per parlare
materiale per la conversazione
livello medio-avanzato
- libro dello studente
- libro dell'insegnante

Linguaggi settoriali

Ballarin e Begotti
Destinazione Italia
l'italiano per operatori turistici
• manuale di lavoro
• 1 audiocassetta

Cherubini
L'italiano per gli affari
corso comunicativo di lingua e cultura aziendale
• manuale di lavoro
• 1 audiocassetta

Spagnesi
Dizionario dell'economia e della finanza

Dica 33
il linguaggio della medicina
• libro dello studente
• guida per l'insegnante
• 1 cd audio

L'arte del costruire
• libro dello studente
• guida per l'insegnante

Una lingua in pretura
il linguaggio del diritto
• libro dello studente
• guida per l'insegnante
• 1 cd audio

Classici italiani per stranieri
testi con parafrasi a fronte* e note

1. Leopardi • *Poesie**
2. Boccaccio • *Cinque novelle**
3. Machiavelli • *Il principe**
4. Foscolo • *Sepolcri e sonetti**
5. Pirandello • *Così è (se vi pare)*
6. D'Annunzio • *Poesie**
7. D'Annunzio • *Novelle*
8. Verga • *Novelle*
9. Pascoli • *Poesie**
10. Manzoni • *Inni, odi e cori**
11. Petrarca • *Poesie**
12. Dante • *Inferno**
13. Dante • *Purgatorio**
14. Dante • *Paradiso**
15. Goldoni • *La locandiera*
16. Svevo • *Una burla riuscita*

Libretti d'Opera per stranieri
testi con parafrasi a fronte* e note

1. *La Traviata**
2. *Cavalleria rusticana**
3. *Rigoletto**
4. *La Bohème**
5. *Il barbiere di Siviglia**
6. *Tosca**
7. *Le nozze di Figaro*
8. *Don Giovanni*
9. *Così fan tutte*
10. *Otello**

Letture italiane per stranieri

1. Marretta
Pronto, commissario...? 1
16 racconti gialli con soluzione ed esercizi per la comprensione del testo

2. Marretta
Pronto, commissario...? 2
16 racconti gialli con soluzione ed esercizi per la comprensione del testo

3. Marretta
Elementare, commissario!
8 racconti gialli con soluzione ed esercizi per la comprensione del testo

Mosaico italiano

1. Santoni
La straniera (liv. 2/4)

2. Nabboli
Una spiaggia rischiosa (liv. 1/4)

3. Nencini
Giallo a Cortina (liv. 2/4)

4. Nencini
Il mistero del quadro... (liv. 3/4)

5. Santoni
Primavera a Roma (liv. 1/4)

6. Castellazzo
Premio letterario (liv. 4/4)

7. Andres
Due estati a Siena (liv. 3/4)

8. Nabboli
Due storie (liv. 1/4)

9. Santoni
Ferie pericolose (liv. 3/4)

10. Andres
Margherita e gli altri (liv. 2-3/4)

11. Medaglia
Il mondo di Giulietta (liv. 2/4)

12. Caburlotto
Hacker per caso (liv. 4/4)

Finito di stampare nel mese di giugno 2007 dalla Tibergraph s.r.l. - Città di Castello (PG)